Periodensystem der Elemente

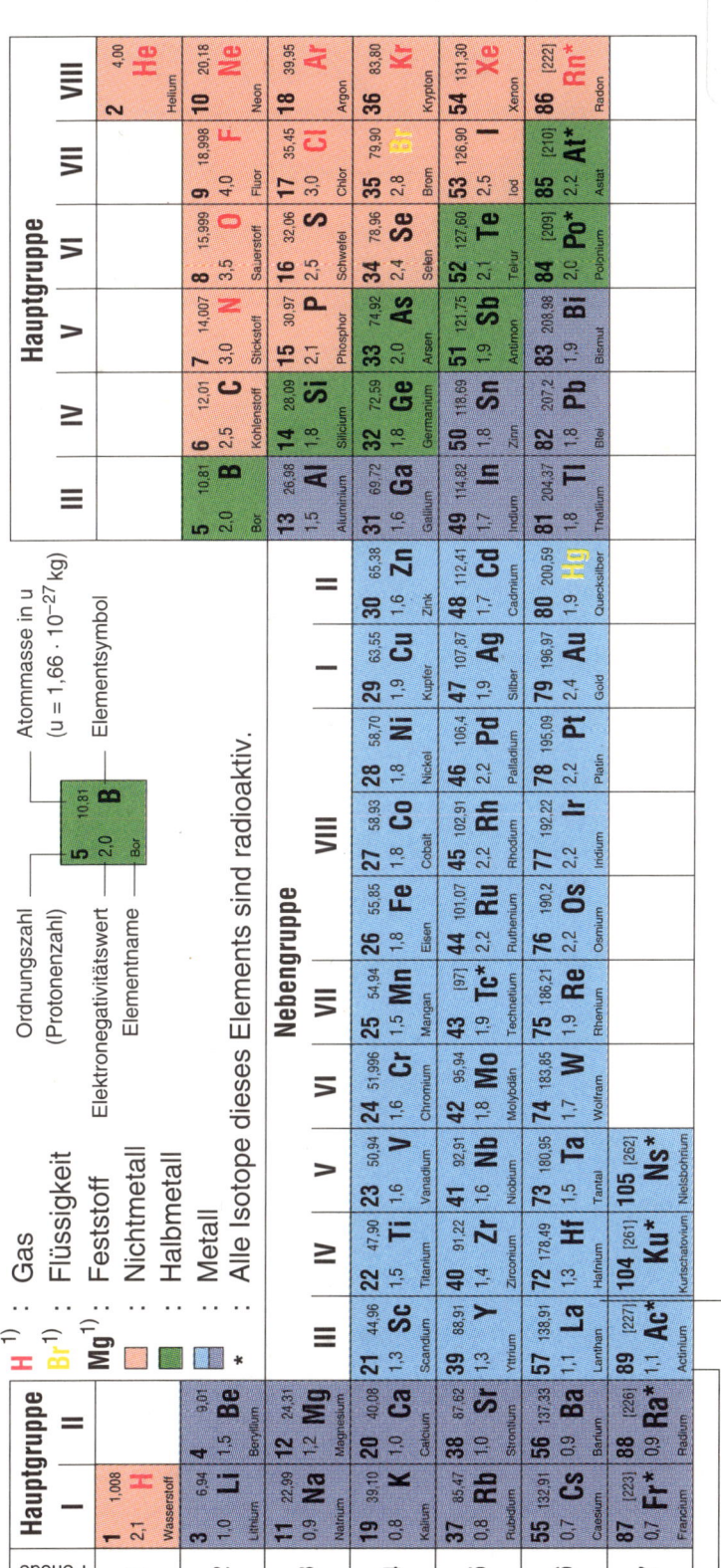

Legende:

- H 1) : Gas
- Br 1) : Flüssigkeit
- Mg 1) : Feststoff
  - Nichtmetall
  - Halbmetall
  - Metall
- * : Alle Isotope dieses Elements sind radioaktiv.

Ordnungszahl (Protonenzahl)

Elektronegativitätswert

Elementname

Atommasse in u (u = 1,66 · 10⁻²⁷ kg)

Elementsymbol

Lanthanoide 57–71

Actinoide 89–103

[ ] Die umklammerten Werte für die Atommasse geben die Massenzahl mit der höchsten Halbwertszeit an.

1) Aggregatzustand bei 25 °C (298,15 K) und 101,325 kPa

W0068179

In dieser Formelsammlung verwendete mathematische Zeichen, Abkürzungen und Symbole

Zeichen	Sprechweise / Bedeutung		Zeichen	Sprechweise / Bedeutung
...	und so weiter bis		~	proportional, ähnlich (geom.)
$=$ $\neq$	gleich	ungleich	$\cong$	kongruent, deckungsgleich
$<$ $\leq$	kleiner als	kleiner oder gleich	$\parallel$	parallel zu, Beispiel: g $\parallel$ h
$>$ $\geq$	größer als	größer oder gleich	$\perp$	senkrecht auf, rechtwinklig zu
$\ll$ $\gg$	sehr klein gegen	sehr groß gegen	$\triangle$ ABC	Dreieck mit den Eckpunkten A, B, C
$\approx$ $\hat{=}$	rund, angenähert	entspricht	$\sphericalangle$ $\llcorner$	Winkel rechter Winkel
$\equiv$	identisch		$\overline{AB}$	Strecke AB
% ‰	Prozent (S. 25)	Promille (S. 25)	$\vec{a}, \vec{F}, \overrightarrow{AB}$	Vektoren
]a,b[	offenes Intervall von a bis b (S. 21)		$\vec{A}\times\vec{B}, \vec{a}\times\vec{b}$	Vektorprodukt, Kreuzprodukt (S. 52)
[a,b]	abgeschlossenes Intervall von a bis b (S.21)		$\vec{a}\cdot\vec{b}$	Skalarprodukt (S. 52)
[a,b[	halboffenes Intervall von a bis b (S. 21)		a^b	a hoch b (Potenz) (S. 23)
(a;b)	geordnetes Paar		$\sqrt{}$ $\sqrt[n]{}$	Quadratwurzel aus n-te Wurzel aus (S. 23)
lim	Limes, Grenzwert		i	imaginäre Einheit ($\sqrt{-1}$) (S. 60)
$\rightarrow$	gegen, konvergiert nach, nähert sich		$|x|$ n!	Betrag von x (S. 22) n Fakultät (S. 54)
∞	unendlich		$\binom{n}{p}$	n über p (Binomialkoeffizient) (S. 54)
f(x)	f von x (Wert der Funktion f an der Stelle x)		$\sum\limits_{k=1}^{n} a_k$	Summe aller a_k für k=1 bis n
$\Delta x, (\Delta y)$	Delta x (Delta y), Differenz zweier Argumente (Werte) der Funktion f		$\prod\limits_{k=1}^{n} a_k$	Produkt aller a_k für k=1 bis n
f'(x), f''(x)	1. bzw. 2. Ableitung der Funktion f (S. 42)		A, B, M_1	Mengen
$\dfrac{dy}{dx}$	dy nach dx, 1. Differentialquotient der Funktion y = f(x) (S. 42)		{a;b}	Menge mit den Elementen a und b
$\dfrac{d^2y}{dx^2}$	d2y nach dx², 2. Differentialquotient der Funktion y = f(x) (S. 42)		$\varnothing$, { }	leere Menge
$\int\limits_a^b f(x)\,dx$	(bestimmtes) Integral f(x)dx von a bis b (S. 45)		{x|...}	Menge aller x, für die gilt: ...
$F(x)\big|_a^b$	Stammfunktion F(x) von a bis b (S. 45)		$\in$ $\notin$	Element von nicht Element von
(a_k)	Folge a_k (S. 40)		$\subseteq$ $\subset$	Teilmenge von (S.20) echte Teilmenge von
$\log_a x$	Logarithmus x zur Basis a (S. 23)		$A \cap B$	Schnittmenge von A und B (S. 20)
lg x	Logarithmus x zur Basis 10 (S. 23)		$A \cup B$	Vereinigungsmenge von A und B (S. 20)
ln x	Logarithmus x zur Basis e (S. 23)		A \ B	Differenzmenge A ohne B (S. 20)
lb x	Logarithmus x zur Basis 2		$A \times B$	Produktmenge von A und B (S. 20)
sin	Sinus (S. 35)		$\overline{A}$	Komplementärmenge zu A (S. 20)
cos	Kosinus (S. 35)		N	Menge der natürlichen Zahlen (S. 21)
tan	Tangens (S. 35)		N*	Menge der natürlichen Zahlen ohne 0 (S. 21)
cot	Kotangens (S. 35)		Z	Menge der ganzen Zahlen (S. 21)
arcsin	Arkussinus (S. 39)		Q_+	Menge der gebrochenen Zahlen (S. 21)
arccos	Arkuskosinus (S. 39)		Q	Menge der rationalen Zahlen (S. 21)
arctan	Arkustangens (S. 39)		R	Menge der reellen Zahlen (S. 21)
			C	Menge der komplexen Zahlen (S. 21, 60)
			$\Rightarrow$	wenn ..., dann ... (Implikation) (S. 21)
a|b	a teilt b; a ist Teiler von b		$\Leftrightarrow$	genau dann, wenn (Äquivalenz) (S. 21)
a $\nmid$ b	a teilt nicht b; a ist kein Teiler von b		$\wedge$	und (Konjunktion) (S. 21)
e	e, Eulersche Zahl (S. 11)		$\vee$	oder (Disjunktion) (S. 21)
π	Pi, Ludolfsche Zahl (S. 11)		$\neg$	nicht (Negation) (S. 21)

Formeln und Tabellen

für die Sekundarstufen I und II

PAETEC

Gesellschaft für Bildung und Technik mbH

Autoren:

Frank-Michael Becker (Biologie)
Gunter Boortz (Technik)
Dr. habil. Volkmar Dietrich (Chemie)
Dr. Lutz Engelmann (Mathematik, Informatik)
Dr. Christine Ernst (Chemie)
Dr. habil. Günter Fanghänel (Mathematik)
Heinz Höhne (Chemie)
Rudi Lenertat (Mathematik)
Dr. Günter Liesenberg (Mathematik)
Prof. Dr. habil. Lothar Meyer (Physik)
Doz. Dr. habil. Christa Pews-Hocke (Biologie)
Dr. Gerd-Dietrich Schmidt (Physik, Technik)
Dr. habil. Reinhard Stamm (Mathematik)
Prof. Dr. habil. Karlheinz Weber (Mathematik)

Die Deutsche Bibliothek – CIP-Einheitsaufnahme

Formeln und Tabellen für die Sekundarstufen I und II /
Paetec, Gesellschaft für Bildung und Technik mbH. – 5., überarb. Aufl. –
Berlin : Paetec, Ges. für Bildung und Technik, 1994
ISBN 3–89517–252–9

Gedruckt auf chlorfrei gebleichtem Papier
5. überarbeitete Auflage
5 $^{5\,4\,3\,2}$ | 1998 97 96 95 94

© paetec Gesellschaft für Bildung und Technik mbH
Berlin 1994

Redaktion: Dr. Lutz Engelmann
Layout und Zeichnungen: Dr. Zlatko Enev
Druck: Graphischer Großbetrieb Pößneck GmbH
        Ein Mohndruck-Betrieb

ISBN 3–89517–252–9   (5. überarbeitete Auflage)
ISBN 3–928707–01–9   (Erstausgabe)

Inhalt

Alphabete, Primzahlen, Rechnen mit Näherungswerten

Griechisches Alphabet

A	α	Alpha	H	η	Eta	N	ν	Ny	T	τ	Tau
B	β	Beta	Θ	θ	Theta	Ξ	ξ	Xi	Y	υ	Ypsilon
Γ	γ	Gamma	I	ι	Jota	O	o	Omikron	Φ	ϕ	Phi
Δ	δ	Delta	K	κ	Kappa	Π	π	Pi	X	χ	Chi
E	ε	Epsilon	Λ	λ	Lambda	P	ρ	Rho	Ψ	ψ	Psi
Z	ζ	Zeta	M	μ	My	Σ	σ	Sigma	Ω	ω	Omega

Römische Zahlzeichen

Schreibweise: – links beginnend mit dem Symbol der größten Zahl
– die Symbole I, X, C werden höchstens dreimal hintereinander geschrieben, die Symbole V, L, D nur einmal
– steht ein Symbol einer kleineren Zahl vor dem einer größeren, so wird sein Wert von dem folgenden größeren subtrahiert (vorangestellt, also subtrahiert, darf immer nur *ein* kleineres Symbol werden)

Symbole											
I	1	C	100	III	3	X	10	XL	40	XCVIII	98	DCCCLXXXVIII	888
V	5	D	500	VII	7	XI	11	XLI	41	IC	99	CM	900
X	10	M	1000	VIII	8	XXX	30	LXXXIV	84	CVII	107	MCMLXXXVII	1987
L	50			IX	9	XXXIX	39	XC	90	CCCII	302	MXMIII	1993

Primzahlen

2	101	233	383	547	701	877	1039	1223	1427	1583	1777	1987
3	103	239	389	557	709	881	1049	1229	1429	1597	1783	1993
5	107	241	397	563	719	883	1051	1231	1433	1601	1787	1997
7	109	251	401	569	727	887	1061	1237	1439	1607	1789	1999
11	113	257	409	571	733	907	1063	1249	1447	1609	1801	
13	127	263	419	577	739	911	1069	1259	1451	1613	1811	2003
17	131	269	421	587	743	919	1087	1277	1453	1619	1823	2011
19	137	271	431	593	751	929	1091	1279	1459	1621	1831	2017
23	139	277	433	599	757	937	1093	1283	1471	1627	1847	2027
29	149	281	439	601	761	941	1097	1289	1481	1637	1861	2029
31	151	283	443	607	769	947	1103	1291	1483	1657	1867	2039
37	157	293	449	613	773	953	1109	1297	1487	1663	1871	2053
41	163	307	457	617	787	967	1117	1301	1489	1667	1873	2063
43	167	311	461	619	797	971	1123	1303	1493	1669	1877	2069
47	173	313	463	631	809	977	1129	1307	1499	1693	1879	2081
53	179	317	467	641	811	983	1151	1319	1511	1697	1889	2083
59	181	331	479	643	821	991	1153	1321	1523	1699	1901	2087
61	191	337	487	647	823	997	1163	1327	1531	1709	1907	2089
67	193	347	491	653	827		1171	1361	1543	1721	1913	2099
71	197	349	499	659	829	1009	1181	1367	1549	1723	1931	2111
73	199	353	503	661	839	1013	1187	1373	1553	1733	1933	2113
79	211	359	509	673	853	1019	1193	1381	1559	1741	1949	2129
83	223	367	521	677	857	1021	1201	1399	1567	1747	1951	2131
89	227	373	523	683	859	1031	1213	1409	1571	1753	1973	2137
97	229	379	541	691	863	1033	1217	1423	1579	1759	1979	2141

Darstellung von Dezimalzahlen mit Hilfe abgetrennter Zehnerpotenzen $\quad a \in Q_+$

a > 1	a < 1
$3\,440\,000 = 3{,}44 \cdot 1\,000\,000 = 3{,}44 \cdot 10^6$ Beim Übergang von $3{,}44 \cdot 10^6$ zur normalen Schreibweise rückt das Komma um 6 Stellen nach rechts, und man erhält $3\,440\,000$.	$0{,}000\,000\,023 = 2{,}3 \cdot 0{,}000\,000\,01 = 2{,}3 \cdot 10^{-8}$ Beim Übergang von $2{,}3 \cdot 10^{-8}$ zur normalen Schreibweise rückt das Komma um 8 Stellen nach links, und man erhält $0{,}000\,000\,023$.

Hinweis: Für $3{,}44 \cdot 10^6$ wird von manchen Taschenrechnern und Computern auch „3,44E6" oder „3,44 06" ausgegeben.

Rundungsregeln

Abrunden	Aufrunden
Beim Runden werden alle auf eine bestimmte Ziffer folgenden Ziffern durch Nullen ersetzt. Die betreffende Ziffer bleibt unverändert, wenn ihr vor der Nulleneinsetzung eine 0, 1, 2, 3 oder 4 folgte.	Beim Runden werden alle auf eine bestimmte Ziffer folgenden Ziffern durch Nullen ersetzt. Die betreffende Ziffer wird um 1 erhöht, wenn ihr vor der Nulleneinsetzung eine 5, 6, 7, 8 oder 9 folgte.

Rechnen mit Näherungswerten

Näherungswerte erhält man beim	– Schätzen, – Messen und Runden, – Ersetzen von irrationalen Zahlen durch rationale Zahlen, – Ersetzen von gemeinen Brüchen, die auf periodische Dezimalbrüche führen, – Arbeiten mit Tafeln, Taschenrechnern oder Computern.

Regel	Anwendung
Beim **Addieren und Subtrahieren** sucht man denjenigen Näherungswert heraus, bei dem die letzte zuverlässige Ziffer am weitesten links steht, und rundet das Ergebnis auf diese Stelle.	$\begin{array}{r} 19{,}123 \\ +\ 33{,}1 \quad \leftarrow \\ +\ 6{,}24 \\ \hline 58{,}463 \approx 58{,}5 \quad \leftarrow \end{array}$
Beim **Multiplizieren und Dividieren** sucht man denjenigen Näherungswert heraus, der die geringste Anzahl zuverlässiger Ziffern besitzt, und rundet das Ergebnis auf diese Stellenanzahl.	$\begin{array}{r} 2{,}345 \cdot 2{,}3 \\ 4690 \\ 7035 \\ \hline 5{,}3935 \approx 5{,}4 \end{array}$

Vorsätze bei Einheiten

Vorsatz	Bedeutung	Zeichen	Faktor, mit dem die Einheit multipliziert wird	Vorsatz	Bedeutung	Zeichen	Faktor, mit dem die Einheit multipliziert wird
Exa	Trillion	E	10^{18}	Dezi	Zehntel	d	$0{,}1 = 10^{-1}$
Peta	Billiarde	P	10^{15}	Zenti	Hundertstel	c	$0{,}01 = 10^{-2}$
Tera	Billion	T	$10^{12} = 1\,000\,000\,000\,000$	Milli	Tausendstel	m	$0{,}001 = 10^{-3}$
Giga	Milliarde	G	$10^9 = 1\,000\,000\,000$	Mikro	Millionstel	μ	$0{,}000\,001 = 10^{-6}$
Mega	Million	M	$10^6 = 1\,000\,000$	Nano	Milliardstel	n	$0{,}000\,000\,001 = 10^{-9}$
Kilo	Tausend	k	$10^3 = 1\,000$	Pico	Billionstel	p	$0{,}000\,000\,000\,001 = 10^{-12}$
Hekto	Hundert	h	$10^2 = 100$	Femto	Billiardstel	f	10^{-15}
Deka	Zehn	da	$10^1 = 10$	Atto	Trillionstel	a	10^{-18}

Größen und Einheiten

Größe	Formelzeichen	Einheiten		Beziehungen zwischen den Einheiten
Abklingkoeffizient (S. 77,89)	δ	je Sekunde	s^{-1}	$1\ s^{-1} = 60\ min^{-1}$
Adiabatenexponent (S. 82)	κ, γ		1	
Aktivität einer radioaktiven Substanz (Zerfallsrate) (S. 94)	A	Becquerel	Bq	$1\ Bq = 1s^{-1}$
Äquivalentdosis (S. 94)	H	Sievert	Sv	$1\ Sv = 1\ J \cdot kg^{-1}$
			rem	$= 100\ rem$
Arbeit (S. 75)	W, A	Joule	J	$1\ J = 1\ kg \cdot m^2 \cdot s^{-2}$
		Newtonmeter	$N \cdot m$	$= 1\ N \cdot m$
		Wattsekunde	$W \cdot s$	$= 1\ W \cdot s$
		Kilowattstunde	$kW \cdot h$	$1\ kW \cdot h = 3,6 \cdot 10^6\ W \cdot s$
Atommasse, relative (S. 93)	A_r		1	
Beleuchtungsstärke (S. 92)	E	Lux	lx	$1\ lx = 1\ lm \cdot m^{-2}$
Beschleunigung (S. 72 f.)	a, g	Meter je Quadratsekunde	$m \cdot s^{-2}$	$1\ m \cdot s^{-2} = 1\ N \cdot kg^{-1}$
Blindleistung, elektrische (S. 87)	Q	Watt	W	$1\ W = 1\ var$
Brennweite (S. 91)	f	Meter	m	
Brechwert (Brechkraft) (S. 91)	D	Dioptrie	dpt	$1\ dpt = 1\ m^{-1}$
Dehnung, elastische (S. 72)	ε		1	
Dichte (Massendichte) (S. 76)	ρ	Kilogramm je Kubikmeter	$kg \cdot m^{-3}$	$1\ kg \cdot m^{-3} = 10^{-3}\ g \cdot cm^{-3}$
		Gramm je Kubikzentimeter	$g \cdot cm^{-3}$	$1\ g \cdot cm^{-3} = 10^3\ kg \cdot m^{-3}$
Drehimpuls (Drall) (S. 74)	L	Newtonmetersekunde	$N \cdot m \cdot s$	$1\ N \cdot m \cdot s = 1\ kg \cdot m^2 \cdot s^{-1}$
Drehmoment (Kraftmoment) (S. 71)	M	Newtonmeter	$N \cdot m$	$1\ N \cdot m = 1\ kg \cdot m^2 \cdot s^{-2}$
Drehzahl (S. 73 f.)	n	je Sekunde	s^{-1}	$1\ s^{-1} = 60\ min^{-1}$
Druck (S. 76)	p	Pascal	Pa	$1\ Pa = 1\ N \cdot m^{-2}$
		Bar	bar	$1\ bar = 10^5\ Pa$
		Atmosphäre	at	$1\ at = 9,81 \cdot 10^4\ Pa$
		Torr (Millimeter Quecksilbersäule)	mmHg	$1\ Torr = 133,32\ Pa$
		Meter Wassersäule	mWS	$1\ mWS = 9,81 \cdot 10^3\ Pa$
Durchflutung, elektrische (S. 86)	Θ	Ampere	A	
Durchschlagsfestigkeit (S. 85)	E_d	Volt je Meter	$V \cdot m^{-1}$	
Energie innere (S. 80)	E, W, U	Joule	J	$1\ J = 1\ kg \cdot m^2 \cdot s^{-2}$
		Newtonmeter	$N \cdot m$	$= 1\ N \cdot m$
		Wattsekunde	$W \cdot s$	$= 1\ W \cdot s$
		Elektronenvolt	eV	$1\ eV = 1,602 \cdot 10^{-19}\ J$
		Steinkohleneinheit	SKE	$1\ kg\ SKE = 29,3\ MJ$
Energiedosis (S. 94)	D	Gray	Gy	$1\ Gy = 1\ J \cdot kg^{-1}$
Enthalpie (Wärmeinhalt) (S. 80)	H	Joule	J	$1\ J = 1\ kg \cdot m^2 \cdot s^{-2}$
Entropie (S. 80)	S	Joule je Kelvin	$J \cdot K^{-1}$	$1\ J \cdot K^{-1} = 1\ kg \cdot m^2 \cdot s^{-2} \cdot K^{-1}$

Größe	For-mel-zei-chen	Einheiten		Beziehungen zwischen den Einheiten
Fallbeschleunigung (Ortsfaktor) (S. 11)	g	Meter je Quadratsekunde	$m \cdot s^{-2}$	$1\ m \cdot s^{-2} = 1\ N \cdot kg^{-1}$
Feldstärke, elektrische (S. 84)	E	Volt je Meter	$V \cdot m^{-1}$	$1\ V \cdot m^{-1} = 1\ kg \cdot m \cdot s^{-3} \cdot A^{-1}$ $= 1\ N \cdot C^{-1}$
Feldstärke, magnetische (S. 86)	H	Ampere je Meter	$A \cdot m^{-1}$	$1\ A \cdot m^{-1} = 1\ kg \cdot m \cdot s^{-3} \cdot V^{-1}$ $= 1\ N \cdot Wb^{-1}$
Feuchte, absolute (S. 81)	ρ_w	Kilogramm je Kubikmeter	$kg \cdot m^{-3}$	$1\ kg \cdot m^{-3} = 10^{-3}\ g \cdot cm^{-3}$
Feuchte, relative (S. 81)	φ		1	
Flächeninhalt (Fläche)	A, S	Quadratmeter	m^2	$1\ m^2\quad = 10^{-6}\ km^2$ $= 10^2\ dm^2$ $= 10^4\ cm^2$ $= 10^6\ mm^2$
		Hektar	ha	$1\ ha\quad = 10^4\ m^2$
		Ar	a	$1\ a\quad = 10^2\ m^2$
Fluß, elektrischer (S. 84)	ψ	Coulomb	C	$1\ C\quad = 1\ A \cdot s$
Fluß, magnetischer (S. 86)	Φ	Weber	Wb	$1\ Wb\quad = 1\ V \cdot s$
Flußdichte, elektrische (S. 84)	D	Coulomb je Quadratmeter	$C \cdot m^{-2}$	$1\ C \cdot m^{-2} = 1\ A \cdot s \cdot m^{-2}$
Flußdichte, magnetische (Magnetische Induktion) (S. 86)	B	Tesla	T	$1\ T\quad = 1\ Wb \cdot m^{-2}$ $= 1\ V \cdot s \cdot m^{-2}$ $= 1\ N \cdot m^{-1} \cdot A^{-1}$
Frequenz (S. 90)	f, ν	Hertz	Hz	$1\ Hz\quad = 1\ s^{-1}$
Geschwindigkeit Ausbreitungsgeschwin-digkeit (S. 90)	v, u c	Meter je Sekunde Kilometer je Stunde Knoten	$m \cdot s^{-1}$ $km \cdot h^{-1}$ kn	$1\ m \cdot s^{-1} = 3,6\ km \cdot h^{-1}$ $1\ km \cdot h^{-1} = 0,28\ m \cdot s^{-1}$ $1\ kn\quad = 1\ sm \cdot h^{-1}$ $= 1\ 852\ m \cdot h^{-1}$
Höhe	h	Meter	m	s. Länge
Impuls (Bewegungsgröße) (S. 74)	p	Kilogrammeter je Sekunde	$kg \cdot m \cdot s^{-1}$	$1\ kg \cdot m \cdot s^{-1} = 1\ N \cdot s$
Induktivität (S. 87)	L	Henry	H	$1\ H\quad = 1\ Wb \cdot A^{-1}$ $= 1\ m^2 \cdot kg \cdot s^{-2} \cdot A^{-2}$
Kapazität, elektrische (S. 85)	C	Farad	F	$1\ F\quad = 1\ A \cdot s \cdot V^{-1}$
Kraft (S. 70)	F	Newton	N	$1\ N\quad = 1\ kg \cdot m \cdot s^{-2}$ $= 1\ J \cdot m^{-1}$
		Kilopond	kp	$1\ kp\quad = 9,81\ N$
Kraftstoß (S. 74)	I	Newtonsekunde	$N \cdot s$	$1\ N \cdot s\quad = 1\ kg \cdot m \cdot s^{-1}$
Kreisfrequenz (S. 90)	ω	je Sekunde	s^{-1}	$1\ s^{-1}\quad = 60\ min^{-1}$
Ladung, elektrische (S. 84)	Q	Coulomb	C	$1\ C\quad = 1\ A \cdot s$
Länge	l	Meter Seemeile Astronomische Einheit Lichtjahr Parsec Ångström	m sm AE ly pc Å	$1\ sm\quad = 1\ 852\ m$ $1\ AE\quad = 1,495\ 978\ 70 \cdot 10^{11}\ m$ $1\ ly\quad = 9,461 \cdot 10^{15}\ m$ $1\ pc\quad = 3,086 \cdot 10^{16}\ m$ $1\ Å\quad = 10^{-10}\ m$
Lautstärkepegel (Lautstärke) (S. 78)	L_N	Phon	phon	

Allgemeines

Größe	For-mel-zei-chen	Einheiten		Beziehungen zwischen den Einheiten
Leistung (S. 75, 83, 87)	P	Watt	W	1 W $= 1\ J \cdot s^{-1}$ $= 1\ V \cdot A$ $= 1\ kg \cdot m^2 \cdot s^{-3}$ $= 1\ N \cdot m \cdot s^{-1}$
		Pferdestärke	PS	1 PS $= 736\ W$
Leistungsfaktor (S. 87)	cos φ		1	
Leistungszahl einer Kältemaschine (S. 79)	ε_K		1	
Leitfähigkeit, elektrische (S. 83, 17)	γ, κ	Siemens je Meter	$S \cdot m^{-1}$	$1\ S \cdot m^{-1} = 1\ \Omega^{-1} \cdot m^{-1}$ $= 10^{-6}\ m \cdot \Omega^{-1} \cdot mm^{-2}$
Leitwert, elektrischer (S. 83)	G	Siemens	S	1 S $= 1\ \Omega^{-1}$
Leuchtdichte (S. 92)	L_V	Candela je Quadratmeter	$cd \cdot m^{-2}$	
Leuchtkraft (S. 95)	L	Watt	W	s. Leistung
Lichtstärke (S. 92)	I_V	Candela	cd	
Lichtstrom (S. 92)	Φ_V	Lumen	lm	1 lm $= 1\ cd \cdot sr$
Masse	m	Kilogramm	kg	
		Tonne	t	1 t $= 10^3\ kg$
		Zentner	Ztr.	1 Ztr. $= 50\ kg$
		Pfund	Pfd.	1 Pfd. $= 500\ g$
		Karat	k	1 k $= 2 \cdot 10^{-4}\ kg$
		Atomare Masseeinheit	u	1 u $= 1{,}660\ 540 \cdot 10^{-27}\ kg$
Molare Masse (S. 82)	M	Kilogramm je Mol	$kg \cdot mol^{-1}$	$1\ kg \cdot mol^{-1} = 10^3\ g \cdot mol^{-1}$
Molares Volumen (S. 82)	V_m	Kubikmeter je Mol	$m^3 \cdot mol^{-1}$	$1\ m^3 \cdot mol^{-1} = 10^3\ l \cdot mol^{-1}$
Periodendauer (Schwingungsdauer) (S. 90)	T	Sekunde	s	s. Zeit
Potential, elektrisches (S. 85)	φ, $φ_e$	Volt	V	
Radius	r	Meter	m	s. Länge
Raumwinkel	Ω, ω	Steradiant	sr	1 sr $= 1\ m^2 \cdot m^{-2}$
Schalldruckpegel (S. 78)	L_A	Dezibel (A)	dB(A)	
Schallintensität (S. 78)	I	Watt je Quadratmeter	$W \cdot m^{-2}$	$1\ W \cdot m^{-2} = 1\ kg \cdot s^{-3}$
Spannung, elektrische (Potentialdifferenz) (S. 83)	U, u	Volt	V	1 V $= 1\ kg \cdot m^2 \cdot s^{-3} \cdot A^{-1}$
Spannung, magnetische (S. 86)	V	Ampere	A	1 A $= 1\ J \cdot Wb^{-1}$
Spannung, mechanische (S. 72)	σ	Newton je Quadratmeter	$N \cdot m^{-2}$	$1\ N \cdot m^{-2} = 1\ kg \cdot s^{-2} \cdot m^{-1}$
Stoffmenge (S. 82)	n	Mol	mol	
Stoffmengenkonzentration (S. 106)	c	Mol je Liter	$mol \cdot l^{-1}$	$1\ mol \cdot l^{-1} = 1\ mol \cdot dm^{-3}$
Stromstärke, elektrische (S. 83)	I, i	Ampere	A	1 A $= 1\ kg \cdot m^2 \cdot s^{-3} \cdot V^{-1}$
Temperatur	T	Kelvin	K	
	ϑ	Grad Celsius	°C	0 °C $= 273{,}15\ K$
		Grad Fahrenheit	°F	32 °F $= 0$ °C 212 °F $= 100$ °C
		Grad Réaumur	°R	0 °R $= 0$ °C 80 °R $= 100$ °C
Trägheitsmoment (S. 74)	J	Kilogrammquadratmeter	$kg \cdot m^2$	

Größe	Formel-zeichen	Einheiten		Beziehungen zwischen den Einheiten
Übersetzungsverhältnis (S. 68, 88)	ü, i		1	
Vergrößerung eines optischen Gerätes (S. 91)	V		1	
Volumen	V	Kubikmeter	m^3	$1\ m^3$ $= 10^{-9}\ km^3$ $= 10^3\ dm^3$ $= 10^6\ cm^3$ $= 10^9\ mm^3$
		Liter	l	$1\ l$ $= 10^{-3}\ m^3$ $= 1\ dm^3$
		Registertonne	RT	$1\ RT$ $= 2{,}832\ m^3$
Wärme (Wärmemenge) (S. 79)	Q	Joule	J	$1\ J$ $= 1\ N \cdot m$ $= 1\ kg \cdot m^2 \cdot s^{-2}$ $= 1\ W \cdot s$
		Kalorie	cal	$1\ cal$ $= 4{,}19\ J$
Wärmekapazität (Wärmeinhalt) (S. 79)	C_{th}	Joule je Kelvin	$J \cdot K^{-1}$	$1\ J \cdot K^{-1} = 1\ W \cdot s \cdot K^{-1}$
Wärmeleitwiderstand (S. 80)	R_λ	Kelvin je Watt	$K \cdot W^{-1}$	
Wärmestrom (S. 80)	Φ_{th}	Watt	W	$1\ W$ $= 1\ J \cdot s^{-1}$
Weg	s	Meter	m	s. Länge
Wellenlänge (S. 90)	λ	Meter	m	s. Länge
Widerstand, OHMscher (S. 83)	R	Ohm	Ω	$1\ \Omega$ $= 1\ V \cdot A^{-1}$ $= 1\ S^{-1}$
Widerstand, induktiver (S. 87)	X_L	Ohm	Ω	$1\ \Omega$ $= 1\ V \cdot A^{-1}$
Widerstand, kapazitiver (S. 87)	X_C	Ohm	Ω	$1\ \Omega$ $= 1\ V \cdot A^{-1}$
Widerstand, magnetischer (S. 86)	R_m	je Henry	H^{-1}	$1\ H^{-1}$ $= 1\ A \cdot Wb^{-1}$
Winkel (S. 29, 35)	$\alpha, \beta,$ $\gamma, \varphi,$ $\sigma, \ldots$	Radiant	rad	$1\ rad$ $= \dfrac{180\ °}{\pi}$ $\approx 57{,}296\ °$
		Grad	°	$1\ °$ $= \dfrac{\pi}{180}\ rad \approx 0{,}017\ 45\ rad$
Winkelbeschleunigung (S. 73)	α	je Sekundenquadrat	s^{-2}	$1\ s^{-2}$ $= 3\ 600 \cdot min^{-2}$ $1\ s^{-2}$ $= 1\,rad \cdot s^{-2}$
Winkelgeschwindigkeit (S. 73)	ω	je Sekunde	s^{-1}	$1\ s^{-1}$ $= 60\ min^{-1}$ $1\ s^{-1}$ $= 1\ rad \cdot s^{-1}$
Wirkungsgrad (S. 75, 79)	η		1 oder in %	
Zeit (Zeitspanne, Dauer)	t	Sekunde	s	
		Minute	min	$1\ min$ $= 60\ s$
		Stunde	h	$1\ h$ $= 60\ min$ $= 3\ 600\ s$
		Tag	d	$1\ d$ $= 24\ h$ $= 1\ 440\ min$ $= 86\ 400\ s$
		Jahr	a	$1\ a$ $= 365\ d$ oder $366\ d$

Nichtdezimale Maße

Land	Einheit	Kürzel	Umrechnungen	
Zählmaße				
Deutschland	Dutzend		1 Dutzend = 12 Stück	
Deutschland	Schock		1 Schock = 5 Dutzend	1 Schock = 60 Stück
Deutschland	Gros		1 Gros = 12 Dutzend	1 Gros = 144 Stück
Deutschland	Mandel		1 Mandel = 15 Stück	
Längenmaße				
Großbritannien, USA	inch (Zoll)	in (auch ")	1 in = 1" = 25,4 mm	
Großbritannien, USA	foot (Pl.: feet)	ft (auch ')	1 ft = 1' = 30,48 cm	1 foot = 12 inches
Großbritannien, USA	yard (Elle)	yd	1 yd = 91,44 cm	1 yard = 3 feet
			11 m = 12 yds	
Großbritannien, USA	statute mile	st mi	1 st mi = 1 609,3 m	1 km = 0,621 5 st mi
Großbritannien	fathom (Tiefenmaß)		1 fathom = 1,829 m	
Deutschland	geographische Meile		1 geogr. Meile = 7 421,5 m	1 g. M. $\cong \frac{1}{15}$ Äquatorgrad
Deutschland	Seemeile	sm	1 sm = 1 852 m	1 sm $\cong \frac{1}{60}$ Meridiangrad
Rußland	Sashen		1 Sashen = 2,13 m	
Rußland	Werst		1 Werst = 1,067 km	1 Werst = 500 Sashen
Flächenmaße				
Großbritannien	acre		1 acre = 40,47 a	
Deutschland (preuß.)	Morgen		1 Morgen = 25,5 a = 0,255 ha	
Deutschland (sächs.)	Morgen		1 Morgen = 27,67 a = 0,276 7 ha	
Deutschland (sächs.)	Acker		1 Acker = 55,34 a = 0,553 4 ha	1 Acker = 2 Morgen
Rußland	Desjatine		1 Desjatine = 1,092 5 ha	
Raummaße				
Deutschl., USA, GB	Registertonne	RT (reg tn)	1 RT = 2,832 m^3	1 RT = 100 Kubikfuß
Großbritannien, USA	barrel (Petroleum)		1 barrel = 158,758 l	
Großbritannien	Imperial gallon	gal	1 gal = 4,546 l	
USA	Petrol gallon	gal	1 gal = 3,785 l	
Großbritannien	bushel	bu	1 bu = 36,349 l	1 bu = 8 gal
USA	bushel	bu	1 bu = 35,239 l	
Rußland	Botschka		1 Botschka = 4,919 5 hl	
Massenmaße				
Großbritannien, USA	ounce (Unze)	oz	1 oz = 28,35 g	
Großbritannien, USA	pound (Gewichtspfund)	lb (lat.: libra)	1 lb = 0,453 59 kg = 453,59 g	1 lb = 16 oz
Großbritannien	quarter (Viertel)	qr	1 qr = 12,7 kg	1 qr = 28 lbs
USA	quarter (Viertel)	qr	1 qr = 11,34 kg	1 qr = 25 lbs
Großbritannien	centweight (Zentner)	cwt	1 cwt = 50,802 kg	1 cwt = 4 qrs = 112 lbs
USA	centweight (Zentner)	cwt	1 cwt = 45,359 kg	1 cwt = 4 qrs = 100 lbs
Großbritannien	long ton (Tonne)	lton	1 lton = 1 016,05 kg	1 lton = 20 cwts = 2240 lbs
USA	short ton (Tonne)	ston	1 ston = 907,185 kg	1 ston = 20 cwts = 2000 lbs
Deutschland	Pfund	Pfd.	1 Pfd. = 500 g	
Deutschland	Zentner	Ztr.	1 Ztr. = 50 kg	1 Ztr. = 100 Pfd.
Rußland	Funt		1 Funt = 409,5 g	
Rußland	Pud		1 Pud = 16,385 kg	1 Pud = 40 Funt
Rußland	Berkowetz		1 Berkowetz = 163,85 kg	1 Berkowetz = 10 Pud

Mathematische Konstanten

EULERsche Zahl	e	$2{,}718\ 281\ 828\ 459\ 045\ 235\ 36\ \ldots$
LUDOLFsche Zahl (S. 32)	π	$3{,}141\ 592\ 653\ 589\ 793\ 238\ 46\ \ldots \approx \dfrac{22}{7}$

Physikalische und chemische Konstanten

Absoluter Nullpunkt	T_0	$0\ K = -273{,}15\ °C$
Atomare Masseeinheit	u	$1{,}660\ 540 \cdot 10^{-27}\ kg$
Lichtgeschwindigkeit im Vakuum	c	$2{,}997\ 924\ 58 \cdot 10^{8}\ m \cdot s^{-1}$
Molares Normvolumen	V_n	$22{,}414\ l \cdot mol^{-1}$
Normdruck	p_n	$101\ 325\ Pa = 1{,}013\ 25\ bar$
Normfallbeschleunigung	g_n	$9{,}806\ 65\ m \cdot s^{-2}$
Normtemperatur	T_n, ϑ_n	$T_n = 273{,}15\ K \qquad \vartheta_n = 0\ °C$
Gravitationskonstante	G, f, γ	$6{,}672\ 59 \cdot 10^{-11}\ m^{3} \cdot kg^{-1} \cdot s^{-2}$
Elektrische Feldkonstante	ε_0	$8{,}854\ 188 \cdot 10^{-12}\ A \cdot s \cdot V^{-1} \cdot m^{-1}$
Magnetische Feldkonstante	μ_0	$1{,}256\ 637 \cdot 10^{-6}\ V \cdot s \cdot A^{-1} \cdot m^{-1}$
AVOGADRO-Konstante (AVOGADRO-Zahl)	N_A, L	$6{,}022\ 136 \cdot 10^{23} \cdot mol^{-1}$
BOLTZMANN-Konstante	k	$1{,}380\ 658 \cdot 10^{-23}\ J \cdot K^{-1}$
FARADAY-Konstante	F	$9{,}648\ 53 \cdot 10^{4}\ A \cdot s \cdot mol^{-1}$
HUBBLE-Konstante	H	$55\ km \cdot s^{-1} \cdot Mpc^{-1}$
PLANCK-Konstante (PLANCKsches Wirkungs-quantum)	h	$6{,}626\ 076 \cdot 10^{-34}\ J \cdot s$
RYDBERG-Konstante	R_∞, R_H	$1{,}097\ 373\ 15 \cdot 10^{7}\ m^{-1}$
Solarkonstante	S	$1{,}359 \cdot 10^{3}\ W \cdot m^{-2}$
Universelle Gaskonstante	R	$8{,}314\ 510\ J \cdot K^{-1} \cdot mol^{-1}$
Elektron Ladung (Elementarladung)	e	$1{,}602\ 177 \cdot 10^{-19}\ C$
Ruhemasse	m_e	$9{,}109\ 389\ 7 \cdot 10^{-31}\ kg$
spezifische Ladung	$\dfrac{e}{m_e}$	$1{,}758\ 819\ 62 \cdot 10^{11}\ C \cdot kg^{-1}$
Neutron Ruhemasse	m_n	$1{,}674\ 928\ 6 \cdot 10^{-27}\ kg$
Proton Ruhemasse	m_p	$1{,}672\ 623\ 1 \cdot 10^{-27}\ kg$

Wertetabellen

Dichte ρ von festen Stoffen und Flüssigkeiten

Feste Stoffe				Flüssigkeiten	
Stoff	ρ in g · cm^{-3}	Stoff	ρ in g · cm^{-3}	Stoff	ρ in g · cm^{-3}
Aluminium	2,7	Kupfer	8,96	Aceton (Propanon)	0,785
Beton	1,8 … 2,4	Messing	8,4	Benzin	0,70… 0,74
Blei	11,4	Papier	0,8 … 1,3	Benzol (Benzen)	0,874
Diamant	3,51	Platin	21,4	Dieselkraftstoff	0,84
Eis (bei 0 °C)	0,92	Polypropylenfolie	0,91	Erdöl	0,7 … 0,9
Eisen	7,86	Porzellan	2,2 … 2,5	Methanol	0,787
Glas (Fensterglas)	2,4 … 2,6	Schnee (pulvrig)	0,1	Quecksilber	13,53
Gold	19,3	Silber	10,5	Salpetersäure 50%	1,31
Gummi	0,9 … 1,2	Silicium	2,33	65%	1,40
Holz Buche	0,7	Stahl	7,8	Salzsäure 37%	1,18
Eiche	0,9	Zement	0,9 … 2,1	Spiritus (Ethanol 96%)	0,83
Fichte	0,5	Ziegel	1,4 … 1,9	Transformatorenöl	0,90
Kiefer	0,5	Zink	7,14	Wasser destilliert	1,00
Kork	0,2 … 0,3	Zinn	7,30	Meerwasser	1,02

Allgemeines

Dichte ρ von Gasen

bei 0 °C und 1013 mbar

Stoff	ρ in kg · m^{-3}	Stoff	ρ in kg · m^{-3}	Stoff	ρ in kg · m^{-3}
Ammoniak	0,77	Kohlenstoffmonooxid	1,250	Sauerstoff	1,429
Chlor	3,214	Luft (trocken)	1,29	Stickstoff	1,251
Erdgas	0,73 ... 0,83	Methan	0,717	Wasserdampf (100%)	0,61
Helium	0,178	Ozon	2,14	Wasserstoff	0,089
Kohlenstoffdioxid	1,977	Propan	2,019	Xenon	5,85

Reibungszahlen

Es sind Durchschnittswerte angegeben.

Stoff	Haftreibungszahl μ_0	Gleitreibungszahl μ	Rollreibungszahl μ_F (Fahrwiderstandszahl)
Beton auf Kies	0,8 ... 0,9	–	–
Bremsbelag auf Stahl	–	0,6	–
Holz auf Holz	0,6	0,5	–
Reifen auf Asphalt trocken	0,8	0,5	0,02
naß	0,5	0,3	–
Stahl auf Eis	0,03	0,01	–
Stahl auf Stahl trocken	0,15	0,06	0,002
geschmiert	0,11	0,01	0,001

Luftwiderstandszahlen c_w

Körper		c_w	Körper	c_w
Scheibe	→	1,1	PKW	0,25 ... 0,45
Kugel	→	0,45	Omnibus	0,6 ... 0,7
Halbkugel	→	0,3 ... 0,4	LKW	0,6 ... 1,3
Schale	→	1,4 ... 1,6	Motorrad	0,6 ... 0,7
Stromlinienkörper	→	0,06	Rennwagen	0,15 ... 0,2

Trägheitsmoment J von Körpern

Körper	Trägheitsmoment
Beliebiger Rotationskörper	$J = \dfrac{1}{2} \pi \cdot \rho \cdot \displaystyle\int_{x_1}^{x_2} r^4 dx$
Massepunkt auf Kreisbahn	$J = m \cdot r^2$
Langer dünner Stab	$J = \dfrac{1}{12} m \cdot l^2$

Dünner Kreisring	$J = m \cdot r^2$	
Vollzylinder	$J = \dfrac{1}{2} m \cdot r^2$	
Hohlzylinder	$J = \dfrac{1}{2} m (r_a{}^2 + r_i{}^2)$	
Kugel	$J = \dfrac{2}{5} m \cdot r^2$	
Gerader Kreiskegel	$J = \dfrac{3}{10} m \cdot r^2$	

Elastizitätsmodul E

Stoff	E in 10^{10} N · m^{-2}	Stoff	E in 10^{10} N · m^{-2}	Stoff	E in 10^{10} N · m^{-2}
Aluminium	7,2	Holz	1,0 … 1,5	Silber	7,9
Beton	1 … 4	Kupfer	12	Silicium	9,8
Celluloid	0,25	Messing	10	Titan	11
Federstahl	22	Molybdän	33	Wolfram	36
Glas	4 … 9	Nickel	20	Zink	9
Gummi	0,00001 … 0,0005	Platin	17	Zinn	5,5

Dynamische Viskosität η von Flüssigkeiten und Gasen   bei 0 °C und 1013 mbar

Flüssigkeiten				Gase	
Stoff	η in 10^{-6} Pa·s	Stoff	η in 10^{-6} Pa·s	Stoff	η in 10^{-6} Pa·s
Aceton	395	Salpetersäure (konzentriert)	890	Ammoniak	9,3
Benzol (Benzen)	910	Salzsäure (20 %)	1 360	Chlor	12,3
Ethanol	1 780	Schwefelsäure (konzentriert)	29 000	Helium	18,7
Methanol	820	Terpentinöl	1 460	Luft bei 0 °C bei 20 °C bei 100 °C	17,2 18,2 21,8
Motorenöl	$2 \cdot 10^4 \dots 10^7$	Tetrachlormethan	1 350	Sauerstoff	19,2
Quecksilber	1 685	Wasser bei 0 °C bei 20 °C bei 50 °C bei 100 °C	1 792 1 005 549 284	Wasserstoff	8,4

Allgemeines

Schallgeschwindigkeit c

Feste Stoffe (bei 20 °C)		Flüssigkeiten (bei 20 °C)		Gase (bei 0 °C und 1013 mbar)	
Stoff	c in m · s^{-1}	Stoff	c in m · s^{-1}	Stoff	c in m · s^{-1}
Aluminium	5 100	Benzol (Benzen)	1 320	Ammoniak	415
Beton	3 800	Ethanol	1 170	Helium	981
Holz (Eiche)	3 400	Propantriol (Glyzerin)	1 920	Kohlenstoffdioxid	258
Eis	3 250	Quecksilber	1 430	Luft bei −20 °C bei 0 °C bei +20 °C	320 332 344
Stahl	5 100	Toluol (Toluen)	1 350	Sauerstoff	315
Ziegelstein	3 600	Wasser bei 0 °C bei 20 °C	1 407 1 484	Wasserstoff	1 280

Längenausdehnungskoeffizient α fester Stoffe   bei 0 °C

Stoff	α in 10^{-5} K^{-1}	Stoff	α in 10^{-5} K^{-1}	Stoff	α in 10^{-5} K^{-1}
Aluminium	2,4	Glas (Fensterglas)	1,0	Silber	2,0
Beton	1,2	Gold	1,4	Silicium	0,2
Blei	2,9	Holz (Eiche)	0,8	Stahl	1,2
Cadmium	4,1	Kupfer	1,6	Wolfram	0,4
Eis (bei 0 °C)	5,1	Messing	1,8	Ziegelstein	0,5
Eisen	1,2	Porzellan	0,4	Zinn	2,7

Volumenausdehnungskoeffizient γ von Flüssigkeiten   bei 0 °C

Stoff	γ in 10^{-3} K^{-1}	Stoff	γ in 10^{-3} K^{-1}	Stoff	γ in 10^{-3} K^{-1}
Aceton	1,4	Methanol	1,1	Schwefelsäure	0,6
Benzin	1,0	Petroleum	0,9	Toluol (Toluen)	1,1
Ethanol	1,1	Quecksilber	0,18	Wasser	0,18

Spezifische Wärmekapazität c von festen Stoffen und Flüssigkeiten

Feste Stoffe zwischen 0 °C und 100 °C				Flüssigkeiten bei 20 °C	
Stoff	c in kJ · kg^{-1} · K^{-1}	Stoff	c in kJ · kg^{-1} · K^{-1}	Stoff	c in kJ · kg^{-1} · K^{-1}
Aluminium	0,90	Messing	0,38	Aceton	2,10
Beton	0,90	Porzellan	0,73	Benzol (Benzen)	1,70
Blei	0,13	Stahl	0,47	Ethanol	2,43
Eis (bei 0 °C)	2,09	Wolfram	0,13	Methanol	2,40
Glas	0,86	Ziegelstein	0,86	Petroleum	2,0
Holz (Eiche)	2,39	Zink	0,39	Quecksilber	0,14
Kupfer	0,39	Zinn	0,23	Wasser	4,19

Spezifische Wärmekapazität von Gasen bei konstantem Druck c_p und bei konstantem Volumen c_v, spezifische Gaskonstante R_S

bei 0 °C

A3

Stoff	c_p in $kJ \cdot kg^{-1} \cdot K^{-1}$	c_v in $kJ \cdot kg^{-1} \cdot K^{-1}$	R_S in $J \cdot kg^{-1} \cdot K^{-1}$
Ammoniak	2,05	1,56	488
Helium	5,24	3,22	2 077
Kohlenstoffdioxid	0,85	0,65	189
Luft	1,01	0,72	287
Sauerstoff	0,92	0,65	260
Stickstoff	1,04	0,75	297
Wasserdampf	1,86	1,40	462
Wasserstoff	14,28	10,13	4 124

Wärmeleitfähigkeit λ

bei 20 °C und 1013 mbar

Feste Stoffe				Flüssigkeiten		Gase	
Stoff	λ in $W \cdot m^{-1} \cdot K^{-1}$	Stoff	λ in $W \cdot m^{-1} \cdot K^{-1}$	Stoff	λ in $W \cdot m^{-1} \cdot K^{-1}$	Stoff	λ in $W \cdot m^{-1} \cdot K^{-1}$
Aluminium	234	Kupfer	398	Benzol (Benzen)	0,1	Helium	0,143
Beton	1,1	Stahl	41 ... 58	Ethanol	0,2	Luft	0,02
Blei	35	Wolfram	169	Quecksilber	8,7	Sauerstoff	0,02
Eis (bei 0 °C)	2,2	Ziegelstein	0,4 ... 0,8	Terpentin	0,14	Stickstoff	0,02
Holz (Eiche)	0,2	Zinn	63	Wasser	0,6	Wasserstoff	0,16

Wärmeübergangskoeffizient α

Körper	α in $W \cdot m^{-2} \cdot K^{-1}$
Ruhendes Wasser um Rohre	350 ... 600
Siedendes Wasser an Metallflächen	3 500 ... 6 000
Siedendes Wasser in Rohren	7 000 ... 14 000

Innenflächen geschlossener Räume
    Innenfenster, Wandflächen
    Fußboden, Decken
	
	8
	7

Außenfenster	12
Außenseite geschlossener Räume	23

Wärmedurchgangskoeffizient k

Körper		k in $W \cdot m^{-2} \cdot K^{-1}$
Außenwand (Hohlziegel)	ungedämmt mit Dämmschicht (8 cm)	1,3 0,4
Glasscheiben	einfach doppelt (6 mm Abstand) doppelt (12 mm Abstand)	5,8 3,5 3,0
Ziegeldach	ungedämmt mit Dämmschicht (10 cm)	6,0 0,4

Schmelztemperatur ϑ_s und spezifische Schmelzwärme q_s

Stoff	ϑ_s in °C	q_s in kJ · kg^{-1}	Stoff	ϑ_s in °C	q_s in kJ · kg^{-1}
Aluminium	660	396	Aceton (Propanon)	−94,7	82
Blei	327	24	Ethanol	−114,1	105
Eis	0	334	Methanol	−97,7	69
Eisen	1 540	275	Quecksilber	−39	12
Kupfer	1 083	205	Ammoniak	−78	332
Silber	961	104	Helium	−270	−
Stahl	1 500	270	Sauerstoff	−219	14
Wolfram	3 410	192	Stickstoff	−210	26
Zinn	232	59	Wasserstoff	−259	59

Siedetemperatur ϑ_v und spezifische Verdampfungswärme q_v

Stoff	ϑ_v in °C	q_v in kJ · kg^{-1}	Stoff	ϑ_v in °C	q_v in kJ · kg^{-1}
Aluminium	2 450	10 500	Aceton (Propanon)	56,1	525
Blei	1 740	871	Benzol (Benzen)	80,1	394
Eisen	3 000	6 322	Ethanol	78,3	845
Gold	2 970	1 578	Quecksilber	357	285
Graphit	4 830	−	Wasser	100	2 260
Kupfer	2 600	4 650	Ammoniak	−33,5	1 370
Silber	2 210	2 357	Kohlenstoffdioxid	−78,4 subl.	574
Wolfram	5 930	4 190	Sauerstoff	−183	214
Zink	906	1 802	Stickstoff	−196	198
Zinn	2 270	2 386	Wasserstoff	−253	455

Maximale absolute Feuchte $\rho_{w,max}$ bei verschiedener Temperatur

ϑ in °C	$\rho_{w,max}$ in g · m^{-3}	ϑ in °C	$\rho_{w,max}$ in g · m^{-3}	ϑ in °C	$\rho_{w,max}$ in g · m^{-3}
−10	2,14	2	5,6	14	12,1
−8	2,54	4	6,4	16	13,6
−6	2,99	6	7,3	18	15,4
−4	3,51	8	8,3	20	17,3
−2	4,13	10	9,4	22	19,4
0	4,84	12	10,7	24	21,8

Heizwert H (unterer Heizwert)

Feste Stoffe	H in MJ · kg^{-1}	Flüssigkeiten	H in MJ · kg^{-1}	Gase	H in MJ · kg^{-1}
Braunkohle	8 … 15	Benzin	44 … 53 (32 … 38 MJ/l)	Ethin (Azetylen)	50 (59 MJ/m^3)
Braunkohlen-briketts	20	Diesel	41 … 44 (35 … 38 MJ/l)	Erdgas	42 (31 MJ/m^3)
Holz (trocken)	8 … 16	Heizöl	43 (42 MJ/l)	Propan	47 (94 MJ/m^3)
Steinkohle	27 … 33	Petroleum	51 (41 MJ/l)	Stadtgas	28 (17 MJ/m^3)
Torf (trocken)	15	Spiritus (Ethanol 96%)	39 (32 MJ/l)	Wasserstoff	133 (12 MJ/m^3)

Druckkoeffizient ψ der Siedetemperatur von Flüssigkeiten

Flüssigkeit	ψ in $K \cdot kPa^{-1}$	Flüssigkeit	ψ in $K \cdot kPa^{-1}$
Ethanol	0,26	Propanol	0,29
Benzol (Benzen)	0,32	Quecksilber	0,56
Methanol	0,26	Wasser	0,29

VAN DER WAALSsche Konstanten a und b

Stoff	a in $kPa \cdot m^6 \cdot kmol^{-2}$	b in $m^3 \cdot kmol^{-1}$	Stoff	a in $kPa \cdot m^6 \cdot kmol^{-2}$	b in $m^3 \cdot kmol^{-1}$
Argon	136	0,032 2	Neon	21,5	0,017 4
Chlor	659	0,056 0	Sauerstoff	138	0,031 6
Helium	3,43	0,023 5	Stickstoff	136	0,038 5
Kohlenstoffdioxid	365	0,042 5	Wasserstoff	24,8	0,026 7

Spezifischer elektrischer Widerstand ρ und elektrische Leitfähigkeit γ (κ)

Leiter	ρ in $\Omega \cdot mm^2 \cdot m^{-1}$	γ in $\Omega^{-1} \cdot m^{-1}$	Isola-toren	ρ in $\Omega \cdot mm^2 \cdot m^{-1}$	γ in $\Omega^{-1} \cdot m^{-1}$	Andere Stoffe	ρ in $\Omega \cdot mm^2 \cdot m^{-1}$	γ in $\Omega^{-1} \cdot m^{-1}$
Aluminium	0,028	$3,6 \cdot 10^7$	Bernstein	$> 10^{22}$	$< 10^{-16}$	Blut	$1,6 \cdot 10^6$	0,63
Eisen	0,10	$1,0 \cdot 10^7$	Glas	$10^{13}...10^{17}$	$10^{-11}...10^{-7}$	Fettgewebe	$3,3 \cdot 10^7$	0,03
Gold	0,022	$4,5 \cdot 10^7$	Glimmer	$10^{15}...10^{17}$	$10^{-11}...10^{-9}$	Kochsalz-lösung (10%)	$7,9 \cdot 10^4$	13
Konstan-tan	0,50	$2 \cdot 10^6$	Holz (trocken)	$10^{10}...10^{15}$	$10^{-9}...10^{-4}$	Kupfersul-fatlösung (10 %)	$3,0 \cdot 10^5$	3,3
Kupfer	0,017	$5,9 \cdot 10^7$	Papier	$10^{15}...10^{16}$	$10^{-10}...10^{-9}$	Meer-wasser	$5,0 \cdot 10^5$	2,0
Silber	0,016	$6,3 \cdot 10^7$	Polypro-pylenfolie	10^{11}	10^{-4}	Muskel-gewebe	$2,0 \cdot 10^6$	0,50
Stahl	0,10...0,20	$5 \cdot 10^6 ... 10 \cdot 10^6$	Porzellan	10^{18}	10^{-12}	Salzsäure (10 %)	$1,5 \cdot 10^4$	67
Wolfram	0,053	$1,9 \cdot 10^7$	Wasser (destilliert)	10^{10}	10^{-4}	Schwefel-säure (10%)	$2,5 \cdot 10^4$	40

Temperaturkoeffizient α des elektrischen Widerstandes für die Ausgangstemperatur von 20 °C

Stoff	α in $10^{-3} K^{-1}$	Stoff	α in $10^{-3} K^{-1}$	Stoff	α in $10^{-3} K^{-1}$
Aluminium	3,9	Konstantan	0,05	Stahl	5,6
Eisen	5,6	Kupfer	3,8	Wolfram	4,1
Gold	3,9	Silber	3,8	Zinn	4,6

Allgemeines

Elektrochemisches Äquivalent c

Stoff	c in mg · C^{-1}	Stoff	c in mg · C^{-1}	Stoff	c in mg · C^{-1}
Aluminium	0,093 2	Lithium	0,071 9	Sauerstoff	0,082 9
Blei	1,074 1	Natrium	0,238 3	Silber	1,117 9
Chlor	0,367 5	Nickel	0,202 7	Wasserstoff	0,010 5
Gold	0,681 3	Quecksilber	2,079 2	Zink	0,338 8
Kupfer	0,329 4	Platin	0,505 9	Zinn	0,615 1

HALLkonstante R_H bei 20 °C

Stoff	R_H in 10^{-11} m^3 · C^{-1}	Stoff	R_H in 10^{-11} m^3 · C^{-1}
Aluminium	−3,5	Palladium	−8,6
Cadmium	+5,9	Platin	−2,0
Gold	−7,2	Silber	−8,9
Kupfer	−5,2	Zink	+6,4

Dielektrizitätszahl ε_r

Stoff	ε_r	Stoff	ε_r	Stoff	ε_r
Bernstein	2,8	Luft	1,000 6	Porzellan	5 ... 6,5
Glas	5 ... 16	Methanol	34	Transformatorenöl	2,2 ... 2,5
Glimmer	5 ... 9	Papier	1,2 ... 3,0	Wasserstoff	1,000 3
Holz	3 ... 10	Paraffin	2,0	Wasser	80
Keramische Werkstoffe	50 ... 10 000	Polypropylenfolie	2,2	Vakuum	1

Permeabilitätszahl μ_r

Diamagnetische Stoffe		Paramagnetische Stoffe		Ferromagnetische Stoffe	
Stoff	μ_r	Stoff	μ_r	Stoff	μ_r
Antimon	0,999 884	Aluminium	1,000 02	Cobalt	80 ... 200
Gold	0,999 971	Chromium	1,000 28	Dynamoblech	200 ... 3 000
Quecksilber	0,999 966	Eisen(III)-chlorid	1,003 756	Eisen	250 ... 680
Wasser	0,999 991	Platin	1,000 2	Nickel	280 ... 2 500
Zink	0,999 986	Luft	1,000 000 37	Sonderlegierungen	bis 900 000

Austrittsarbeit W_A von Elektronen aus Metallen und Metalloxiden

Stoff	W_A in eV	Stoff	W_A in eV	Stoff	W_A in eV
Aluminium	4,20	Cadmium	4,04	Kupfer	4,48
Barium	2,52	Cäsium	1,94	Platin	5,36
Barium auf Wolframoxid	0,30	Cäsium auf Wolframoxid	0,001	Wolfram	4,54

Spektrum elektromagnetischer Wellen

Bezeichnung	Wellenlänge in m	Bezeichnung	Wellenlänge in nm
Technischer Wechselstrom	$1,9 \cdot 10^7 \ldots 3 \cdot 10^6$	Sichtbares Licht	
Tonfrequenter Wechselstrom	$3 \cdot 10^6 \ldots 3 \cdot 10^4$	rot	780 … 620
		orange	620 … 600
HERTZsche Wellen		gelb	600 … 570
Langwellen	$10^4 \ldots 10^3$	grün	570 … 490
Mittelwellen	$10^3 \ldots 10^2$	blau	490 … 460
Kurzwellen	100 … 10	indigo	460 … 430
UKW (VHF)	10 … 1	violett	430 … 390
UKW (UHF)	1 … 0,1		
Mikrowellen	$0,1 \ldots 3 \cdot 10^{-5}$	Ultraviolette Strahlung	$3,9 \cdot 10^2 \ldots 10$
		Röntgenstrahlung	$10 \ldots 6 \cdot 10^{-5}$
Infrarote Strahlung	$3 \cdot 10^{-5} \ldots 7,8 \cdot 10^{-7}$	Gammastrahlung und kosmische Strahlung	$< 3 \cdot 10^{-1}$

Brechzahl n

Stoff		Brechzahl n
Diamant		2,42
Eis		1,31
Flintglas	leicht	1,61
	schwer	1,75
Flußspat		1,43
Kalkspat	ordentlich	1,66
	außerordentlich	1,49
Kronglas	leicht	1,51
	schwer	1,61
Luft		1,00
Plexiglas		1,49
Polystyrol		1,59
Quarzglas		1,46
Wasser		1,33

Spektrallinien einiger Elemente

Element	λ in nm
Argon	420
	426
	434
Helium	471
	588
Natrium	589
	590
Neon	540
	585
	640
Quecksilber	436
	577
	623
Wasserstoff	434
	486
	656

Halbwertszeit $T_{1/2}$ und Art der Strahlung einiger Isotope

Isotop	Halbwertszeit $T_{1/2}$	Art der Strahlung
Americium – 241	433 Jahre	α, γ
Cäsium – 137	30 Jahre	β^-, γ
Cobalt – 60	5,3 Jahre	β^-, γ
Iod – 131	8,04 Tage	β^-
Kohlenstoff – 14	5 760 Jahre	β^-
Krypton – 85	10,76 Jahre	β^-, γ
Plutonium – 239	24 390 Jahre	α
Radium – 226	1 600 Jahre	α
Radon – 220	55,6 Sekunden	α
Uran – 238	4,5 Milliarden Jahre	α
Uran – 235	700 Millionen Jahre	α

Mathematik

Mengenlehre

Mengenbeziehungen

Begriff	Veranschaulichung	Gesetze
Mengengleichheit. Eine Menge **A** ist gleich einer Menge **B**, **A = B**, wenn jedes Element von A auch Element von B und jedes Element von B auch Element von A ist.		$A = A$ $A = B \Rightarrow B = A$ $A = B \wedge B = C \Rightarrow A = C$
Teilmenge. Eine Menge **A** ist echte Teilmenge von **B**, $A \subset B$, wenn jedes Element von A auch Element von B ist und es in B mindestens ein Element gibt, welches nicht zu A gehört. Eine Menge **C** ist (unechte) Teilmenge von **D**, $C \subseteq D$, wenn jedes Element von C auch Element von D ist.		$A \subseteq A$ $A \not\subset A$ $A \subseteq B \wedge B \subseteq A \Rightarrow A = B$ $A \subseteq B \wedge B \subseteq C \Rightarrow A \subseteq C$
Die **Potenzmenge P(A)** ist die Menge aller Teilmengen von A.	$A = \{a; b\} \Rightarrow$ $P(A) = \{\varnothing; \{a\}; \{b\}; \{a; b\}\}$	
Äquivalente Mengen. Eine Menge A ist **äquivalent** (gleichmächtig) zu einer Menge B, $A \sim B$, wenn eine eineindeutige Abbildung der einen auf die andere Menge existiert.	$A = \{1; x; y\}$ $B = \{t; 3; y\} \Rightarrow A \sim B$ $N \sim Z \quad N \sim Q \quad N \not\sim R$	$A \sim B \wedge B \sim C \Rightarrow A \sim C$
Ist A Teilmenge von B, so ist die **Komplementärmenge $\overline{A}$** von A bezüglich B diejenige Teilmenge von B, die alle Elemente enthält, welche nicht zu A gehören.		$\overline{A \cup B} = \overline{A} \cap \overline{B}$ $\overline{A \cap B} = \overline{A} \cup \overline{B}$ MORGANsche Gesetze

Mengenverknüpfungen (Mengenoperationen)

Die **Vereinigungsmenge A ∪ B** (A vereinigt mit B) ist die Menge aller Elemente, die zu A oder zu B oder zu beiden Mengen gehören. $A \cup B = \{x \mid x \in A \vee x \in B\}$		
Die **Schnittmenge A ∩ B** (A geschnitten mit B) ist die Menge aller Elemente, die zu A und gleichzeitig zu B gehören. $A \cap B = \{x \mid x \in A \wedge x \in B\}$		
Die **Differenzmenge A\B** (A ohne B, A Differenz B) ist die Menge aller Elemente von A, die nicht zu B gehören. $A \backslash B = \{x \mid x \in A \wedge x \notin B\}$		
Die **Produktmenge A × B** (A kreuz B) ist die Menge aller Paare, deren erstes Glied zu A und deren zweites Glied zu B gehört. $A \times B = \{(x; y) \mid x \in A \wedge y \in B\}$	Beispiel: $A = \{a; b; c\}$ $B = \{u; v\}$ $A \times B = \{(a; u); (a; v); (b; u); (b; v); (c; u); (c; v)\}$	

Rechenregeln für Mengen (Gesetze)

$A \cup A = A$	$A \cap A = A$	$A \cup \varnothing = A$	$A \backslash B = A \backslash (A \cap B) = (A \cup B) \backslash B$
$A \cup B = B \cup A$	$A \cap B = B \cap A$	$A \cap \varnothing = \varnothing$	$A \backslash (B \cap C) = (A \backslash B) \cup (A \backslash C)$
$(A \cup B) \cup C = A \cup (B \cup C)$	$(A \cap B) \cap C = A \cap (B \cap C)$	$A \backslash A = \varnothing$	$A \backslash (B \cup C) = (A \backslash B) \cap (A \backslash C)$
$A \cup (B \cap C) = (A \cup B) \cap (A \cup C)$	$A \cap (B \cup C) = (A \cap B) \cup (A \cap C)$	$(A \backslash B) \cap B = \varnothing$	$A \cup B = (A \backslash B) \cup (B \backslash A) \cup (A \cap B)$
	$A \cap (A \cup B) = A = A \cup (A \cap B)$		

Wenn eine der Beziehungen $A \subseteq B$, $A \cup B = B$, $A \cap B = A$ gilt, dann folgt daraus die Gültigkeit der anderen beiden.

Mathematik

Zahlenmengen

Zahlenmenge	Beschreibung	uneingeschränkt ausführbare Grundrechenoperationen
Natürliche Zahlen	$N = \{0; 1; 2; 3; ...\}$ $\qquad N^* = N\backslash\{0\}$	Addition, Multiplikation
Ganze Zahlen	$Z = \{...;-3;-2;-1;0;1;2;3;...\}$	Addition, Multiplikation, Subtraktion
Gebrochene Zahlen	$Q_+ = \{\frac{p}{q} \mid p, q \in N \wedge q \neq 0\}$	Addition, Multiplikation, Division (ausgenommen durch 0)
Rationale Zahlen	$Q = \{\frac{p}{q} \mid p, q \in Z \wedge q \neq 0\}$	Addition, Subtraktion, Multiplikation, Division (ausgenommen durch 0)
Reelle Zahlen	$R = Q \cup I$ I Irrationale Zahlen (unendliche nichtperiodische Dezimalbrüche)	Addition, Subtraktion, Multiplikation, Division (ausgenommen durch 0)
Komplexe Zahlen	$C = \{a + bi \mid a, b \in R \wedge i^2 = -1\}$ (S. 60)	Addition, Subtraktion, Multiplikation, Division (ausgenommen durch 0)

$N \subset Z \qquad N \subset Q_+ \qquad N = Z \cap Q_+ \qquad Q_+ \subset Q \qquad Z \subset Q \qquad Q \subset R \qquad I \subset R \qquad Q \cap I = \varnothing \qquad R \subset C$

Intervalle (spezielle Teilmengen von R)

abgeschlossenes Intervall von a bis b	$[a, b] = \{x \in R \mid a \leq x \leq b\}$	
offenes Intervall von a bis b	$]a, b[= \{x \in R \mid a < x < b\}$	
rechtsoffenes Intervall von a bis b	$[a, b[= \{x \in R \mid a \leq x < b\}$	
linksoffenes Intervall von $-\infty$ bis a	$]-\infty, a] = \{x \in R \mid x \leq a\}$	

Aussagenlogik

| **Grundelemente:** | zweiwertige Variable für Aussagen: | p, q, r |
| | Werte für Aussagen: | w (wahr)/f (falsch), ja/nein, ein/aus, I/0, L/O |

Verknüpfung	Negation	Konjunktion	Disjunktion	Alternative	Implikation	Äquivalenz
Symbol	$\neg p$	$p \wedge q$	$p \vee q$	$p \dot\vee q$	$p \Rightarrow q$	$p \Leftrightarrow q$
Bedeutung	nicht p	p und q; sowohl p als auch q	p oder q; einschließendes oder	entweder p oder q; ausschließendes oder	wenn p, dann q	genau dann p, wenn q

Zusammenhänge:

$p \Rightarrow q \equiv \neg p \vee q \qquad\qquad p \Leftrightarrow q \equiv (\neg p \vee q) \wedge (p \vee \neg q) \qquad\qquad p \Leftrightarrow q \equiv (p \wedge q) \vee (\neg p \wedge \neg q)$

$p \dot\vee q \equiv (p \vee q) \wedge (\neg p \vee \neg q) \qquad\qquad p \dot\vee q \equiv (p \wedge \neg q) \vee (\neg p \wedge q)$

Wahrheitswertetafeln (Schaltbelegungstabellen)

p	$\neg p$
wahr	falsch
falsch	wahr

p	q	$p \wedge q$	$p \vee q$	$p \dot\vee q$	$p \Rightarrow q$	$p \Leftrightarrow q$
wahr	wahr	wahr	wahr	falsch	wahr	wahr
wahr	falsch	falsch	wahr	wahr	falsch	falsch
falsch	wahr	falsch	wahr	wahr	wahr	falsch
falsch	falsch	falsch	falsch	falsch	wahr	wahr

Tautologien: (sind immer wahr)

$p \vee \neg p$	Gesetz vom ausgeschlossenen Dritten
$\neg(\neg p) \Leftrightarrow p$	Gesetz von der doppelten Verneinung
$(p \Rightarrow q) \wedge (q \Rightarrow r) \Rightarrow (p \Rightarrow r)$	Kettenschluß
$p \wedge (p \Rightarrow q) \Rightarrow q$	Abtrennungsregel
$p \wedge (\neg q \Rightarrow \neg p) \Rightarrow q$	Indirekter Schluß
$(p \Rightarrow q) \Leftrightarrow (\neg q \Rightarrow \neg p)$	Kontraposition

Mathematik

Rechenregeln

Teiler und Vielfache natürlicher Zahlen

$a, b, n \in N^*$

a heißt **Teiler** von b, wenn es ein $n \in N^*$ gibt, so daß $a \cdot n = b$ gilt.	b heißt **Vielfaches** von a, wenn a ein Teiler von b ist.
ggT(a, b) ... größter gemeinsamer Teiler von a und b	**kgV(a, b)** ... kleinstes gemeinsames Vielfaches von a und b
Bestimmung des ggT(a, b) mittels Primfaktorenzerlegung: $a = 18 = 2 \cdot 3 \cdot 3$ $b = 60 = 2 \cdot 2 \cdot 3 \cdot 5 \Rightarrow ggT(18, 60) = 2 \cdot 3 = 6$	Bestimmung des kgV(a, b) mittels Primfaktorenzerlegung: $a = 18 = 2 \cdot 3 \cdot 3$ $b = 60 = 2 \cdot 2 \cdot 3 \cdot 5 \Rightarrow kgV(18, 60) = 2^2 \cdot 3^2 \cdot 5 = 180$
Bestimmung des ggT(a,b) mit Hilfe des EUKLIDischen Algorithmus: $a : b = c_1$, Rest b_1 $b_1 \neq 0$ $b : b_1 = c_2$, Rest b_2 $b_2 \neq 0$ $b_1 : b_2 = c_3$, Rest b_3 $b_3 \neq 0$ $\vdots$ $b_{n-2} : b_{n-1} = c_n$, Rest $0 \Rightarrow ggT(a, b) = b_{n-1}$	Bestimmung des kgV(a,b) mit Hilfe des EUKLIDischen Algorithmus und der folgenden Beziehung: $$kgV(a, b) = \frac{a \cdot b}{ggT(a, b)}$$ (Primzahlen S. 4)

Bruchrechnung

$a, b, c, d \in Z$; Nenner $\neq 0$

$\frac{a}{b}$ heißt **Bruch**, a heißt **Zähler**, b heißt **Nenner**	$\frac{b}{a}$ heißt **Kehrwert** von $\frac{a}{b}$ $\frac{a}{b} \cdot \frac{b}{a} = 1$
Erweitern: $\frac{a}{b} = \frac{a \cdot c}{b \cdot c}$ $(c \neq 0)$	**Kürzen:** $\frac{a}{b} = \frac{a : c}{b : c}$ $(c \neq 0 \wedge c|a \wedge c|b)$
Addition und Subtraktion gleichnamiger Brüche: $\frac{a}{b} \pm \frac{c}{b} = \frac{a \pm c}{b}$	**Umwandeln in Dezimalzahl:** $\frac{a}{b} = a : b$ $\frac{6}{5} = 6 : 5 = 1,2$
Addition und Subtraktion ungleichnamiger Brüche: $\frac{a}{b} \pm \frac{c}{d} = \frac{a \cdot d \pm b \cdot c}{b \cdot d}$	*oder* (1) gV(b, d) bestimmen (Hauptnenner) (2) beide Brüche auf einen Hauptnenner erweitern (3) wie bei gleichnamigen Brüchen verfahren
Multiplikation: $\frac{a}{b} \cdot \frac{c}{d} = \frac{a \cdot c}{b \cdot d}$	**Division:** $\frac{a}{b} : \frac{c}{d} = \frac{a}{b} \cdot \frac{d}{c} = \frac{a \cdot d}{b \cdot c}$

Rechnen mit positiven und negativen Zahlen

$a, b \in R$; Nenner $\neq 0$

Betrag einer Zahl: $|a| = \begin{cases} a, \text{ wenn } a \geq 0 \\ -a, \text{ wenn } a < 0 \end{cases}$ Der Betrag einer Zahl entspricht dem Abstand dieser Zahl von 0 auf der Zahlengeraden.	$|a| = |-a|$ $|a| \geq 0$ $\pm a \leq |a|$ $|a \cdot b| = |a| \cdot |b|$ $|a| - |b| \leq |a + b| \leq |a| + |b|$ (Dreiecksungleichung) $|a| - |b| \leq |a - b| \leq |a| + |b|$	$\left|\frac{a}{b}\right| = \frac{|a|}{|b|}$ $|a_1 + a_2 + ... + a_n| \leq |a_1| + |a_2| + ... + |a_n|$
$a - (-b) = a + b$ $a \cdot (-b) = -ab$ $a : (-b) = -\frac{a}{b}$	$-a - b = -(a + b)$ $(-a) \cdot b = -ab$ $(-a) : b = -\frac{a}{b}$	$(-a) - (-b) = -a + b$ $(-a) \cdot (-b) = +ab$ $(-a) : (-b) = +\frac{a}{b}$

Termumformungen

$a, b, c, d \in R$ bzw. selbst wieder in R erklärte Terme

$a + b = b + a$ $a \cdot b = b \cdot a$ (Kommutativgesetze) $a \cdot (b + c) = a \cdot b + a \cdot c$ (Distributivgesetz)	
$a + (b + c) = (a + b) + c$ $a \cdot (b \cdot c) = (a \cdot b) \cdot c$ (Assoziativgesetze) $(a + b) \cdot (c + d) = a \cdot c + a \cdot d + b \cdot c + b \cdot d$	
$(a + b)^2 = a^2 + 2ab + b^2$ $(a - b)^2 = a^2 - 2ab + b^2$ $(a + b)(a - b) = a^2 - b^2$ (Binomische Formeln)	
$(a \pm b)^3 = a^3 \pm 3a^2b + 3ab^2 \pm b^3$ (Verallgemeinerung S. 54) $a^3 - b^3 = (a - b)(a^2 + ab + b^2)$	

Mathematik

Potenzen, Wurzeln, Logarithmen

Nenner $\neq 0$

Potenzen		Wurzeln		Logarithmen	
$a^n = \underbrace{a \cdot a \cdot \ldots \cdot a}_{n \text{ Faktoren } a}$ $a^0 = 1 \qquad a^1 = a$ $a^{-n} = \dfrac{1}{a^n}$	a … Basis n … Exponent $a \in R\backslash\{0\}, n \in N$	$\sqrt[n]{a} = b \Leftrightarrow b^n = a$ $\wedge b > 0$ $\sqrt[2]{a} = \sqrt{a}$	a … Radikand n … Wurzelexponent $a \in R \wedge a \geq 0,$ $n \in N^*\backslash\{1\}$	$\log_a b = c \Leftrightarrow a^c = b$ $a^{\log_a b} = b$ $\log_a 1 = 0$ $\log_a a = 1$	a … Basis b … Numerus $a \in R \wedge a > 0$ $\wedge\, a \neq 1$ $b \in R \wedge b > 0$
Folgende **Potenzgesetze** gelten für alle $m,n \in R$ bei positiven reellen Basen. Für $m,n \in Z$ gelten sie bei Basen aus $R\backslash\{0\}$. $a^m \cdot a^n = a^{m+n} \qquad a^n \cdot b^n = (a \cdot b)^n$ $\dfrac{a^m}{a^n} = a^{m-n} \qquad \dfrac{a^n}{b^n} = \left(\dfrac{a}{b}\right)^n$ $(a^m)^n = a^{m \cdot n} = (a^n)^m$		Für Exponenten der Form $\dfrac{1}{n}$ mit $n \in N^*$ und $n \neq 1$ und nichtnegativen reellen a, b können die Potenzgesetze auch als **Wurzelgesetze** formuliert werden: $\sqrt[m]{a} \cdot \sqrt[n]{a} = \sqrt[mn]{a^{m+n}} \quad \sqrt[n]{a} \cdot \sqrt[n]{b} = \sqrt[n]{a \cdot b}$ $\dfrac{\sqrt[m]{a}}{\sqrt[n]{a}} = \sqrt[mn]{a^{n-m}} \quad \dfrac{\sqrt[n]{a}}{\sqrt[n]{b}} = \sqrt[n]{\dfrac{a}{b}}$ $\sqrt[n]{\sqrt[m]{a}} = \sqrt[mn]{a} = \sqrt[m]{\sqrt[n]{a}}$		**spezielle Basen:** $\log_{10} x = \lg x$ dekadischer Logarithmus (S. 40) $\log_e x = \ln x$ natürlicher Logarithmus (S. 40) **Logarithmengesetze:** $\log_a(u \cdot v) = \log_a u + \log_a v \quad u,v \in R$ $\log_a \dfrac{u}{v} = \log_a u - \log_a v \quad u,v > 0$ $\log_a u^r = r \log_a u \qquad\qquad r \in R$ $\log_a \sqrt[n]{u} = \dfrac{1}{n} \log_a u \qquad\quad n \in N$	
$\dfrac{1}{a^{-n}} = a^n \qquad \left(\dfrac{a}{b}\right)^{-n} = \left(\dfrac{b}{a}\right)^n$ Für alle $n \in N, n \geq 2$ und $a \in R, a > 0$ gilt: $a^{\frac{1}{n}} = \sqrt[n]{a} \quad a^{-\frac{1}{n}} = \dfrac{1}{\sqrt[n]{a}} \quad a^{\frac{m}{n}} = \sqrt[n]{a^m} \quad a^{-\frac{m}{n}} = \dfrac{1}{\sqrt[n]{a^m}}$		$\sqrt[n]{a^m} = \left(\sqrt[n]{a}\right)^m \qquad \sqrt[n]{a^m} = \sqrt[nk]{a^{mk}}$		**Basiswechsel:** $\log_a b \cdot \log_b a = 1$ $\log_c b = \dfrac{\log_a b}{\log_a c} = \dfrac{\ln b}{\ln a} = \dfrac{\lg b}{\lg a}$ $\lg x = M \ln x \quad M = \lg e = 0,43429\ldots$ $\ln x = \dfrac{\lg x}{M} \quad \dfrac{1}{M} = \ln 10 = 2,30258\ldots$ $a^c = e^{c \cdot \ln a} \qquad c \in R$	

Ma1

Proportionen und Mittelwerte

$a, b, c, d, k, a_i \in R$; $k \neq 0$; Nenner $\neq 0$

Sachverhalt		Proportion	Verhältnisgleichung	Proportionalitätsfaktor k	
$\begin{array}{\|c\|c\|} a & c \\ \hline b & d \end{array}$	je mehr, desto mehr	direkt	$\dfrac{a}{b} = \dfrac{c}{d} \Rightarrow a \cdot d = b \cdot c$	$\dfrac{a}{b} = \dfrac{c}{d} \Rightarrow \begin{cases} a = k \cdot c \\ b = k \cdot d \end{cases}$	$k = \dfrac{a}{c}$
$\begin{array}{\|c\|c\|} a & c \\ \hline b & d \end{array}$	je mehr, desto weniger	umgekehrt	$\dfrac{a}{b} = \dfrac{d}{c} \Rightarrow a \cdot c = b \cdot d$	$\dfrac{a}{b} = \dfrac{d}{c} \Rightarrow \begin{cases} a = k \cdot \dfrac{1}{c} \\ b = k \cdot \dfrac{1}{d} \end{cases}$	$k = a \cdot c$

Mittelwerte	Proportion und Formel	allgemeine Formel		Zusammenhänge
arithmetisches Mittel (S. 55)	$\dfrac{a - \bar{x}}{\bar{x} - b} = \dfrac{1}{1} \Rightarrow \bar{x} = \dfrac{a+b}{2}$	$\bar{x} = \dfrac{a_1 + a_2 + \ldots + a_n}{n} = \dfrac{1}{n} \cdot \sum\limits_{i=1}^{n} a_i$		$(a_i)_{Max} \geq \bar{x} \geq g \geq h \geq (a_i)_{Min}$ für $a_i \geq 0$ nach CAUCHY
geometrisches Mittel (Mittlere Proportionale)	$\dfrac{a}{g} = \dfrac{g}{b} \Rightarrow g = \sqrt{ab}$ $a, b > 0$	$g = \sqrt[n]{a_1 \cdot a_2 \cdot \ldots \cdot a_n} = \sqrt[n]{\prod\limits_{i=1}^{n} a_i}$	$a_i > 0$	$g = \sqrt{h \cdot \bar{x}}$ für 2 Werte a, b
harmonisches Mittel	$\dfrac{a - h}{h - b} = \dfrac{a}{b} \Rightarrow h = \dfrac{2ab}{a+b}$	$h = \dfrac{n}{\dfrac{1}{a_1} + \dfrac{1}{a_2} + \ldots + \dfrac{1}{a_n}} = \dfrac{n}{\sum\limits_{i=1}^{n} \dfrac{1}{a_i}}$		

Kaufmännisches Rechnen

Währungsrechnen
Nenner ≠ 0

Größen:	AW ... Auslandswährung DM ... DM-Betrag	Kurs ...	Umrechnungsverhältnis zwischen Devisen (bezogen auf 100 ausländische Währungseinheiten) *Ausnahmen:* Lit ... Italienische Lira (bezogen auf 1000) $ ..... Dollar (bezogen auf 1) £ ..... Pfund Sterling (bezogen auf 1)

$$\frac{DM}{AW} = \frac{Kurs}{100} \qquad \frac{DM}{AW\,(\$,£)} = Kurs$$

$$\frac{DM}{AW\,(Lit)} = \frac{Kurs}{1000}$$

Anwendung: Wieviel Französische Franc erhält man für 130,00 DM? (Kurs 29,83, d. h. 29,83 DM pro 100 FF)

$$AW = \frac{DM \cdot 100}{Kurs} = \frac{130,00 \cdot 100}{29,83}\,FF = 435,80\,FF$$

Dreisatz

	direkte Proportionalität	umgekehrte Proportionalität
Verfahren, durch das mit drei gegebenen Größen eine vierte errechnet wird	Wieviel bezahlt man für 750 g Tee, wenn 400 g 12,00 DM kosten?	5 Kühe kommen mit einer bestimmten Futtermenge 16 Tage aus. Wieviel Tage reicht das Futter für 8 Kühe?
(1) Schluß vom Wert der bekannten Mehrheit	400 g ≙ 12,00 DM	5 Kühe ≙ 16 Tage
(2) auf den Wert für eine Mengeneinheit	1 g ≙ $\dfrac{12,00\ DM}{400}$ = 0,03 DM	1 Kuh ≙ 16 Tage · 5 = 80 Tage
(3) von dieser Einheit auf die gesuchte Mehrheit	750 g ≙ 0,03 DM · 750 = 22,50 DM	8 Kühe ≙ $\dfrac{80\ Tage}{8}$ = 10 Tage

Kettensatz

Verfahren, welches bei Preisberechnungen mit ausländischen Währungen und Maßen zur Anwendung gelangt (Aufeinanderfolge von Dreisätzen bei direkter Proportionalität)	**Anwendung:** Wieviel DM kosten 50 m Stoff aus den USA, wenn dieser dort zu 8,90 $ das Yard gehandelt wird? (11 m = 12 yds, Kurs 1,474)
(1) Entwickeln der Kette: – Die Kette beginnt mit der Frage nach der gesuchten Größe. – Jeder linke Term der folgenden Gleichung hat die gleiche Einheit wie der rechte Term der vorhergehenden Gleichung. – Die Kette ist geschlossen, wenn erste und letzte Einheit übereinstimmen.	x DM ≙ 50 m 11 m ≙ 12 yds 1 yd ≙ 8,90 $ 1 $ ≙ 1,474 DM
(2) Ausrechnen der Kette: – Produkt der Zahlen der rechten Terme in den Zähler eines Bruches; Produkt der Zahlen der linken Terme in den Nenner schreiben; Bruch berechnen	$x = \dfrac{50 \cdot 12 \cdot 8,90 \cdot 1,474}{11}$ DM = 715,56 DM

Mischungsrechnen

Berechnen des Mischungsverhältnisses von zwei Sorten bei vorgegebenen Preisen

Mischungskreuz-Regel: Die zu mischenden Sorten sind im umgekehrten Verhältnis ihrer Preisdifferenzen zur Mischungssorte zu mischen.

Anwendung: In welchem Verhältnis müssen 2 Sorten Tee zu 16,00 DM/kg bzw. 22,00 DM/kg gemischt werden, damit die Mischsorte 18,00 DM/kg kostet?

P: Preis M: Menge, Anteil	Unterschied zu P_G	gekürzt		Anteil	allgemein gilt:
Sorte 1: P_1 = 16,00 DM/kg	2,00 DM/kg	1	↘	2 = M_1	$\left\|\dfrac{P_G - P_2}{P_G - P_1}\right\| = \dfrac{M_1}{M_2}$
Mischung: P_G = 18,00 DM/kg			✕		
Sorte 2: P_2 = 22,00 DM/kg	4,00 DM/kg	2	↗	1 = M_2	

Probe: $M_1 \cdot P_1 + M_2 \cdot P_2 = (M_1 + M_2) \cdot P_G$ $\qquad$ 2 · 16,00 + 1 · 22,00 = 3 · 18,00

Mathematik

Prozentrechnung

G: Grundwert	W: Prozentwert		
p %: Prozentsatz	Prozentsatz: $p\% = \dfrac{p}{100}$	Promillesatz: $p\text{‰} = \dfrac{p}{1000}$	$1\% = 10\text{‰}$

Grundgleichung der Prozentrechnung	Vermehrter (verminderter) Grundwert
$\dfrac{W}{p} = \dfrac{G}{100}$	$\overline{G} = G \cdot \left(\dfrac{100 \pm p}{100}\right)$ nach prozentualem Zuschlag (Abschlag)

Einige „bequeme" Prozentsätze

Prozent-satz	1 %	2 %	$2\frac{1}{2}$ %	4 %	5 %	$6\frac{1}{4}$ %	$6\frac{2}{3}$ %	$12\frac{1}{2}$ %	20 %	25 %	$33\frac{1}{3}$ %	50%	$66\frac{2}{3}$ %	75%
Anteil am Grundwert	$\frac{1}{100}$	$\frac{1}{50}$	$\frac{1}{40}$	$\frac{1}{25}$	$\frac{1}{20}$	$\frac{1}{16}$	$\frac{1}{15}$	$\frac{1}{8}$	$\frac{1}{5}$	$\frac{1}{4}$	$\frac{1}{3}$	$\frac{1}{2}$	$\frac{2}{3}$	$\frac{3}{4}$

Zinsrechnung

K: Kapital	Z: Zinsen	R: Rate, Rente
p %: Zinssatz des Kapitals	p.a.: per annum (pro Jahr)	S: Schuld, Darlehen
#: Zinszahl ($\# = 1\% \cdot K \cdot t$)	q: Zinsfaktor ($q = \dfrac{100+p}{100} = 1 + \dfrac{p}{100}$)	D: Zinsdivisor ($D = \dfrac{360}{p}$)
t: Anzahl der Tage	m: Anzahl der Monate	n: Anzahl der Jahre

1 Jahr $\cong$ 360 Tage, 1 Monat $\cong$ 30 Tage im deutschen Bankwesen

Jahreszinsen	Monatszinsen	Tageszinsen (Diskont)
$Z = \dfrac{K \cdot p}{100}$ $Z_n = \dfrac{K \cdot p \cdot n}{100}$	$Z_m = \dfrac{K \cdot p \cdot m}{100 \cdot 12}$	$Z_t = \dfrac{K \cdot p \cdot t}{100 \cdot 360} = \dfrac{\#}{D}$

Rendite (effektive Jahresverzinsung)	Zinseszinsen (Endwert K_n des Anfangskapitals K_0 nach n Jahren)	
$p = \dfrac{Z \cdot 100}{K}$	$K_n = K_0 \cdot q^n = K_0 \cdot \left(\dfrac{100+p}{100}\right)^n$	$n = \dfrac{\lg K_n - \lg K_0}{\lg q}$

Einige Zinsdivisoren (sinnvoll zur Berechnung von Tageszinsen und des Diskonts beim Diskontieren)

Zinssatz	2 %	$2\frac{1}{2}$ %	$2\frac{2}{3}$ %	3 %	$3\frac{1}{3}$ %	$3\frac{3}{4}$ %	4 %	$4\frac{1}{2}$ %	5%	6 %	$6\frac{2}{3}$ %	$7\frac{1}{2}$ %	8 %	9 %	10 %
Zinsdivisor	180	144	135	120	108	96	90	80	72	60	54	48	45	40	36

Rentenformeln, Schuldentilgungsformeln

Zahlungsendwert (nachschüssig)	Wird am Jahresende regelmäßig ein Betrag R eingezahlt und mit p % p.a. verzinst, so beträgt das Kapital nach n Jahren:	$K_n = \dfrac{R\,(q^n - 1)}{q - 1}$
Zahlungsendwert (vorschüssig)	Wird am Jahresanfang regelmäßig ein Betrag R eingezahlt und mit p % p.a. verzinst, so beträgt das Kapital nach n Jahren:	$K_n = \dfrac{Rq\,(q^n - 1)}{q - 1}$
Vermehrung (Verminderung) eines Kapitals durch Raten (nachschüssig)	Wird ein vorhandener Betrag K_0 durch die Zahlung eines festen Betrages R jeweils am Jahresende vermehrt (durch Abhebung von R vermindert), so beträgt bei p % p.a. Zinsen das Kapital nach n Jahren:	$K_n = K_0 \cdot q^n \overset{+}{\underset{(-)}{}} \dfrac{R\,(q^n - 1)}{q - 1}$
Vermehrung (Verminderung) eines Kapitals durch Raten (vorschüssig)	Wird ein vorhandener Betrag K_0 durch die Zahlung eines festen Betrages R jeweils am Jahresanfang vermehrt (durch Abhebung von R vermindert), so beträgt bei p % p.a. Zinsen das Kapital nach n Jahren:	$K_n = K_0 \cdot q^n \overset{+}{\underset{(-)}{}} \dfrac{Rq\,(q^n - 1)}{q - 1}$
Tilgungsrate einer Schuld	Soll eine Schuld S in n Jahren bei einem Zinssatz p % p.a. durch regelmäßige Ratenzahlungen jeweils am Jahresende getilgt werden, so beträgt die Rate R:	$R = \dfrac{Sq^n\,(q - 1)}{q^n - 1}$

Mathematik

Gleichungslehre

Lineare Gleichungen

$a, b \in R; a \neq 0; a, b$ konstant

Lösen der Gleichung	z. B. durch Anwendung der Umformungsregeln vereinfachen
Normalform	$ax + b = 0$ (a, b Koeffizienten)
Lösungsmenge L	$L = \left\{ -\dfrac{b}{a} \right\}$

Lineare Gleichungssysteme aus zwei Gleichungen mit zwei Variablen

Normalform	I $a_1x + b_1y = c_1$ $a_1, b_1, c_1, a_2, b_2, c_2 \in R$ II $a_2x + b_2y = c_2$ $a_1, b_1, c_1, a_2, b_2, c_2$ konstant
Lösungsformeln (CRAMERsche Regel)	$x = \dfrac{c_1 b_2 - c_2 b_1}{a_1 b_2 - a_2 b_1} = \dfrac{D_1}{D}$ $D \neq 0$ $y = \dfrac{a_1 c_2 - a_2 c_1}{a_1 b_2 - a_2 b_1} = \dfrac{D_2}{D}$ $D \neq 0$ D, D_1, D_2 Determinanten
Lösungsmenge L	$D \neq 0 \qquad\qquad\qquad \Rightarrow \quad L \subset R \times R \qquad L = \left\{ \left(\dfrac{D_1}{D} ; \dfrac{D_2}{D} \right) \right\}$ $D = 0, D_1 \neq 0 \vee D_2 \neq 0 \quad \Rightarrow \quad L = \varnothing$ $D = 0, D_1 = 0 \wedge D_2 = 0 \quad \Rightarrow \quad L \subset R \times R$ (unendlich viele Lösungen)
Lösungsverfahren	**Beschreibung**
Einsetzungsverfahren	Man löst eine der Gleichungen (z. B. I) nach einer der Variablen (z. B. x) auf und setzt den erhaltenen Term für x in die andere Gleichung (II) ein. Die erhaltene lineare Gleichung mit der Variablen y wird gelöst. Der Wert für y wird in die Gleichung I eingesetzt und daraus x berechnet.
Gleichsetzungsverfahren	Man löst beide Gleichungen nach derselben Variablen auf, setzt die so erhaltenen Terme gleich und erhält damit eine Gleichung mit einer Variablen.
Additionsverfahren	Durch äquivalentes Umformen wird erreicht, daß die Koeffizienten einer Variablen in beiden Gleichungen übereinstimmen. Durch Addition bzw. Subtraktion der Gleichungen erhält man eine Gleichung mit einer Variablen.
graphisches Lösungsverfahren	Jede der beiden Gleichungen wird als analytischer Ausdruck einer linearen Funktion aufgefaßt. Man zeichnet deren Bilder in ein Koordinatensystem und ermittelt den Schnittpunkt. (S. 38) Dessen Koordinaten sind die Lösung des Gleichungssystems. Existiert kein Schnittpunkt (verlaufen die Geraden also parallel), hat das System keine Lösung. Fallen die Geraden zusammen, dann existieren unendlich viele Lösungen.

Mathematik

Quadratische Gleichungen

a, b, c, p, q $\in$ R; a, b, c, p, q konstant; a $\neq$ 0

	Allgemeine Form	Normalform
Gleichung	$ax^2 + bx + c = 0$	$x^2 + px + q = 0$
Lösungen	$x_{1,2} = \dfrac{-b \pm \sqrt{b^2 - 4ac}}{2a}$	$x_{1,2} = -\dfrac{p}{2} \pm \sqrt{\left(\dfrac{p}{2}\right)^2 - q}$
Diskriminante	$D = b^2 - 4ac$	$D = \dfrac{p^2}{4} - q = \left(\dfrac{p}{2}\right)^2 - q$
Lösungsfälle in R	$D > 0 \;\Rightarrow\; L = \{x_1; x_2\}$ $D = 0 \;\Rightarrow\; L = \{x_1\} = \{x_2\}$ $D < 0 \;\Rightarrow\; L = \emptyset$	
Zerlegung in Linearfaktoren	$ax^2 + bx + c = a(x - x_1)(x - x_2) = 0$	$x^2 + px + q = (x - x_1)(x - x_2) = 0$
VIETAscher Wurzelsatz	$x_1 + x_2 = -\dfrac{b}{a} \qquad x_1 \cdot x_2 = \dfrac{c}{a}$	$x_1 + x_2 = -p \qquad x_1 \cdot x_2 = q$

Algebraische Gleichungen n-ten Grades

$a_i \in$ R; n $\in$ N; $x_i \in$ C

Normierte Form	$P_n(x) = x^n + a_{n-1}x^{n-1} + a_{n-2}x^{n-2} + \dots + a_2x^2 + a_1x^1 + a_0 = 0 \qquad P_n(x)$ Polynom
Lösungen (Nullstellen)	$x_1, x_2, x_3, \dots, x_n$
Lösungsverfahren	Ist x_1 eine durch Probieren gefundene Nullstelle des Polynoms $P_n(x)$, so kann $P_n(x)$ mittels **Polynomdivision** ohne Rest durch $(x - x_1)$ geteilt werden. Man erhält dadurch eine Gleichung (ein Polynom) $(n-1)$-ten Grades, und es gilt $P_n(x) = (x - x_1)P_{n-1}(x)$. Das Verfahren kann gegebenenfalls fortgesetzt werden.
Zerlegung in Linearfaktoren	$P_n(x) = x^n + a_{n-1}x^{n-1} + \dots + a_2x^2 + a_1x^1 + a_0 = (x - x_1)(x - x_2) \cdot \dots \cdot (x - x_n) = 0$
VIETAscher Wurzelsatz	$x_1 + x_2 + x_3 + \dots + x_n \hspace{3cm} = -a_{n-1}$ $x_1x_2 + x_1x_3 + \dots + x_2x_3 + x_2x_4 + \dots + x_{n-1}x_n = a_{n-2}$ $x_1x_2x_3 + x_1x_2x_4 + \dots + x_2x_3x_4 + x_2x_3x_5 + \dots + x_{n-2}x_{n-1}x_n = -a_{n-3}$ $\vdots$ $x_1x_2x_3 \cdots x_n \hspace{3.5cm} = (-1)^n a_0$
Fundamentalsatz der Algebra	Jede algebraische Gleichung n-ten Grades hat in der Menge der komplexen Zahlen genau n Lösungen (wobei diese in ihrer Vielfachheit zu zählen sind).

Exponentialgleichungen

a, b $\in$ R; a > 0; a $\neq$ 1; b > 0

Gleichung	$a^x = b$
Lösung	$x = \dfrac{\lg b}{\lg a} \qquad$ oder $\qquad x = \dfrac{\ln b}{\ln a} \qquad$ oder $\qquad x = \dfrac{\log_c b}{\log_c a} \qquad c > 0,\ c \neq 1 \qquad$ (vgl. S. 23)

Mathematik

Planimetrie

Strahlensätze

Strahlenabschnitte auf einem Strahl und **gleichliegende Strahlenabschnitte** auf einem *anderen* Strahl	$\dfrac{\overline{CA}}{\overline{CA'}} = \dfrac{\overline{CB}}{\overline{CB'}}$	Werden **Strahlenbüschel** (s_1; s_2; s_3) von **Parallelen** (p_1; p_2) geschnitten, dann entstehen **Strahlenabschnitte** und **Parallelenabschnitte**.
Gleichliegende Parallelenabschnitte und zugehörige Strahlenabschnitte auf einem *gemeinsamen* Strahl	$\dfrac{\overline{CA}}{\overline{CA'}} = \dfrac{\overline{AB}}{\overline{A'B'}}$	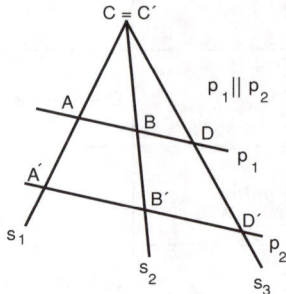
Parallelenabschnitte auf einer Parallelen und **zugehörige Parallelenabschnitte** auf einer *anderen* Parallelen	$\dfrac{\overline{AB}}{\overline{BD}} = \dfrac{\overline{A'B'}}{\overline{B'D'}}$	

Kongruenzsätze und Ähnlichkeitssätze für Dreiecke

	Dreiecke sind zueinander kongruent bei:	Dreiecke sind zueinander ähnlich bei:
sss	Übereinstimmung in den drei Seiten ($a' : a = 1$; $b' : b = 1$; $c' : c = 1$)	Übereinstimmung der Längenverhältnisse aller einander entsprechenden Seiten ($a' : a = k$; $b' : b = k$; $c' : c = k$) k: Ähnlichkeitsfaktor
sws	Übereinstimmung in zwei Seiten und dem eingeschlossenen Winkel ($a' : a = 1$; $b' : b = 1$; $\gamma' = \gamma$)	Übereinstimmung der Längenverhältnisse zweier Seiten und des eingeschlossenen Winkels ($a' : a = k$; $b' : b = k$; $\gamma' = \gamma$)
wsw	Übereinstimmung in einer Seite und den anliegenden Winkeln ($a' : a = 1$; $\beta' = \beta$; $\gamma' = \gamma$)	Übereinstimmung in zwei Winkeln ($\beta' = \beta$; $\gamma' = \gamma$) (Hauptähnlichkeitssatz)
SsW	Übereinstimmung in zwei Seiten und dem der größeren Seite gegenüberliegenden Winkel ($a' : a = 1$; $b' : b = 1$; $\beta' = \beta$; $b > a$)	Übereinstimmung der Verhältnisse zweier Seiten und des der größeren Seite gegenüberliegenden Winkels ($a' : a = k$; $b' : b = k$; $\beta' = \beta$; $b > a$)
	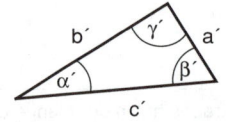	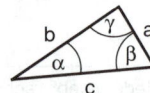
	Die Kongruenz ist ein Spezialfall der Ähnlichkeit.	
	Flächeninhalte kongruenter Dreiecke sind gleich.	Flächeninhalte ähnlicher Dreiecke verhalten sich zueinander wie die Quadrate einander entsprechender Seiten. $$\frac{A'}{A} = \frac{a'^2}{a^2} = \frac{b'^2}{b^2} = \frac{c'^2}{c^2} = k^2$$

Mathematik

Winkel

Begriff	Veranschaulichung	Zusammenhänge
Nebenwinkel (α, α')	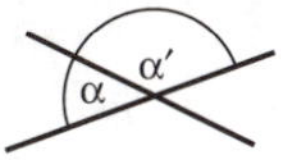	$\alpha + \alpha' = 180°$
Scheitelwinkel (β, β')		$\beta = \beta'$
Stufenwinkel (α, β)	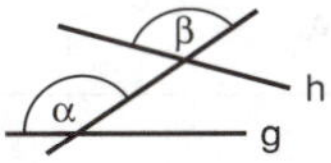	$\alpha = \beta \Leftrightarrow g \parallel h$
Wechselwinkel (γ, δ)	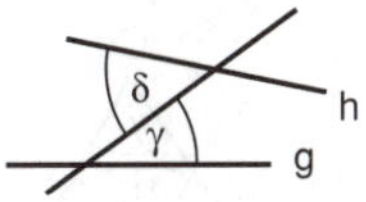	$\gamma = \delta \Leftrightarrow g \parallel h$
Innenwinkel im Dreieck (α, β, γ)	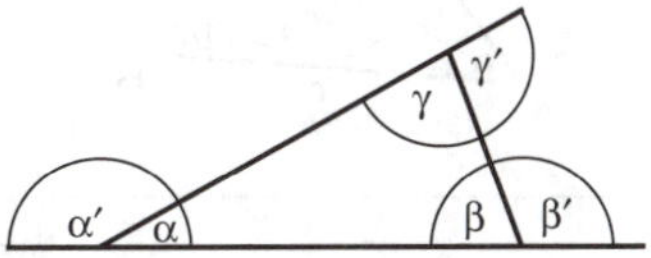	$\alpha + \beta + \gamma = 180°$
Außenwinkel am Dreieck $(\alpha', \beta', \gamma')$		$\alpha + \gamma = \beta'$ $\alpha + \beta = \gamma'$ $\beta + \gamma = \alpha'$ $\alpha' + \beta' + \gamma' = 360°$

Begriff	Zusammenhänge	Beispiel
Innenwinkel im Viereck $(\alpha, \beta, \gamma, \delta)$	$\alpha + \beta + \gamma + \delta = 360°$	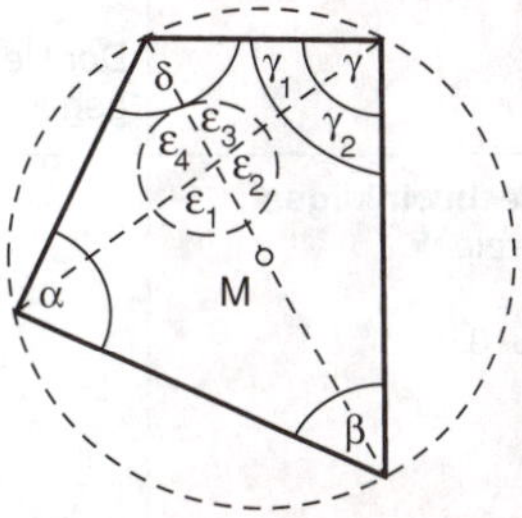

Begriff	Erklärung	Beispiel aus obiger Skizze
spitzer Winkel α	$\alpha < 90°$	β
rechter Winkel α	$\alpha = 90°$	α, γ (nach THALES, S. 32)
stumpfer Winkel α	$90° < \alpha < 180°$	δ
gestreckter Winkel α	$\alpha = 180°$	$\varepsilon_1 + \varepsilon_2$
Vollwinkel α	$\alpha = 360°$	$\varepsilon_1 + \varepsilon_2 + \varepsilon_3 + \varepsilon_4$
Komplementwinkel α und β	$\alpha + \beta = 90°$	γ_1 und γ_2
Supplementwinkel α und β	$\alpha + \beta = 180°$	ε_3 und ε_4, ε_1 und ε_4

Dreiecke

Begriff	Veranschaulichung	Zusammenhänge
Höhen (h_a, h_b, h_c) **Seitenhalbierende** (s_a, s_b, s_c)		Die Höhen schneiden einander im **Höhenschnittpunkt H.** $$\frac{h_a}{h_b} = \frac{b}{a}$$ Der **Schwerpunkt S** teilt jede Seitenhalbierende im Verhältnis 2 : 1. $$s_a = \frac{1}{2}\sqrt{2\,(b^2 + c^2) - a^2}$$
Mittelsenkrechte (m_a, m_b, m_c) **Winkelhalbierende** ($w_\alpha, w_\beta, w_\gamma$)		Die Mittelsenkrechten schneiden einander im **Umkreismittelpunkt U.** Die Winkelhalbierenden schneiden einander im **Inkreismittelpunkt.** $$w_\alpha = \frac{2}{b+c}\sqrt{bcs\,(s-a)}$$ mit $\quad s = \dfrac{a+b+c}{2} = \dfrac{u}{2}$
Allgemeines Dreieck (S. 36)	Der kleinsten Seite liegt der kleinste Winkel gegenüber.	$a + b > c, \ b + c > a, \ a + c > b$ (Dreiecksungleichungen) $|a - b| < c, \ |b - c| < a, \ |a - c| < b$ $u = a + b + c$ $A = \dfrac{1}{2}gh = \dfrac{abc}{4r} \qquad$ r Umkreisradius $A = \sqrt{s\,(s-a)\,(s-b)\,(s-c)} \qquad s = \dfrac{u}{2}$ (HERONische Formel)
Rechtwinkliges Dreieck (S. 35)	Katheten a, b Hypotenuse c Hypotenusenabschnitte p, q	Satz des PYTHAGORAS: $\quad c^2 = a^2 + b^2$ Höhensatz: $\qquad\qquad h^2 = pq$ Kathetensatz: $\qquad\quad a^2 = cp$ $\qquad\qquad\qquad\qquad\ \ b^2 = cq$ $u = a + b + c$ $A = \dfrac{1}{2}\,ab = \dfrac{1}{2}\,ch$
Gleichseitiges Dreieck		$\alpha = 60° \qquad\qquad h = \dfrac{a}{2}\sqrt{3}$ $u = 3a \qquad\qquad A = \dfrac{a^2}{4}\sqrt{3}$ Alle Höhen, Seitenhalbierenden und Winkelhalbierenden sind gleich lang. Inkreis und Umkreis haben einen gemeinsamen Mittelpunkt.

Vierecke

Begriff	Veranschaulichung	Zusammenhänge
Rechteck Diagonalen e, f		$e = f = \sqrt{a^2 + b^2}$ $u = 2(a + b)$ $A = ab$
Die Diagonalen sind gleich lang und halbieren einander.		Alle Innenwinkel sind gleich groß (90°). Gegenüberliegende Seiten sind parallel und gleich lang.
Quadrat		$e = f = a\sqrt{2}$ $u = 4a$ $A = a^2 = \frac{1}{2}e^2$
Die Diagonalen stehen senkrecht aufeinander, sind gleich lang und halbieren einander.		Alle Innenwinkel sind gleich groß (90°). Alle Seiten sind gleich lang.
Rhombus (Raute)		$e^2 = 4a^2 - f^2$ $u = 4a$ $A = \frac{1}{2}ef = a^2 \sin\alpha$
Die Diagonalen stehen senkrecht aufeinander und halbieren einander.		Alle Seiten sind gleich lang. Gegenüberliegende Seiten sind parallel.
Trapez Mittelparallele m		$m = \frac{1}{2}(a + c)$ $u = a + b + c + d$ $A = \frac{1}{2}(a + c)h \qquad A = mh$
	Mindestens zwei Seiten sind parallel.	
Parallelogramm (Rhomboid)		$2(a^2 + b^2) = e^2 + f^2 \qquad \alpha + \beta = 180°$ $u = 2(a + b)$ $A = ah_a = ab\sin\alpha$
Die Diagonalen halbieren einander.		Gegenüberliegende Winkel sind gleich groß. Gegenüberliegende Seiten sind parallel und gleich lang.
Drachenviereck		$u = 2(a + c)$ $A = \frac{1}{2}ef$
Die Diagonalen stehen senkrecht aufeinander.		Mindestens zwei gegenüberliegende Winkel sind gleich groß.
Sehnenviereck		$\alpha + \gamma = \beta + \delta = 180°$ $u = a + b + c + d \qquad s = \frac{u}{2}$ $ac + bd = ef$ (Satz des PTOLEMÄUS) $A = \sqrt{(s-a)(s-b)(s-c)(s-d)}$
Alle Eckpunkte liegen auf einem Kreis.		Die Summe gegenüberliegender Winkel ist 180°.

Mathematik

Kreis

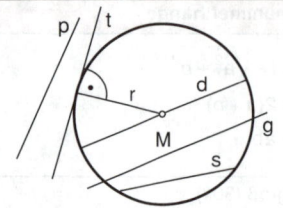
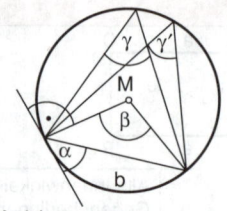
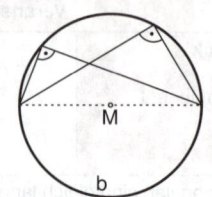

p Passante t Tangente r Radius d Durchmesser g Sekante s Sehne	b Kreisbogen α Sehnentangentenwinkel β Zentriwinkel (Mittelpunktswinkel) γ, γ' Peripheriewinkel über dem Bogen b	b Halbkreis
Tangente und Berührungsradius stehen senkrecht aufeinander.	$\beta = 2\alpha$ $\beta = 2\gamma$ $\gamma = \gamma'$ $\alpha = \gamma$	Peripheriewinkel über einem Halbkreis sind rechte Winkel. (Satz des THALES)
$u = 2\pi r = \pi d$	$\pi \approx 3,14159 \ldots \approx 3,14$ (LUDOLFsche Zahl) (S. 11)	$A = \pi r^2 = \dfrac{1}{4}\pi d^2$

Kreisbogen b **Kreisausschnitt (Kreissektor)** A_α	Kreisring Ringbreite a Innerer Radius r_1 Äußerer Radius r_2	**Kreisabschnitt (Kreissegment)** Abschnittshöhe h Sehne s
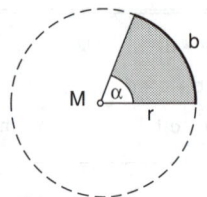	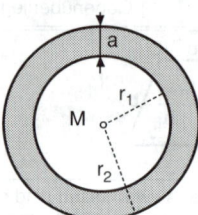	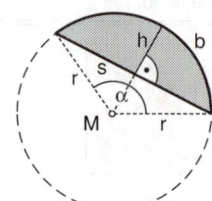
$\dfrac{b}{u} = \dfrac{\alpha}{360°}$ $b = r\,\mathrm{arc}\,\alpha$ $\dfrac{A_\alpha}{A} = \dfrac{\alpha}{360°}$ $A_\alpha = \dfrac{1}{2}\,br$ $A_\alpha = \dfrac{\pi\alpha}{360°}\,r^2$	$a = r_2 - r_1$ $u = 2\pi(r_1 + r_2)$ $A = \pi(r_2^2 - r_1^2)$	$s = 2\,r\sin\dfrac{\alpha}{2}$ $h = 2\,r\sin^2\dfrac{\alpha}{4}$ (für h < r) $A = \dfrac{1}{2}[r(b - s) + sh]$ $A = \dfrac{r^2}{2}\left(\dfrac{\pi\alpha}{180°} - \sin\alpha\right)$

Regelmäßige Vielecke (n-Ecke)

Jedes n-Eck, dessen Seiten gleich lang und dessen Innenwinkel gleich groß sind, heißt regelmäßig. Anzahl der Ecken n Umkreisradius r_2 Inkreisradius r_1	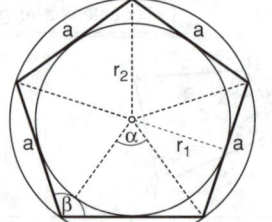	$\alpha = \dfrac{360°}{n}$ $u = na$ $A = \dfrac{n}{2}\,ar_1$ $A = \dfrac{n}{2}\,r_2^2\sin\alpha$

Mathematik

Stereometrie

Körper mit ebenen Begrenzungsflächen

Grundfläche A_G Kantenlängen a, b, c Seitenkante s	Deckfläche A_D Körperhöhe h Volumen V	Mantelfläche A_M Körperdiagonale e	Oberfläche A_O Seitenflächenhöhe h_s

---

Prismen $V = A_G h$ $A_O = 2A_G + A_M$ Es gilt: $A_G = A_D$

Würfel

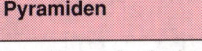

$e = a\sqrt{3}$

$A_M = 4a^2$

$A_O = 6a^2$

$V = a^3$

Quader

$e = \sqrt{a^2 + b^2 + c^2}$

$A_M = 2(ac + bc)$

$A_O = 2(ab + ac + bc)$

$V = abc$

regelmäßiges dreiseitiges Prisma

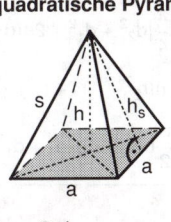

$A_M = 3ah$

$A_O = \dfrac{a}{2}(a\sqrt{3} + 6h)$

$V = \dfrac{a^2}{4}h\sqrt{3}$

regelmäßiges sechsseitiges Prisma

$A_M = 6ah$

$A_O = 3a(a\sqrt{3} + 2h)$

$V = \dfrac{3a^2}{2}h\sqrt{3}$

Pyramiden $V = \dfrac{1}{3}A_G h$ $A_O = A_G + A_M$

gerade quadratische Pyramide

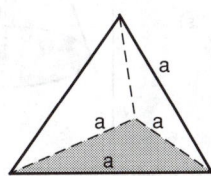

$A_M = 2ah_s$

$A_O = a(a + 2h_s)$

$V = \dfrac{1}{3}a^2 h$

Tetraeder

$A_M = \dfrac{3a^2}{4}\sqrt{3}$

$A_O = a^2\sqrt{3}$

$V = \dfrac{a^3}{12}\sqrt{2}$

regelmäßige sechsseitige Pyramide

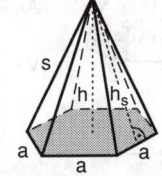

$A_M = 3ah_s$

$A_O = \dfrac{3}{2}a(a\sqrt{3} + 2h_s)$

$V = \dfrac{a^2}{2}h\sqrt{3}$

Pyramidenstümpfe $V = \dfrac{h}{3}(A_G + \sqrt{A_G A_D} + A_D)$ $A_O = A_G + A_D + A_M$

quadratischer Pyramidenstumpf

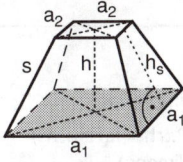

$A_M = 2(a_1 + a_2)h_s$

$A_O = a_1^2 + 2(a_1 + a_2)h_s + a_2^2$

$V = \dfrac{1}{3}h(a_1^2 + a_1 a_2 + a_2^2)$

regelmäßiger dreiseitiger Pyramidenstumpf

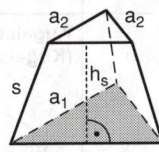

$A_M = \dfrac{3}{2}(a_1 + a_2)h_s$

$A_O = \dfrac{\sqrt{3}}{4}(a_1^2 + a_2^2) + \dfrac{3}{2}(a_1 + a_2)h_s$

$V = \dfrac{\sqrt{3}}{12}h(a_1^2 + a_1 a_2 + a_2^2)$

regelmäßiger sechsseitiger Pyramidenstumpf

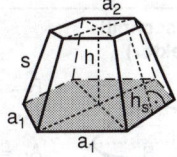

$A_M = 3(a_1 + a_2)h_s$

$A_O = \dfrac{3\sqrt{3}}{2}(a_1^2 + a_2^2) + 3(a_1 + a_2)h_s$

$V = \dfrac{\sqrt{3}}{2}h(a_1^2 + a_1 a_2 + a_2^2)$

Körper mit gekrümmten Begrenzungsflächen

Grundfläche A_G Mantellinie s Volumen V	Deckfläche A_D Kreisradien r, r_1, r_2, R, R_1, R_2	Mantelfläche A_M Wanddicke a	Oberfläche A_O Höhe h
Kreiszylinder	$V = A_G h$	$A_O = 2A_G + A_M$	Es gilt: $A_G = A_D$

gerader Kreiszylinder

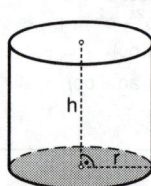

$d = 2r$

$A_M = 2\pi r h = \pi d h$

$A_O = 2\pi r(r + h) = \pi d\left(\dfrac{d}{2} + h\right)$

$V = \pi r^2 h = \dfrac{\pi}{4} d^2 h$

gerader Hohlzylinder

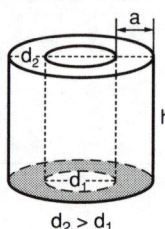

$d_2 > d_1$

$a = \dfrac{d_2 - d_1}{2} = r_2 - r_1$

$A_M = \pi h(d_2 + d_1) = 2\pi h(r_2 + r_1)$

$A_O = \dfrac{\pi}{2}(d_2 + d_1)(2h + d_2 - d_1)$

$\qquad = 2\pi(r_2 + r_1)(h + r_2 - r_1)$

$V = \dfrac{\pi}{4} h(d_2^2 - d_1^2) = \pi h(r_2^2 - r_1^2)$

Kreiskegel

gerader Kreiskegel

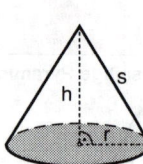

$d = 2r$

$s^2 = r^2 + h^2$

$A_M = \pi r s = \dfrac{\pi}{2} d s$

$A_O = \pi r(r + s) = \dfrac{\pi}{4} d(d + 2s)$

$V = \dfrac{\pi}{3} r^2 h = \dfrac{\pi}{12} d^2 h$

gerader Kegelstumpf

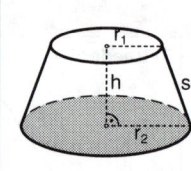

$s^2 = (r_2 - r_1)^2 + h^2$

$A_M = \pi s(r_2 + r_1) = \dfrac{\pi}{2} s(d_2 + d_1)$

$A_O = \pi[r_2^2 + r_1^2 + s(r_2 + r_1)]$

$\qquad = \dfrac{\pi}{4}[d_2^2 + d_1^2 + 2s(d_2 + d_1)]$

$V = \dfrac{\pi}{3} h(r_2^2 + r_2 r_1 + r_1^2)$

$\qquad = \dfrac{\pi}{12} h(d_2^2 + d_2 d_1 + d_1^2)$

Kugel

Kugel

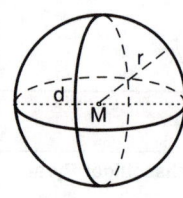

$d = 2r$

$A_O = 4\pi r^2 = \pi d^2$

$V = \dfrac{4}{3}\pi r^3 = \dfrac{1}{6}\pi d^3$

Kugelschicht (Kugelzone)

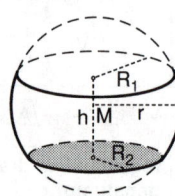

$A_M = 2\pi r h$

$A_O = \pi(R_1^2 + R_2^2 + 2rh)$

$V = \dfrac{\pi}{6} h(3R_1^2 + 3R_2^2 + h^2)$

Kugelausschnitt (Kugelsektor)

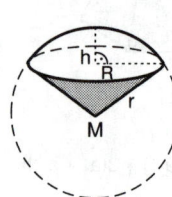

$R = \sqrt{h(2r - h)}$

$A_M = \pi R h$ (Kegelmantel)

$A_O = \pi r(2h + \sqrt{h(2r - h)})$

$V = \dfrac{2}{3}\pi r^2 h$

Kugelabschnitt (Kugelsegment)

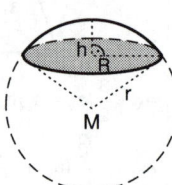

$R = \sqrt{h(2r - h)}$

$A_M = 2\pi r h = \pi(R^2 + h^2)$

(Kugelkappe)

$A_O = \pi R r + 2\pi r h = \pi h(4r - h)$

$\qquad = \pi(2R^2 + h^2)$

$V = \dfrac{\pi}{3} h^2(3r - h) = \dfrac{\pi}{6} h(3R^2 + h^2)$

Mathematik

Ebene Trigonometrie

Winkelmaße

Gradmaß	Größe des Winkels α (β, γ, ...) im Verhältnis zum Vollwinkel **Einheit:** 1° (ein Grad); Vollwinkel 360°; Rechter Winkel 90° **Unterteilung:** Dezimal oder Minute (1° = 60′) und Sekunde (1′ = 60″)		
Bogenmaß	Größe des (Zentri-)Winkels x (y, z, ...) als Verhältnis von Bogenlänge b zu Radius r; $x = \text{arc } \alpha$ **Einheit:** 1 rad (ein Radiant); x hat die Größe 1 rad, wenn b = r		
Umrechnungen Grad/Bogenmaß (S. 9)	$1° = 0{,}01745$ rad $\dfrac{\alpha}{\text{arc } \alpha} = \dfrac{180°}{\pi}$	$\alpha = \dfrac{180° \cdot \text{arc } \alpha}{\pi}$	1 rad = 57,296° $\text{arc } \alpha = \dfrac{\alpha \cdot \pi}{180°}$
Neugrad	Größe des Winkels α (β, γ, ...) im Verhältnis zum Vollwinkel **Einheit:** 1^g (ein Gon); Vollwinkel $400^{\,g}$; Rechter Winkel $100^{\,g}$		

Ma2

Winkelfunktionen (trigonometrische Funktionen)

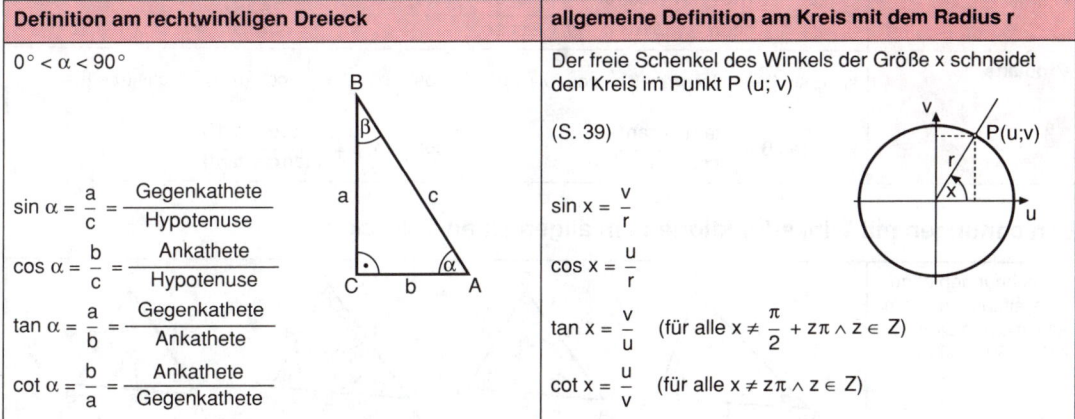

Definition am rechtwinkligen Dreieck	**allgemeine Definition am Kreis mit dem Radius r**
$0° < \alpha < 90°$	Der freie Schenkel des Winkels der Größe x schneidet den Kreis im Punkt P (u; v) (S. 39)
$\sin \alpha = \dfrac{a}{c} = \dfrac{\text{Gegenkathete}}{\text{Hypotenuse}}$	$\sin x = \dfrac{v}{r}$
$\cos \alpha = \dfrac{b}{c} = \dfrac{\text{Ankathete}}{\text{Hypotenuse}}$	$\cos x = \dfrac{u}{r}$
$\tan \alpha = \dfrac{a}{b} = \dfrac{\text{Gegenkathete}}{\text{Ankathete}}$	$\tan x = \dfrac{v}{u}$ (für alle $x \neq \dfrac{\pi}{2} + z\pi \wedge z \in Z$)
$\cot \alpha = \dfrac{b}{a} = \dfrac{\text{Ankathete}}{\text{Gegenkathete}}$	$\cot x = \dfrac{u}{v}$ (für alle $x \neq z\pi \wedge z \in Z$)

Grundbeziehungen zwischen Winkelfunktionen

Nenner $\neq 0$

Für jeden Winkel α gilt:

$\sin^2 \alpha + \cos^2 \alpha = 1$ $\qquad$ $\tan \alpha \cdot \cot \alpha = 1$

$\tan \alpha = \dfrac{\sin \alpha}{\cos \alpha}$ $\qquad$ $\cot \alpha = \dfrac{\cos \alpha}{\sin \alpha}$

$1 + \tan^2 \alpha = \dfrac{1}{\cos^2 \alpha}$ $\qquad$ $1 + \cot^2 \alpha = \dfrac{1}{\sin^2 \alpha}$

Reduktionsformeln für beliebige Winkel α

	$90° \pm \alpha$	$180° \pm \alpha$	$270° \pm \alpha$	$360° \pm \alpha$	$-\alpha$
sin	$+ \cos \alpha$	$\mp \sin \alpha$	$- \cos \alpha$	$\pm \sin \alpha$	$- \sin \alpha$
cos	$\mp \sin \alpha$	$- \cos \alpha$	$\pm \sin \alpha$	$+ \cos \alpha$	$+ \cos \alpha$
tan	$\mp \cot \alpha$	$\pm \tan \alpha$	$\mp \cot \alpha$	$\pm \tan \alpha$	$- \tan \alpha$
cot	$\mp \tan \alpha$	$\pm \cot \alpha$	$\mp \tan \alpha$	$\pm \cot \alpha$	$- \cot \alpha$

Additionstheoreme

$\sin (\alpha \pm \beta) = \sin \alpha \cos \beta \pm \cos \alpha \sin \beta$ $\qquad$ $\cos (\alpha \pm \beta) = \cos \alpha \cos \beta \mp \sin \alpha \sin \beta$ $\qquad$ $\tan (\alpha \pm \beta) = \dfrac{\tan \alpha \pm \tan \beta}{1 \mp \tan \alpha \cdot \tan \beta}$

Weitere Beziehungen zwischen den Winkelfunktionen

Nenner ≠ 0

Summen und Differenzen	$\sin\alpha + \sin\beta = 2\sin\dfrac{\alpha+\beta}{2}\cos\dfrac{\alpha-\beta}{2}$ $\sin\alpha - \sin\beta = 2\cos\dfrac{\alpha+\beta}{2}\sin\dfrac{\alpha-\beta}{2}$ $\cos\alpha + \cos\beta = 2\cos\dfrac{\alpha+\beta}{2}\cos\dfrac{\alpha-\beta}{2}$ $\cos\alpha - \cos\beta = -2\sin\dfrac{\alpha+\beta}{2}\sin\dfrac{\alpha-\beta}{2}$ $\tan\alpha \pm \tan\beta = \dfrac{\sin(\alpha\pm\beta)}{\cos\alpha\cdot\cos\beta}$
Vielfache und Teile	$\sin 2\alpha = 2\sin\alpha\cos\alpha$ $\cos 2\alpha = \cos^2\alpha - \sin^2\alpha = 2\cos^2\alpha - 1 = 1 - 2\sin^2\alpha$ $\sin 3\alpha = 3\sin\alpha - 4\sin^3\alpha$ $\cos 3\alpha = 4\cos^3\alpha - 3\cos\alpha$ $\sin\dfrac{\alpha}{2} = \sqrt{\dfrac{1-\cos\alpha}{2}}$ $\cos\dfrac{\alpha}{2} = \sqrt{\dfrac{1+\cos\alpha}{2}}$ $\tan 2\alpha = \dfrac{2\tan\alpha}{1-\tan^2\alpha} = \dfrac{2}{\cot\alpha - \tan\alpha}$ $\cot 2\alpha = \dfrac{\cot^2\alpha - 1}{2\cot\alpha} = \dfrac{\cot\alpha - \tan\alpha}{2}$ $\tan\dfrac{\alpha}{2} = \dfrac{\sin\alpha}{1+\cos\alpha} = \dfrac{1-\cos\alpha}{\sin\alpha} = \sqrt{\dfrac{1-\cos\alpha}{1+\cos\alpha}}$
Produkte	$\sin\alpha\sin\beta = \dfrac{1}{2}[\cos(\alpha-\beta) - \cos(\alpha+\beta)]$ $\cos\alpha\cos\beta = \dfrac{1}{2}[\cos(\alpha-\beta) + \cos(\alpha+\beta)]$ $\tan\alpha\tan\beta = \dfrac{\tan\alpha + \tan\beta}{\cot\alpha + \cot\beta}$ $\cot\alpha\cot\beta = \dfrac{\cot\alpha + \cot\beta}{\tan\alpha + \tan\beta}$

Berechnungen mit Winkelfunktionen am allgemeinen Dreieck

Berechnungen ohne Winkelfunktionen am allgemeinen Dreieck vgl. S. 30			
Sinussatz	$\dfrac{a}{b} = \dfrac{\sin\alpha}{\sin\beta}$	$\dfrac{b}{c} = \dfrac{\sin\beta}{\sin\gamma}$	$\dfrac{a}{c} = \dfrac{\sin\alpha}{\sin\gamma}$
Kosinussatz	$a^2 = b^2 + c^2 - 2bc\cos\alpha$	$b^2 = a^2 + c^2 - 2ac\cos\beta$	$c^2 = a^2 + b^2 - 2ab\cos\gamma$
Flächeninhalt	$A = \dfrac{1}{2}ab\sin\gamma = \dfrac{1}{2}bc\sin\alpha = \dfrac{1}{2}ac\sin\beta = 2r^2\sin\alpha\sin\beta\sin\gamma$ r Umkreisradius $A = \dfrac{a^2}{2}\cdot\dfrac{\sin\beta\sin\gamma}{\sin\alpha} = \dfrac{b^2}{2}\cdot\dfrac{\sin\alpha\sin\gamma}{\sin\beta} = \dfrac{c^2}{2}\cdot\dfrac{\sin\alpha\sin\beta}{\sin\gamma}$		
Höhen	$h_a = b\sin\gamma = c\sin\beta$	$h_b = a\sin\gamma = c\sin\alpha$	$h_c = b\sin\alpha = a\sin\beta$
Seitenhalbierende	$s_a = \dfrac{1}{2}\sqrt{b^2 + c^2 + 2bc\cos\alpha}$	$s_b = \dfrac{1}{2}\sqrt{a^2 + c^2 + 2ac\cos\beta}$	$s_c = \dfrac{1}{2}\sqrt{a^2 + b^2 + 2ab\cos\gamma}$
Winkelhalbierende	$w_\alpha = \dfrac{2bc\cos\dfrac{\alpha}{2}}{b+c}$	$w_\beta = \dfrac{2ac\cos\dfrac{\beta}{2}}{a+c}$	$w_\gamma = \dfrac{2ab\cos\dfrac{\gamma}{2}}{a+b}$
Inkreisradius	$\rho = (s-a)\tan\dfrac{\alpha}{2} = (s-b)\tan\dfrac{\beta}{2} = (s-c)\tan\dfrac{\gamma}{2}$		mit $s = \dfrac{u}{2} = \dfrac{a+b+c}{2}$
Umkreisradius	$r = \dfrac{a}{2\sin\alpha} = \dfrac{b}{2\sin\beta} = \dfrac{c}{2\sin\gamma}$		
Projektionssatz	$a = b\cos\gamma + c\cos\beta$	$b = a\cos\gamma + c\cos\alpha$	$c = a\cos\beta + b\cos\alpha$

Funktionen

Funktionsbegriff; Funktionseigenschaften

Funktion	Abbildung f, die jedem Element x aus einer Menge D eindeutig ein Element y aus einer Menge W zuordnet
D	Definitionsbereich
W	Wertebereich
$y = f(x)$, $y = g(x)$, ... $x \rightarrow f(x)$	Schreibweisen für die Zuordnungsvorschrift (Kurzsprechweise für „Funktion f mit der Gleichung $y = f(x)$": Funktion $y = f(x)$)
Umkehrfunktion g von f	Abbildung g, die bei umkehrbar eindeutiger Zuordnung jedem Element $f(x) \in W$ wiederum eindeutig das Ausgangselement $x \in D$ zuordnet. Man erhält die Funktionsgleichung von g, indem man $y = f(x)$ nach x auflöst. $y = f(x)$ und $x = g(y)$ haben denselben Graphen. Da es üblich ist, die Elemente aus D mit x und die aus W mit y zu bezeichnen, vertauscht man meist nach dem Auflösen von $f(x)$ nach x noch x mit y und erhält somit $y = g(x)$. Die Graphen von $f(x)$ und $g(x)$ liegen spiegelbildlich zur Geraden $y = x$.
Nullstelle von f	$x_i \in D$ mit $f(x_i) = 0$
Bild/Graph von f	Menge aller Punkte $P(x; f(x))$ mit $x \in D$
$y = g(x) = -f(x)$ $y = h(x) = f(-x)$ $y = k(x) = f(x) + b$ $y = m(x) = a\,f(x)$	Bild von g ist das an der x-Achse gespiegelte Bild von f. Bild von h ist das an der y-Achse gespiegelte Bild von f. Bild von k ist das um b in y-Richtung verschobene Bild von f. Bild von m ist das auf das a-fache in y-Richtung gestreckte ($a > 1$) bzw. gestauchte ($0 < a < 1$) Bild von f.
gerade Funktion	$f(x) = f(-x)$ für jedes $x \in D$ Die Graphen liegen symmetrisch zur y-Achse.
ungerade Funktion	$f(-x) = -f(x)$ für jedes $x \in D$ Die Graphen liegen zentralsymmetrisch zum Koordinatenursprung.
periodische Funktion	Es gibt eine Zahl $h > 0$, so daß $f(x) = f(x + h)$ für jedes x gilt. Die kleinste Zahl $h > 0$, für die $f(x) = f(x + h)$ zutrifft, heißt Periode von f.
in]a; b[monoton wachs./fall. Funktion	Für $x_1, x_2 \in\ ]a; b[$ und $x_1 < x_2$ gilt stets $f(x_1) < f(x_2)$ bzw. $f(x_1) > f(x_2)$.

Ma3

Rationale Funktionen $a_i, b_k \in R;\ a_n, b_m \neq 0;\ m, n \in N;\ m \neq 0$

ganzrationale Funktion vom Grade n	$y = f(x) = a_n x^n + a_{n-1} x^{n-1} + ... + a_1 x + a_0 = \sum\limits_{i=0}^{n} a_i x^i$
HORNER-Schema zur Berechnung von Werten ganzrationaler Funktionen	Berechnung von $f(x_1)$:
gebrochenrationale Funktion	$y = f(x) = \dfrac{u(x)}{v(x)} = \dfrac{a_n x^n + a_{n-1} x^{n-1} + ... + a_1 x + a_0}{b_m x^m + b_{m-1} x^{m-1} + ... + b_1 x + b_0} = \dfrac{\sum\limits_{i=0}^{n} a_i x^i}{\sum\limits_{k=0}^{m} b_k x^k}$
Nullstelle x_0 und Polstelle x_p von $y = f(x) = \dfrac{u(x)}{v(x)}$	x_0 ist Nullstelle von $f(x)$ $\Leftrightarrow$ $u(x_0) = 0$ und $v(x_0) \neq 0$ x_p ist Polstelle von $f(x)$ $\Leftrightarrow$ $u(x_p) \neq 0$ und $v(x_p) = 0$

Mathematik

Lineare Funktionen

$y = f(x) = mx + n \qquad\qquad D = R \qquad W = R$

Anstieg: $m = \tan \alpha = \dfrac{f(x_2) - f(x_1)}{x_2 - x_1} = \dfrac{y_2 - y_1}{x_2 - x_1}$

α: *Schnittwinkel des Graphen von f mit der x-Achse*
steigende Gerade: $m > 0$
fallende Gerade: $m < 0$

Nullstelle: $x_0 = -\dfrac{n}{m}$

Schnittpunkt des Graphen von f mit der y-Achse: $S(0;n)$

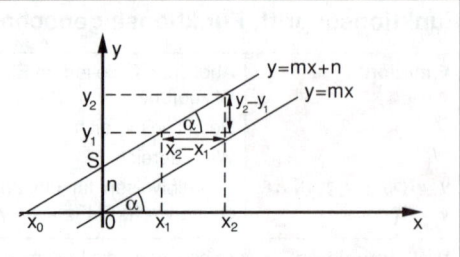

Quadratische Funktionen

$a, b, c, p, q \in R; a \neq 0$

Allgemeine Form: $y = f(x) = ax^2 + bx + c \qquad D = R$

$W = [\dfrac{4ac - b^2}{4a}, +\infty[$ für $a > 0$, $\quad W =]-\infty, \dfrac{4ac - b^2}{4a}]$ für $a < 0$

Scheitelpunkt des Graphen von f: $\quad S\left(-\dfrac{b}{2a}; \dfrac{4ac - b^2}{4a}\right)$

Normalform: $y = f(x) = x^2 + px + q \qquad D = R \qquad W = [q - \dfrac{p^2}{4}; +\infty[$

Nullstellen: $x_{1/2} = -\dfrac{p}{2} \pm \sqrt{\dfrac{p^2}{4} - q};$

Scheitelpunkt des Graphen von f: $\quad S\left(-\dfrac{p}{2}; -\dfrac{p^2}{4} + q\right)$

Spezialfälle:
$\quad y = x^2 \qquad\qquad S(0;0)$
$\quad y = (x + d)^2 \qquad S(-d; 0)$
$\quad y = (x + d)^2 + e \qquad S(-d; e)$

Die Funktion mit der Diskriminante $D = \dfrac{p^2}{4} - q$ besitzt

– zwei verschiedene Nullstellen, falls $D > 0$
– genau eine (Doppel-) Nullstelle, falls $D = 0$
– keine (reelle) Nullstelle, falls $D < 0$ (S. 27)

Potenzfunktionen

$y = f(x) = x^n$

a) $n = 2m; m \in N^*$
$D = R, W = [0, +\infty[$
Nullstelle: $x_0 = 0$
Gemeinsame Punkte aller Funktionsgraphen: $(-1; 1), (0; 0), (1; 1)$

b) $n = 2m + 1, m \in N^*$
$D = R, W = R$
Nullstelle: $x_0 = 0$
Gemeinsame Punkte aller Funktionsgraphen: $(-1; -1), (0; 0), (1; 1)$

Die Graphen der Funktionen sind Parabeln n-ten Grades.

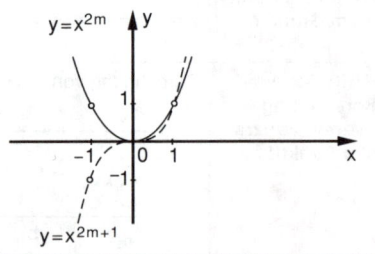

c) $n = -2m, m \in N^*$
$D = R \setminus \{0\}, W =]0, +\infty[$
Nullstelle: keine
Gemeinsame Punkte aller Funktionsgraphen: $(-1; 1), (1; 1)$

d) $n = -(2m - 1), m \in N^*$
$D = R \setminus \{0\}, W = R \setminus \{0\}$
Nullstelle: keine
Gemeinsame Punkte aller Funktionsgraphen: $(-1; -1), (1; 1)$

Die Graphen der Funktionen sind Hyperbeln.

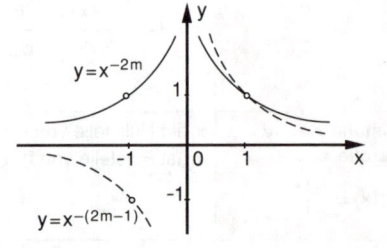

Wurzelfunktionen

Die Funktionen $y = x^n$ mit $n = \dfrac{p}{q}$ ($p, q \in N^*$, $q \nmid p$) sind nichtrationale Funktionen (Wurzelfunktionen).
$D = [0, +\infty[\quad W = [0 + \infty[$
Nullstelle: $x_0 = 0$
Gemeinsame Punkte der Funktionsgraphen: $(0; 0)$, $(1; 1)$

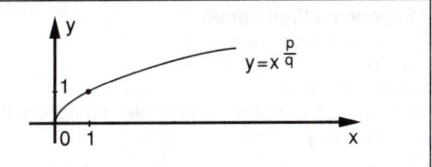

Ma3

Trigonometrische Funktionen (Winkelfunktionen)

Sinusfunktion $y = \sin x$ (S. 35)
$D = R \qquad W = [-1, +1]$
Nullstellen: $x_k = k\pi$, $k \in Z$
$\sin(x + 2k\pi) = \sin x$ *Periode:* 2π
Anmerkung: Für die Funktion $y = a\sin(bx + c)$ gilt:
$D = R \qquad W = [-a, +a]$
Nullstellen: $x_k = \dfrac{k\pi - c}{b}$ *Periode:* $\dfrac{2\pi}{b}$
Der Graph von $y = a\sin(bx + c)$ ist gegenüber dem Graph von $y = \sin bx$ um $\dfrac{c}{b}$ ($\dfrac{c}{b} > 0$) in Richtung der negativen x-Achse verschoben.

Kosinusfunktion $y = \cos x$ (S. 35)
$D = R \qquad W = [-1, +1]$
Nullstellen: $x_k = (2k+1)\dfrac{\pi}{2}$, $k \in Z$
$\cos(x + 2k\pi) = \cos x$ *Periode:* 2π

Tangensfunktion $y = \tan x$ (S. 35)
$D = R \qquad x \neq (2k+1)\dfrac{\pi}{2}$, $k \in Z \qquad W = R$
Nullstellen: $x_k = k\pi$, $k \in Z$
$\tan(x + k\pi) = \tan x$ *Periode:* π

Umkehrfunktionen trigonometrischer Funktionen:

Arkussinusfunktion $y = \arcsin x$
$D = [-1, 1] \qquad W = [-\dfrac{\pi}{2}, \dfrac{\pi}{2}] \qquad$ *Nullstelle:* $x_0 = 0$

Arkuscosinusfunktion $y = \arccos x$
$D = [-1, 1] \qquad W = [0, \pi] \qquad$ *Nullstelle:* $x_0 = 1$

Arkustangensfunktion $y = \arctan x$
$D = R \qquad W =]-\dfrac{\pi}{2}, \dfrac{\pi}{2}[\qquad$ *Nullstelle:* $x_0 = 0$

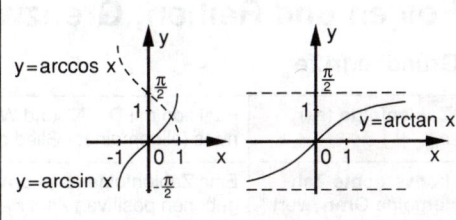

Werte trigonometrischer Funktionen für spezielle Argumente

	$0°$ 0	$30°$ $\dfrac{\pi}{6}$	$45°$ $\dfrac{\pi}{4}$	$60°$ $\dfrac{\pi}{3}$	$90°$ $\dfrac{\pi}{2}$	$120°$ $\dfrac{2\pi}{3}$	$135°$ $\dfrac{3\pi}{4}$	$150°$ $\dfrac{5\pi}{6}$	$180°$ π
$y = \sin x$	0	$\dfrac{1}{2}$	$\dfrac{1}{2}\sqrt{2}$	$\dfrac{1}{2}\sqrt{3}$	1	$\dfrac{1}{2}\sqrt{3}$	$\dfrac{1}{2}\sqrt{2}$	$\dfrac{1}{2}$	0
$y = \cos x$	1	$\dfrac{1}{2}\sqrt{3}$	$\dfrac{1}{2}\sqrt{2}$	$\dfrac{1}{2}$	0	$-\dfrac{1}{2}$	$-\dfrac{1}{2}\sqrt{2}$	$-\dfrac{1}{2}\sqrt{3}$	-1
$y = \tan x$	0	$\dfrac{1}{3}\sqrt{3}$	1	$\sqrt{3}$	$-$	$-\sqrt{3}$	-1	$-\dfrac{1}{3}\sqrt{3}$	0

Vorzeichen der Werte trigonometrischer Funktionen für Argumente aus den 4 Quadranten

Quadrant / Funktion	I	II	III	IV
$y = \sin x$	$+$	$+$	$-$	$-$
$y = \cos x$	$+$	$-$	$-$	$+$
$y = \tan x$	$+$	$-$	$+$	$-$

Exponential- und Logarithmusfunktionen

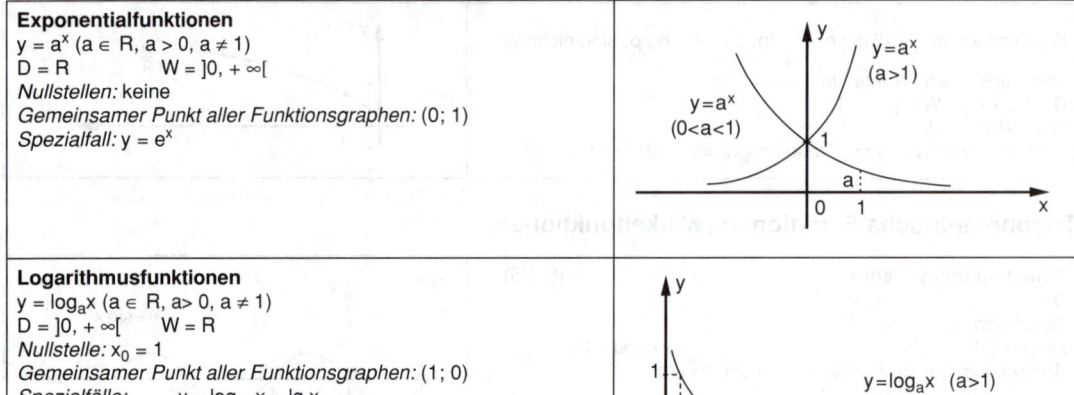

Exponentialfunktionen
$y = a^x$ $(a \in R, a > 0, a \neq 1)$
$D = R$ $\qquad$ $W =]0, + \infty[$
Nullstellen: keine
Gemeinsamer Punkt aller Funktionsgraphen: $(0; 1)$
Spezialfall: $y = e^x$

Logarithmusfunktionen
$y = \log_a x$ $(a \in R, a > 0, a \neq 1)$
$D =]0, + \infty[$ $\qquad$ $W = R$
Nullstelle: $x_0 = 1$
Gemeinsamer Punkt aller Funktionsgraphen: $(1; 0)$
Spezialfälle: $\quad y = \log_{10} x = \lg x$
$\qquad\qquad\quad y = \log_e x = \ln x$
$\qquad\qquad\quad y = \log_2 x = \text{lb } x$

(S. 23)

Beispiele für Werte von Logarithmusfunktionen

$\log_a x$ \ x	0,5	1	2	3	4	6	8	10	100
lg x	− 0,30	0	0,30	0,48	0,60	0,78	0,90	1	2
lb x	− 1	0	1	1,58	2	2,58	3	3,32	6,64
ln x	− 0,69	0	0,69	1,10	1,39	1,79	2,08	2,30	4,61
$\log_{0,5} x$	1	0	− 1	− 1,58	− 2	− 2,08	− 3	− 3,32	− 6,64

Folgen und Reihen; Grenzwerte

Grundbegriffe

Zahlenfolge (a_n) a_n	Funktion mit $D = N^*$ und $W \subseteq R$ n-tes (allgemeines) Glied der Zahlenfolge (a_n), gibt zugleich die Bildungsvorschrift an
konvergente Zahlenfolge/Grenzwert $\lim\limits_{n \to \infty} a_n = g$	Eine Zahlenfolge (a_n) **konvergiert** (ist konvergent) zum **Grenzwert** g, wenn es zu jeder vorgegebenen positiven Zahl ε ein $n_0 \in N^*$ gibt, so daß für alle $n \geq n_0$ gilt: $|g - a_n| < \varepsilon$. (Das heißt also: Von einem bestimmten Glied a_n der Folge an ist der Abstand aller Folgenglieder von g kleiner als ε.)
divergente Zahlenfolge	Jede nicht konvergente Zahlenfolge ist divergent.
n-te Partialsumme von (a_n)	$s_n = a_1 + a_2 + \ldots a_n = \sum\limits_{i=1}^{n} a_i$
(unendliche) Reihe	$a_1 + a_2 + \ldots + a_n + \ldots = \sum\limits_{i=1}^{\infty} a_i$ Eine Reihe $\sum\limits_{i=1}^{\infty} a_i$ ist **konvergent** (hat den Grenzwert s), wenn ihre Partialsummenfolge (s_n) gegen s konvergiert. s heißt dann die **Summe** der Reihe $\sum\limits_{i=1}^{\infty} a_i$.

Spezielle Folgen und ihre Partialsummen

arithmetische Zahlenfolge	$a, a + d, a + 2d, ..., a + (n-1)\,d, ...$ *Rekursive Bildungsvorschrift:* $a_{n+1} = a_n + d$ *Explizite Bildungsvorschrift:* $a_{n+1} = a_1 + nd$ Für $d < 0$ fallende Folge $d = 0$ konstante Folge $d > 0$ wachsende Folge $s_n = \sum\limits_{i=1}^{n} a_i = a + (a+d) + ... + [a + (n-1)d] = \dfrac{n}{2}(a_1 + a_n) = na_1 + \dfrac{(n-1)\,n}{2}\,d$
geometrische Zahlenfolge	$a, aq, aq^2, ..., aq^{n-1}, ... \; (a \neq 0, q \neq 0)$ *Rekursive Bildungsvorschrift:* $a_{n+1} = a_n q$ *Explizite Bildungsvorschrift:* $a_{n+1} = a_1 q^n$ Für $a > 0$: $0 < q < 1$ fallende Folge $q = 1$ konstante Folge $q > 1$ wachsende Folge $q < 0$ alternierende Folge $s_n = \sum\limits_{i=1}^{n} a_i = a + aq + ... + aq^{n-1} = a_1 \dfrac{q^n - 1}{q - 1} = a_1 \dfrac{1 - q^n}{1 - q}$ (falls $q \neq 1$)
geometrische Reihe	$s = \sum\limits_{n=1}^{\infty} a_1 q^{n-1} = \dfrac{a_1}{1 - q}$ $(a_1 \neq 0, q \neq 0, |q| < 1)$

Spezielle Partialsummen

Summe der ersten n natürlichen Zahlen	$s_n = \sum\limits_{i=1}^{n} i = 1 + 2 + 3 + ... + n = \dfrac{n(n+1)}{2}$
Summe der ersten n geraden Zahlen	$s_n = \sum\limits_{i=1}^{n} 2i = 2 + 4 + 6 + ... + 2n = n(n+1)$
Summe der ersten n ungeraden Zahlen	$s_n = \sum\limits_{i=1}^{n} (2i - 1) = 1 + 3 + 5 + ... + (2n - 1) = n^2$
Summe der Quadrate der ersten n natürlichen Zahlen	$s_n = \sum\limits_{i=1}^{n} i^2 = 1 + 4 + 9 \; ... + n^2 = \dfrac{n(n+1)(2n+1)}{6}$
Summe der 3. Potenzen der ersten n natürlichen Zahlen	$s_n = \sum\limits_{i=1}^{n} i^3 = 1 + 8 + 27 + ... + n^3 = \left[\dfrac{n(n+1)}{2}\right]^2$

Grenzwertsätze für konvergente Folgen; spezielle Grenzwerte

Falls $\lim\limits_{n \to \infty} a_n = a$ und $\lim\limits_{n \to \infty} b_n = b$, so gilt

$$\lim\limits_{n \to \infty} (a_n \pm b_n) = a \pm b \qquad \lim\limits_{n \to \infty} (a_n b_n) = ab \qquad \lim\limits_{n \to \infty} \frac{a_n}{b_n} = \frac{a}{b} \quad (b_n \neq 0; b \neq 0)$$

Spezielle Grenzwerte

$$\lim\limits_{n \to \infty} \frac{1}{n} = 0 \qquad \lim\limits_{n \to \infty} \sqrt[n]{n} = 1 \qquad \lim\limits_{n \to \infty} \frac{a^n}{n!} = 0 \qquad \lim\limits_{n \to \infty} k^n \begin{cases} = 0 & \text{für } |k| < 1 \\ = 1 & \text{für } k = 1 \end{cases} \qquad \lim\limits_{n \to \infty} \left(1 + \frac{1}{n}\right)^n = e$$

Für $|k| > 1$ divergiert die Folge (k_n). e – EULERsche Zahl; Basis der natürlichen Logarithmen (S. 11)

Grenzwerte von Funktionen

Grundbegriffe

Grenzwert für x → a $\lim\limits_{x \to a} f(x) = g$	Eine Zahl g heißt Grenzwert der Funktion f für x gegen a, wenn es zu jeder vorgegebenen positiven Zahl ε eine Zahl δ > 0 gibt, so daß $|f(x) - g| < ε$ für alle x mit $|x - a| < δ$ und $x \neq a$. Das heißt also: Die Funktionswerte aller x, deren Abstand von a kleiner als δ ist, unterscheiden sich von g um weniger als ε.
Grenzwert für x→∞ $\lim\limits_{x \to \infty} f(x) = g$	Eine Zahl g heißt Grenzwert von f für $x \to +\infty$ (oder $-\infty$), wenn es zu jedem vorgegebenen positiven ε eine Stelle x_1 gibt, so daß gilt $|f(x) - g| < ε$ für alle $x > x_1$ $(x < x_1)$. Das heißt also: Die Werte f(x) der Funktion f unterscheiden sich von g für alle x, die größer (kleiner) als ein bestimmtes x_1 sind, um weniger als ε.

Grenzwertsätze für Funktionen

$\lim\limits_{x \to a} f(x) = u, \lim\limits_{x \to a} g(x) = v$

allgemeine Grenz-wertsätze	$\lim\limits_{x \to a} [f(x) \pm g(x)] = u \pm v \quad \lim\limits_{x \to a} [f(x) \cdot g(x)] = u \cdot v \quad \lim\limits_{x \to a} \dfrac{f(x)}{g(x)} = \dfrac{u}{v}$ (falls $v \neq 0$)
Regel von l´HOSPITAL	Ist u = v = 0 und existieren in einer Umgebung von a sowohl die Ableitungen von f(x) und g(x) als auch $\lim\limits_{x \to a} \dfrac{f'(x)}{g'(x)}$, so gilt $\lim\limits_{x \to a} \dfrac{f(x)}{g(x)} = \lim\limits_{x \to a} \dfrac{f'(x)}{g'(x)}$. Anmerkung: Die Regel ist ebenfalls anwendbar, wenn für $x \to a$ sowohl $f(x) \to \infty$ als auch $g(x) \to \infty$, sofern die oben angegebenen weiteren Bedingungen erfüllt sind. Auch andere unbestimmte Ausdrücke (wie „$0 \cdot \infty$", „$\infty - \infty$") lassen sich mit der Regel von l'HOSPITAL behandeln, indem man die darin enthaltenen Funktionen vorher so umformt, daß sie an der zu untersuchenden Stelle auf die Ausdrücke „0/0" oder „∞/∞" führen.
spezielle Grenz-werte	$\lim\limits_{x \to 0} \dfrac{\sin x}{x} = 1 \qquad \lim\limits_{x \to 1} \dfrac{\ln x}{x - 1} = 1 \qquad \lim\limits_{x \to \infty} \dfrac{x^n}{e^x} = 0$

Differentialrechnung

Grundbegriffe

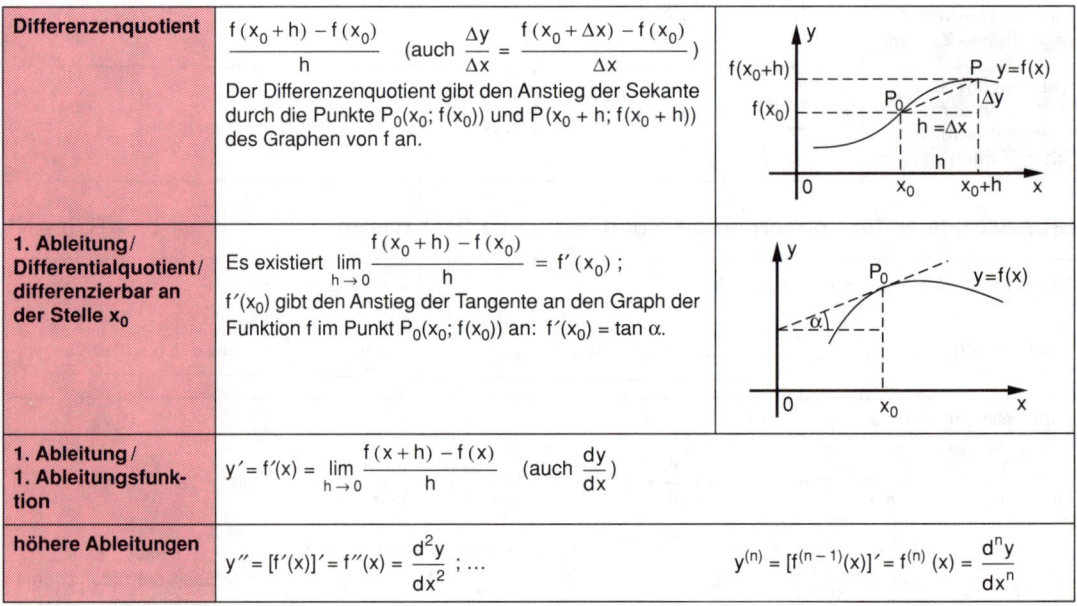

Differenzenquotient	$\dfrac{f(x_0 + h) - f(x_0)}{h}$ (auch $\dfrac{\Delta y}{\Delta x} = \dfrac{f(x_0 + \Delta x) - f(x_0)}{\Delta x}$) Der Differenzenquotient gibt den Anstieg der Sekante durch die Punkte $P_0(x_0; f(x_0))$ und $P(x_0 + h; f(x_0 + h))$ des Graphen von f an.
1. Ableitung/ Differentialquotient/ differenzierbar an der Stelle x_0	Es existiert $\lim\limits_{h \to 0} \dfrac{f(x_0 + h) - f(x_0)}{h} = f'(x_0)$; $f'(x_0)$ gibt den Anstieg der Tangente an den Graph der Funktion f im Punkt $P_0(x_0; f(x_0))$ an: $f'(x_0) = \tan \alpha$.
1. Ableitung / 1. Ableitungsfunktion	$y' = f'(x) = \lim\limits_{h \to 0} \dfrac{f(x + h) - f(x)}{h}$ (auch $\dfrac{dy}{dx}$)
höhere Ableitungen	$y'' = [f'(x)]' = f''(x) = \dfrac{d^2 y}{dx^2}$; ... $\qquad y^{(n)} = [f^{(n-1)}(x)]' = f^{(n)}(x) = \dfrac{d^n y}{dx^n}$

Mathematik

Ableitungen (Ableitungsfunktionen) spezieller Funktionen

Nenner $\neq 0$

$f(x)$	$f'(x)$	$f''(x)$	$f(x)$	$f'(x)$	$f''(x)$
a (Konstante)	0	0	$\arccos x$	$-\dfrac{1}{\sqrt{1-x^2}}$	$\dfrac{-x}{(1-x^2)\sqrt{1-x^2}}$
x^n	nx^{n-1}	$n(n-1)x^{n-2}$	$\arctan x$	$\dfrac{1}{1+x^2}$	$\dfrac{-2x}{(1+x^2)^2}$
$\sin x$	$\cos x$	$-\sin x$	$a^x \quad (a>0)$	$a^x \ln a$	$a^x(\ln a)^2$
$\cos x$	$-\sin x$	$-\cos x$	e^x	e^x	e^x
$\tan x$ $\left(x \neq (2n+1)\dfrac{\pi}{2},\ n\in Z\right)$	$\dfrac{1}{\cos^2 x} = 1+\tan^2 x$	$2\tan x\,(1+\tan^2 x)$	$\log_a x$ $(a>0,\ a\neq 1,\ x>0)$	$\dfrac{1}{x\cdot \ln a}$	$\dfrac{-1}{x^2 \cdot \ln a}$
$\arcsin x$	$\dfrac{1}{\sqrt{1-x^2}}$	$\dfrac{x}{(1-x^2)\sqrt{1-x^2}}$	$\ln x$	$\dfrac{1}{x}$	$-\dfrac{1}{x^2}$

Ma4

Differentiationsregeln

$u(x),\ v(x)$ differenzierbar; $c \in R$

Faktorregel	$y = c\cdot u \quad \Rightarrow \quad y' = c\cdot u'$
Summenregel	$y = u \pm v \quad \Rightarrow \quad y' = u' \pm v'$
Produktregel	$y = u\cdot v \quad \Rightarrow \quad y' = u'\cdot v + u\cdot v'$
Quotientenregel	$y = \dfrac{u}{v}$ (mit $v \neq 0$) $\quad \Rightarrow \quad y' = \dfrac{u'v - uv'}{v^2}$
Kettenregel	$y = f[g(x)]$ bzw. $y = f(u)$ mit $u = g(x) \quad \Rightarrow \quad y' = f'(u)\cdot g'(x)$ bzw. $y' = \dfrac{dy}{dx} = \dfrac{dy}{du}\cdot \dfrac{du}{dx}$
Differentiation der Umkehrfunktion	$x = g(y)$ Umkehrfunktion von $y = f(x) \quad \Rightarrow \quad f'(x)\cdot g'(y) = 1$

Anwendungen der Differentialrechnung

Kurvenuntersuchungen

f mindestens zweimal differenzierbar

Monotonieverhalten	$f'(x) > 0$ für alle $x \in [a;b] \quad \Leftrightarrow \quad f$ ist in $[a;b]$ streng monoton wachsend; $f'(x) < 0$ für alle $x \in [a;b] \quad \Leftrightarrow \quad f$ ist in $[a;b]$ streng monoton fallend.	
Konvex- bzw. Konkavbögen	$f'(x)$ monoton wachsend, also $f''(x) > 0 \quad \Leftrightarrow \quad$ Graph von f besitzt einen Konvexbogen (1) $f'(x)$ monoton fallend, also $f''(x) < 0 \quad \Leftrightarrow \quad$ Graph von f besitzt einen Konkavbogen (2)	

Verhalten der Funktion an speziellen Stellen bzw. des Funktionsgraphen in speziellen Punkten			
	notwendige Bedingung	hinreichende Bedingung	
x_h ist ein Maximum/ eine Maximumstelle von f/ [x_h; f(x_h)] ist ein Maximumpunkt/ Hochpunkt des Graphen von f	$f'(x_h) = 0$	$f'(x_h) = 0$ und $f''(x_h) < 0$ bzw. $f'(x_h) = 0$, und $f'(x)$ wechselt beim Durchgang durch x_h mit wachsendem x das Vorzeichen von + zu –.	
x_t ist ein Minimum/ eine Minimumstelle von f/ [x_t; f(x_t)] ist ein Minimumpunkt/ Tiefpunkt des Graphen von f	$f'(x_t) = 0$	$f'(x_t) = 0$ und $f''(x_t) > 0$ bzw. $f'(x_t) = 0$, und $f'(x)$ wechselt beim Durchgang durch x_t mit wachsendem x das Vorzeichen von – zu +.	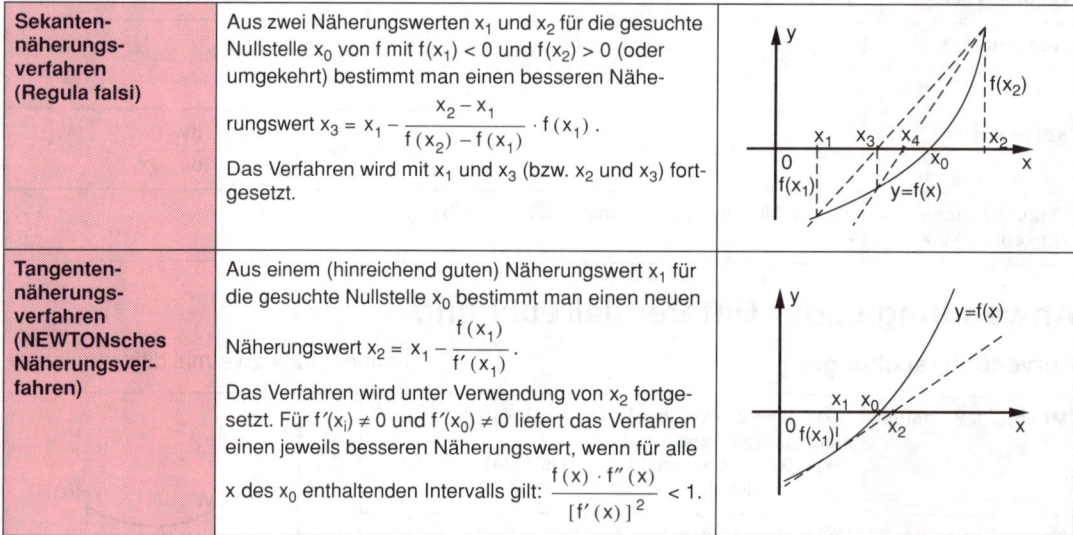
x_w ist eine Wendestelle von f/ [x_w; f(x_w)] ist ein Wendepunkt des Graphen von f	$f''(x_w) = 0$	$f''(x_w) = 0$ und $f'''(x_w) \neq 0$	
[x_s; f(x_s)] ist ein Sattelpunkt der Graphen von f	$f'(x_s) = 0$ $f''(x_s) = 0$	$f'(x_s) = 0$ und $f''(x_s) = 0$ $f'''(x_s) \neq 0$	

Näherungsweise Bestimmung von Nullstellen stetiger Funktionen

Sekantennäherungsverfahren (Regula falsi)	Aus zwei Näherungswerten x_1 und x_2 für die gesuchte Nullstelle x_0 von f mit $f(x_1) < 0$ und $f(x_2) > 0$ (oder umgekehrt) bestimmt man einen besseren Näherungswert $x_3 = x_1 - \dfrac{x_2 - x_1}{f(x_2) - f(x_1)} \cdot f(x_1)$. Das Verfahren wird mit x_1 und x_3 (bzw. x_2 und x_3) fortgesetzt.	
Tangentennäherungsverfahren (NEWTONsches Näherungsverfahren)	Aus einem (hinreichend guten) Näherungswert x_1 für die gesuchte Nullstelle x_0 bestimmt man einen neuen Näherungswert $x_2 = x_1 - \dfrac{f(x_1)}{f'(x_1)}$. Das Verfahren wird unter Verwendung von x_2 fortgesetzt. Für $f'(x_i) \neq 0$ und $f'(x_0) \neq 0$ liefert das Verfahren einen jeweils besseren Näherungswert, wenn für alle x des x_0 enthaltenden Intervalls gilt: $\dfrac{f(x) \cdot f''(x)}{[f'(x)]^2} < 1$.	

Bogenlänge

Für $a \leq x \leq b$ hat der entsprechende Abschnitt des Graphen von $y = f(x)$ die Bogenlänge $s = \displaystyle\int_a^b \sqrt{1 + [f'(x)]^2}\, dx$.

Integralrechnung

Grundbegriffe

Stammfunktion	$F(x)$ ist eine Stammfunktion der Funktion $y = f(x)$ $\Leftrightarrow$ $F'(x) = f(x)$ für alle $x \in D$. Mit $F(x)$ ist auch jede Funktion $F(x) + C$ eine Stammfunktion von f.
unbestimmtes Integral	$\int f(x)\, dx = F(x) + C$ (Menge aller Stammfunktionen von f) $\quad$ C heißt Integrationskonstante.
bestimmtes Integral	$\int_a^b f(x)\, dx = F(b) - F(a)$ $\quad$ mit $F(x)$ Stammfunktion der im Intervall $[a, b]$ stetigen Funktion $f(x)$
Eigenschaften des bestimmten Integrals	$\int_a^a f(x)\, dx = 0$ $\qquad\qquad\qquad\qquad \int_b^a f(x)\, dx = -\int_a^b f(x)\, dx$ $\int_a^b f(x)\, dx = \int_a^c f(x)\, dx + \int_c^b f(x)\, dx \qquad$ (für $c \in [a, b]$)

Grundintegrale und weitere spezielle unbestimmte Integrale

$\int 0\, dx = C$	$\int a\, dx = ax + C$ $(a \neq 0)$	$\int x^n\, dx = \dfrac{1}{n+1} x^{n+1} + C$ $(n \in R, n \neq -1)$
$\int \dfrac{1}{x}\, dx = \ln|x| + C$ $(x \neq 0)$	$\int \sin x\, dx = -\cos x + C$	$\int \cos x\, dx = \sin x + C$
$\int a^x\, dx = \dfrac{a^x}{\ln a} + C$ $(a \neq 1)$	$\int e^x\, dx = e^x + C$	$\int \dfrac{1}{\cos^2 x}\, dx = \tan x + C$ $(x \neq (2k+1)\dfrac{\pi}{2}, k \in Z)$
$\int \sqrt{x}\, dx = \dfrac{2}{3}\sqrt{x^3} + C$	$\int \dfrac{1}{x \cdot \ln a}\, dx = \log_a x + C$	$\int \sin^2 x\, dx = \dfrac{1}{2}(x - \sin x \cos x) + C$
$\int \cos^2 x\, dx = \dfrac{1}{2}(x + \sin x \cos x) + C$	$\int \dfrac{dx}{\sqrt{x^2 \pm a^2}} = \ln\left| x + \sqrt{x^2 \pm a^2} \right| + C$	$\int \tan x\, dx = -\ln|\cos x| + C$ $(x \neq (2k+1)\dfrac{\pi}{2}, k \in Z)$

Integrationsregeln

Faktorregel	$\int a\, u(x)\, dx = a \int u(x)\, dx$
Summenregel (Linearität)	$\int [u(x) \pm v(x)]\, dx = \int u(x)\, dx \pm \int v(x)\, dx$
Substitutionsregel	$\int f[g(x)]\, g'(x)\, dx = \int f(u)\, du$ $\quad$ (mit $u = g(x)$ und $du = g'(x)dx$) *Spezialfall:* $\int \dfrac{f'(x)}{f(x)}\, dx = \ln|f(x)| + C$ $\quad$ (für $f(x) \neq 0$ für alle x)
Regel für partielle Integration	$\int u'(x)v(x)\, dx = u(x)v(x) - \int u(x)v'(x)\, dx \qquad$ kurz: $\int u'v\, dx = uv - \int uv'\, dx$

Anwendungen der Integralrechnung

Flächenberechnungen

f in [a; b] stetig

$f(x) \geq 0$ für alle $x \in [a, b]$

Es gilt: $A = \int_a^b f(x)\,dx$

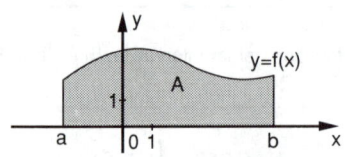

$f(x) \leq 0$ für alle $x \in [a, b]$

Es gilt: $A = \left| \int_a^b f(x)\,dx \right|$

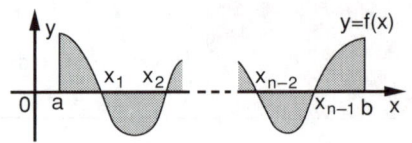

$f(x)$ besitzt im Intervall $[a, b]$ Nullstellen.

Es gilt:

$$A = \left| \int_a^{x_1} f(x)\,dx \right| + \left| \int_{x_1}^{x_2} f(x)\,dx \right| + ... + \left| \int_{x_{n-2}}^{x_{n-1}} f(x)\,dx \right| + \left| \int_{x_{n-1}}^{b} f(x)\,dx \right|$$

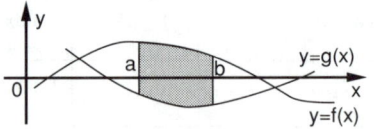

Flächenstück begrenzt von den Graphen der Funktionen f und g; $f(x) \geq g(x)$ für alle $x \in [a, b]$

Es gilt: $A = \int_a^b [f(x) - g(x)]\,dx$ (unabhängig davon, ob $f(x)$ oder $g(x)$ in

$[a, b]$ eine Nullstelle besitzt oder nicht).

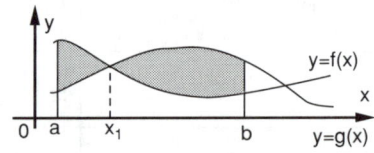

Graphen von f und g schneiden sich im Intervall $[a, b]$.

Es gilt: $A = \int_a^{x_1} [f(x) - g(x)]\,dx + \int_{x_1}^b [g(x) - f(x)]\,dx$.

Näherungsweise Berechnung bestimmter Integrale

Für die näherungsweise Berechnung von $\int_a^b f(x)\,dx$ wird das Intervall $[a, b]$ in n Teile der Länge $d = \dfrac{b-a}{n}$ zerlegt.

Die Teilpunkte sind dann $x_0 = a$, $x_1 = a + d$, $x_2 = a + 2d$, ..., $x_{n-1} = a + (n-1)d$, $x_n = a + nd = b$.

Rechteckformel: Die Fläche A wird durch Rechtecke mit der Fläche $A_i = d \cdot f(x_i) = d \cdot y_i$ $(i = 0, 1, ..., (n-1))$ angenähert.

$$A = \int_a^b f(x)\,dx \approx d \cdot (y_0 + y_1 + ... + y_{n-1})$$

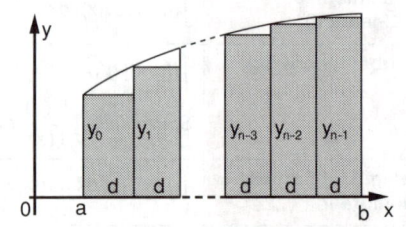

Mathematik

Trapezformel (Sekantenformel): Die Fläche A wird durch Trapeze

mit der Fläche $A_i = \dfrac{y_i + y_{i+1}}{2} d$ $(i = 0, 1, ..., (n-1))$ angenähert.

$$A = \int_a^b f(x)\,dx \approx \frac{d}{2}(y_0 + 2y_1 + 2y_2 + ... + 2y_{n-1} + y_n)$$

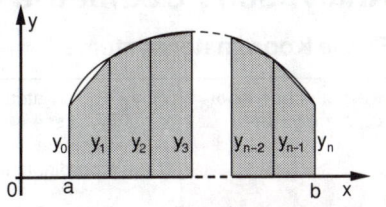

Parabelformel (SIMPSONsche Regel): Die zu berechnende Fläche wird durch Teilflächen unter Parabelbögen angenähert. Man teilt $[a, b]$ in n Intervalle und legt durch jeweils drei aufeinanderfolgende Punkte $(x_{i-1}; y_{i-1})$, $(x_i; y_i)$ und $(x_{i+1}; y_{i+1})$ (mit $i = 1, ..., (n-1)$) einen Parabelbogen.

$$A = \int_a^b f(x)\,dx \approx \frac{d}{3}[(y_0 + 4y_1 + y_2) + (y_2 + 4y_3 + y_4) + ... + (y_{n-2} + 4y_{n-1} + y_n)]$$

bzw.

$$A = \int_a^b f(x)\,dx \approx \frac{d}{3}(y_0 + 4y_1 + 2y_2 + 4y_3 + 2y_4 + ... + 2y_{n-2} + 4y_{n-1} + y_n) \quad \text{(n gerade)}$$

KEPLERsche Faßregel: Man verwendet für die Bestimmung der Näherungsparabel nur die Punkte $[a; f(a)]$, $(x_m; f(x_m))$ und $[b; f(b)]$ mit

$$x_m = \frac{1}{2}(a + b).$$

$$A = \int_a^b f(x)\,dx \approx \frac{b-a}{6}(f(a) + 4f(x_m) + f(b))$$

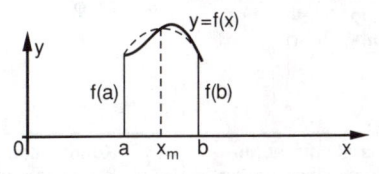

Berechnung von Rotationskörpern

$y = f(x)$ in $[a, b]$ stetige und streng monoton wachsende (oder fallende) Funktion; $x = g(y)$ Umkehrfunktion von $y = f(x)$

Rotiert das Flächenstück, das zwischen dem Graphen der Funktion

$y = f(x)$ für $a \le x \le b$, den Parallelen zur y-Achse durch $x_1 = a$ und $x_2 = b$ und der x-Achse liegt, um die x-Achse, so gilt für den entstehenden Rotationskörper:

$$V_x = \pi \int_a^b y^2\,dx = \pi \int_a^b [f(x)]^2\,dx$$

$$M_x = 2\pi \int_a^b y\sqrt{1 + y'^2}\,dx = 2\pi \int_a^b f(x)\sqrt{1 + [f'(x)]^2}\,dx$$

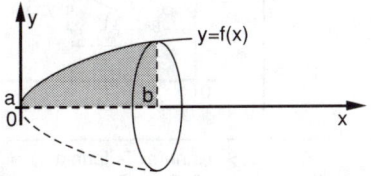

$x = g(y)$ für $c \le y \le d$ (mit $c = f(a)$ und $d = f(b)$), den Parallelen zur x-Achse durch $y_1 = c$ und $y_2 = d$ und der y-Achse liegt, um die y-Achse, so gilt für den entstehenden Rotationskörper:

$$V_y = \pi \int_c^d x^2\,dy = \pi \int_c^d [g(y)]^2\,dy = \left| \pi \int_a^b x^2 f'(x)\,dx \right|$$

$$M_y = 2\pi \int_c^d x\sqrt{1 + x'^2}\,dy = 2\pi \int_c^d g(y)\sqrt{1 + [g'(y)]^2}\,dy$$

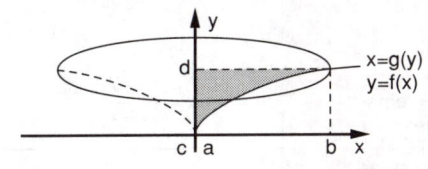

Analytische Geometrie der Ebene

Ebene Koordinatensysteme

Kartesisches Koordinatensystem	x_1, y_1 Koordinaten von P_1 x_1 Abszisse y_1 Ordinate 0 Koordinatenursprung	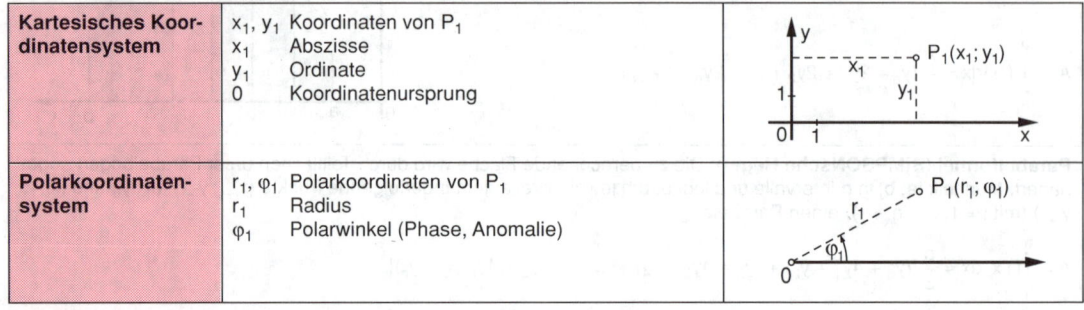
Polarkoordinatensystem	r_1, φ_1 Polarkoordinaten von P_1 r_1 Radius φ_1 Polarwinkel (Phase, Anomalie)	

Koordinatentransformationen

Transformation von kartesischen Koordinaten in Polarkoordinaten (und umgekehrt)	$x = r \cdot \cos \varphi$ $\qquad\qquad r = \sqrt{x^2 + y^2}$ $y = r \cdot \sin \varphi$ $\qquad\qquad \cos \varphi = \dfrac{x}{\sqrt{x^2 + y^2}}$ $\qquad\qquad\qquad\qquad \sin \varphi = \dfrac{y}{\sqrt{x^2 + y^2}}$	
Parallelverschiebung (Translation) eines kartesischen Koordinatensystems	x, y Koordinaten von P im ursprünglichen System x', y' Koordinaten von P im neuen System $x = x' + c \qquad\qquad\qquad x' = x - c$ $y = y' + d \qquad\qquad\qquad y' = y - d$	
Drehung (Rotation) eines kartesischen Koordinatensystems um den Winkel φ	x, y Koordinaten von P im ursprünglichen System x', y' Koordinaten von P im neuen System $0 = 0'$ $x = x' \cdot \cos \varphi - y' \cdot \sin \varphi \qquad x' = x \cdot \cos \varphi + y \cdot \sin \varphi$ $y = x' \cdot \sin \varphi + y' \cdot \cos \varphi \qquad y' = -x \cdot \sin \varphi + y \cdot \cos \varphi$	

Strecke und Teilverhältnis $\qquad\qquad\qquad\qquad\qquad\qquad \lambda \in \mathbb{R}$

Länge einer Strecke (Abstand zweier Punkte)	$s = \overline{P_1 P_2} = \sqrt{(x_2 - x_1)^2 + (y_2 - y_1)^2}$	
Anstieg einer Strecke	$m = \tan \alpha = \dfrac{y_2 - y_1}{x_2 - x_1}$	
Teilung einer Strecke $P_1 P_2$ im Verhältnis λ Teilpunkt T $(x_T; y_T)$	$x_T = \dfrac{x_1 + \lambda x_2}{1 + \lambda} \qquad\qquad y_T = \dfrac{y_1 + \lambda y_2}{1 + \lambda} \qquad (\lambda \neq -1)$	$\lambda > 0$ innerer Teilpunkt $\lambda < 0$ äußerer Teilpunkt
Mittelpunkt $M(x_M; y_M)$	$x_M = \dfrac{x_1 + x_2}{2} \qquad\qquad y_M = \dfrac{y_1 + y_2}{2}$	

Mathematik

Geraden

$m, n \in R; A, B, C \in R$

Kartesische Normalform (der Geradengleichung)	$y = mx + n$ $\qquad m = \tan \alpha \qquad (\alpha \neq 90°)$ Gerade mit dem Anstieg m, die die y-Achse in $S_y(0; n)$ schneidet	
Punktrichtungsgleichung	$y - y_0 = m(x - x_0) \qquad m = \tan \alpha \qquad (\alpha \neq 90°)$ Gerade durch $P_0(x_0; y_0)$ mit dem Anstieg m	
Zweipunktegleichung	$y - y_1 = \dfrac{y_2 - y_1}{x_2 - x_1}(x - x_1)$ Gerade durch $P_1(x_1; y_1)$ und $P_2(x_2; y_2)$ $m = \tan \alpha = \dfrac{y_2 - y_1}{x_2 - x_1} \qquad\qquad (x_2 \neq x_1)$	
Achsenabschnittsgleichung	$\dfrac{x}{a} + \dfrac{y}{b} = 1$ Gerade, die die Achsen in $S_x(a; 0)$ bzw. $S_y(0; b)$ schneidet	
Allgemeine Form	$Ax + By + C = 0 \qquad (A^2 + B^2 > 0)$	
HESSEsche Normalform (der Geradengleichung)	$x \cdot \cos \varphi + y \cdot \sin \varphi - p = 0$ $p \qquad$ Abstand der Geraden vom Ursprung 0 $\varphi \qquad$ Winkel zwischen positiver x-Achse und Lot p $\cos \varphi = \dfrac{A}{\sqrt{A^2 + B^2}}; \ \sin \varphi = \dfrac{B}{\sqrt{A^2 + B^2}}; \ p = \dfrac{C}{\sqrt{A^2 + B^2}}$	
Abstand des Punktes $P_1(x_1; y_1)$ von der Geraden g	$d = x_1 \cdot \cos \varphi + y_1 \cdot \sin \varphi - p = \dfrac{Ax_1 + By_1 + C}{\sqrt{A^2 + B^2}}$	
Zwei Geraden (Lagebeziehung)	$g_1: \ y = m_1x + n_1 \qquad g_2: \ y = m_2x + n_2$ Schnittwinkel ψ: $\quad \tan \psi = \dfrac{m_2 - m_1}{1 + m_1 \cdot m_2} \qquad (\psi \neq 90°)$ $m_1 = m_2 \quad \Rightarrow \quad g_1 \parallel g_2$ $m_1 = -\dfrac{1}{m_2} \quad \Rightarrow \quad g_1 \perp g_2 \qquad\qquad (m_2 \neq 0)$	

Ma6

Kreis

$r > 0; \ c, d, r \in R$

Mittelpunktsgleichung	$x^2 + y^2 = r^2$ Kreis mit dem Mittelpunkt $M(0; 0)$ und dem Radius r	
Allgemeine Kreisgleichung	$(x - c)^2 + (y - d)^2 = r^2$ Kreis mit dem Mittelpunkt $M(c; d)$ und dem Radius r	

| Tangente und Normale im Punkt $P_1(x_1; y_1)$ | Tangente t in P_1:
$(x-c)(x_1-c) + (y-d)(y_1-d) = r^2$ $\quad$ M (c; d)
$xx_1 + yy_1 = r^2$ $\quad$ M (0; 0)

Normale n durch P_1:

$y - y_1 = \dfrac{y_1 - d}{x_1 - c} \cdot (x - x_1)$ $\quad$ M (c; d)

$y - y_1 = \dfrac{y_1}{x_1} \cdot (x - x_1)$ $\quad$ M (0; 0) | 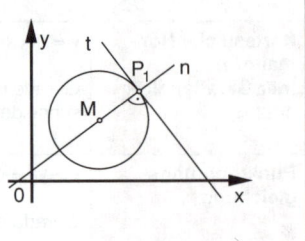 |

Kegelschnitte

Bringt man einen Doppelkegel mit einer Ebene zum Schnitt, so werden die Schnittflächen von Kurven berandet, die man als **Kegelschnitte** bezeichnet.

Kegelschnitt	Schnittwinkel α	
Ellipse (E)	$\varphi < \alpha \le 90°$	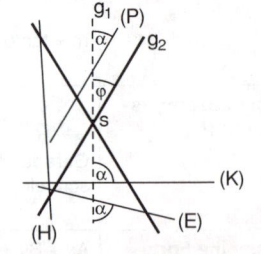
Kreis (K)	$\alpha = 90°$	
Parabel (P)	$\alpha = \varphi$	
Hyperbel (H)	$0° \le \alpha < \varphi$	

Entartete Kegelschnitte: Punkt, Geradenpaar (bei Schnitt durch S)

Begriff	Ellipse	Hyperbel a große Halbachse b kleine Halbachse	Parabel 2p Parameter
Mittelpunktsgleichung M (0; 0)	$\dfrac{x^2}{a^2} + \dfrac{y^2}{b^2} = 1$	$\dfrac{x^2}{a^2} - \dfrac{y^2}{b^2} = 1$	Scheitelgleichung S (0; 0) $y^2 = 2px$
Exzentrizität lineare e numerische $\varepsilon = \dfrac{e}{a}$	$e = \sqrt{a^2 - b^2}$ $\varepsilon < 1$	$e = \sqrt{a^2 + b^2}$ $\varepsilon > 1$	 $\varepsilon = 1$
Brennpunkte	$F_{1/2} (\pm e; 0)$	$F_{1/2} (\pm e; 0)$	$F(\dfrac{p}{2}; 0)$ $\quad$ Leitlinie $x = -\dfrac{p}{2}$
Tangente in P_1 $(x_1; y_1)$ M (0; 0) bzw. S (0; 0)	$\dfrac{xx_1}{a^2} + \dfrac{yy_1}{b^2} = 1$	$\dfrac{xx_1}{a^2} - \dfrac{yy_1}{b^2} = 1$	$yy_1 = p(x + x_1)$
Normale durch P_1 $(x_1; y_1)$ M (0; 0) bzw. S (0; 0)	$y - y_1 = \dfrac{a^2 y_1}{b^2 x_1} (x - x_1)$	$y - y_1 = -\dfrac{a^2 y_1}{b^2 x_1} (x - x_1)$	$y - y_1 = -\dfrac{y_1}{p} (x - x_1)$
Allgemeine Lage (achsenparallel zum Koordinatensystem) M (c; d)	$\dfrac{(x-c)^2}{a^2} + \dfrac{(y-d)^2}{b^2} = 1$	$\dfrac{(x-c)^2}{a^2} - \dfrac{(y-d)^2}{b^2} = 1$	S (c; d) $(y-d)^2 = 2p(x-c)$
Asymptoten der Hyperbel M (0; 0)	–	$\dfrac{x}{a} \pm \dfrac{y}{b} = 0$	–
Allgemeine Kegelschnittgleichung	$Ax^2 + 2Bxy + Cy^2 + 2Dx + 2Ey + F = 0$ Bedingungen für $\qquad$ Kreis $\qquad$ $A \ne 0, D^2 + E^2 \ge 4\,AF$ $\qquad\qquad\qquad\qquad$ Ellipse $\qquad$ $AC - B^2 > 0$ $\quad$ (auch Punkt) $\qquad\qquad\qquad\qquad$ Hyperbel $\quad$ $AC - B^2 < 0$ $\quad$ (auch Geradenpaar) $\qquad\qquad\qquad\qquad$ Parabel $\qquad$ $AC - B^2 = 0$ $\quad$ (auch Parallelenpaar)		

Vektorrechnung

Begriff des Vektors

Eine Menge V heißt **Vektorraum,** wenn für ihre Elemente (**Vektoren**) eine Addition sowie eine Multiplikation mit reellen Zahlen so definiert ist, daß diese Operationen in V stets ausführbar und eindeutig sind sowie für beliebige $\vec{a}, \vec{b}, \vec{x} \in V$ und $r, s \in R$ die folgenden Gesetze gelten:

(1) $\quad \vec{a} + \vec{b} = \vec{b} + \vec{a}$ $\qquad$ (Kommutativgesetz)

(2) $\quad (\vec{a} + \vec{b}) + \vec{c} = \vec{a} + (\vec{b} + \vec{c})$ $\qquad$ (Assoziativgesetz der Addition)

(3) $\quad$ Zu je zwei Elementen $\vec{a}, \vec{b} \in V$ gibt es stets genau ein $\vec{x} \in V$ mit $\vec{a} + \vec{x} = \vec{b}$.

(4) $\quad 1\vec{a} = \vec{a}$

(5) $\quad (r + s)\,\vec{a} = r\vec{a} + s\vec{a}$ $\qquad$ (1. Distributivgesetz)

(6) $\quad r(\vec{a} + \vec{b}) = r\vec{a} + r\vec{b}$ $\qquad$ (2. Distributivgesetz)

(7) $\quad r(s\vec{a}) = (rs)\vec{a}$ $\qquad$ (Assoziativgesetz der Multiplikation)

Die Menge der **Verschiebungen** einer Ebene bzw. des Raumes bildet einen Vektorraum.

Die zu einer Verschiebung gehörende Menge (Äquivalenzklasse) parallelgleicher (paralleler, gleichgerichteter und gleichlanger) Pfeile wird als **Schubvektor** bzw. **geometrischer Vektor** bezeichnet. Jeder Pfeil der Menge ist ein Repräsentant des Vektors.

Ein (Schub-)Vektor ist eine durch Betrag (Länge), Richtung und Orientierung(Durchlaufsinn) gekennzeichnete Größe (vereinfachter Vektorbegriff).

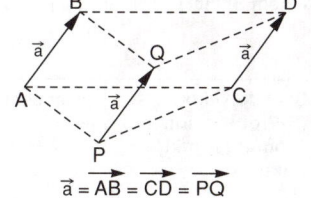

$$\vec{a} = \overrightarrow{AB} = \overrightarrow{CD} = \overrightarrow{PQ}$$

Nullvektor $\vec{o}$	Vektor mit dem Betrag 0 und unbestimmter Richtung
Einheitsvektor	Vektor mit dem Betrag 1
entgegengesetzter Vektor von $\vec{a}$	Vektor mit gleichem Betrag, gleicher Richtung wie $\vec{a}$, aber mit entgegengesetzter Orientierung von $\vec{a}$

Räumliches Koordinatensystem; Komponentendarstellung eines Vektors

Der Punkt 0 und die Einheitsvektoren $\vec{i}, \vec{j}, \vec{k}$ bilden ein kartesisches (orthonormiertes) Koordinatensystem.

$|\vec{i}| = |\vec{j}| = |\vec{k}| = 1$

$\sphericalangle(\vec{i}, \vec{j}) = \sphericalangle(\vec{j}, \vec{k}) = \sphericalangle(\vec{k}, \vec{i}) = 90°$

$\vec{i}, \vec{j}, \vec{k}$ bilden in dieser Reihenfolge ein Rechtssystem.

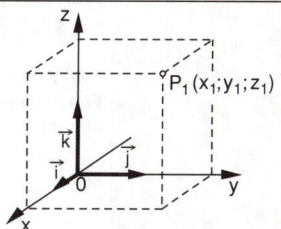

Ortsvektor des Punktes $P_1(x_1; y_1; z_1)$	$\vec{x}_1 = \overrightarrow{OP_1} = x_1\vec{i} + y_1\vec{j} + z_1\vec{k}$	
Komponentendarstellung eines Vektors	$\vec{a} = a_x\vec{i} + a_y\vec{j} + a_z\vec{k} = \begin{pmatrix} a_x \\ a_y \\ a_z \end{pmatrix} = (a_x; a_y; a_z)$	$a_x\vec{i}, a_y\vec{j}, a_z\vec{k}$ Komponenten von $\vec{a}$ a_x, a_y, a_z Koordinaten von $\vec{a}$
Vektor durch zwei Punkte P_1, P_2	$\overrightarrow{P_1P_2} = \overrightarrow{OP_2} - \overrightarrow{OP_1} = (x_2 - x_1)\vec{i} + (y_2 - y_1)\vec{j} + (z_2 - z_1)\vec{k} = \begin{pmatrix} x_2 - x_1 \\ y_2 - y_1 \\ z_2 - z_1 \end{pmatrix}$	
Betrag eines Vektors (Länge einer Strecke)	$\|\vec{a}\| = a = \sqrt{a_x^{\,2} + a_y^{\,2} + a_z^{\,2}}$ $\|\overrightarrow{P_1P_2}\| = \sqrt{(x_2 - x_1)^2 + (y_2 - y_1)^2 + (z_2 - z_1)^2}$	

Mathematik

Addition und Subtraktion von Vektoren $\qquad$ $a_i, b_k \in R$

Addition	$\vec{a} + \vec{b} = (a_x + b_x)\vec{i} + (a_y + b_y)\vec{j} + (a_z + b_z)\vec{k} = \begin{pmatrix} a_x + b_x \\ a_y + b_y \\ a_z + b_z \end{pmatrix}$	
Subtraktion	$\vec{a} - \vec{b} = \vec{a} + (-\vec{b})$ $\vec{b} - \vec{a} = \vec{b} + (-\vec{a})$	

Multiplikation von Vektoren $\qquad$ $a_i, b_k, r \in R$

Vielfachbildung (Multiplikation mit einem Skalar)	$r\vec{a} = ra_x\vec{i} + ra_y\vec{j} + ra_z\vec{k} = \begin{pmatrix} ra_x \\ ra_y \\ ra_z \end{pmatrix}$
Skalarprodukt (S-Produkt; inneres Produkt; Punktprodukt)	Unter dem **Skalarprodukt** zweier Vektoren $\vec{a}$ und $\vec{b}$ versteht man eine reelle Zahl $c = \vec{a} \cdot \vec{b}$ mit $\qquad \vec{a} \cdot \vec{b} = |\vec{a}| \cdot |\vec{b}| \cdot \cos \sphericalangle (\vec{a}, \vec{b})$ $\qquad\qquad c = a \cdot b \cdot \cos \gamma \qquad$ mit $\qquad \gamma = \sphericalangle (\vec{a}, \vec{b})$ Es ist $\qquad \vec{i} \cdot \vec{i} = \vec{j} \cdot \vec{j} = \vec{k} \cdot \vec{k} = 1 \quad$ und $\quad \vec{i} \cdot \vec{j} = \vec{i} \cdot \vec{k} = \vec{j} \cdot \vec{k} = 0$ Weiter gilt: $\vec{a} \cdot \vec{b} = \vec{b} \cdot \vec{a} \qquad\qquad\qquad \vec{a} \perp \vec{b} \Rightarrow \vec{a} \cdot \vec{b} = 0$ $\qquad\qquad \vec{c} \cdot (\vec{a} + \vec{b}) = \vec{c} \cdot \vec{a} + \vec{c} \cdot \vec{b}$
Koordinatendarstellung	$\vec{a} \cdot \vec{b} = a_x b_x + a_y b_y + a_z b_z$
Vektorprodukt (V-Produkt; äußeres Produkt; Kreuzprodukt)	Unter dem **Vektorprodukt** zweier Vektoren $\vec{a}$ und $\vec{b}$ versteht man einen Vektor $\vec{c} = \vec{a} \times \vec{b}$ mit folgenden Eigenschaften: 1. $|\vec{c}| = |\vec{a} \times \vec{b}| = |\vec{a}| \cdot |\vec{b}| \cdot \sin \sphericalangle (\vec{a}, \vec{b})$ $\qquad c = a \cdot b \cdot \sin \gamma \qquad\qquad$ mit $\qquad \gamma = \sphericalangle (\vec{a}, \vec{b})$ 2. $\vec{c} \perp \vec{a}$ und $\vec{c} \perp \vec{b}$ 3. $\vec{a}, \vec{b}, \vec{c}$ bilden in dieser Reihenfolge ein Rechtssystem. Das Vektorprodukt ist dem Betrage nach gleich dem Flächeninhalt des von $\vec{a}$ und $\vec{b}$ aufgespannten Parallelogramms. Es ist $\qquad \vec{i} \times \vec{i} = \vec{j} \times \vec{j} = \vec{k} \times \vec{k} = \vec{o}$ $\qquad\qquad \vec{i} \times \vec{j} = \vec{k}; \qquad \vec{i} \times \vec{k} = -\vec{j}; \qquad \vec{j} \times \vec{k} = \vec{i}$ Weiter gilt $\quad \vec{a} \times \vec{b} = -\vec{b} \times \vec{a}$ $\qquad\qquad \vec{a} \times (\vec{b} + \vec{c}) = \vec{a} \times \vec{b} + \vec{a} \times \vec{c} \qquad \vec{a}, \vec{b}$ kollinear $\Rightarrow \vec{a} \times \vec{b} = \vec{o}$ $\qquad\qquad r\,(\vec{a} \times \vec{b}) = r\vec{a} \times \vec{b} = \vec{a} \times r\vec{b}$
Komponentendarstellung	$\vec{a} \times \vec{b} = \begin{vmatrix} \vec{i} & \vec{j} & \vec{k} \\ a_x & a_y & a_z \\ b_x & b_y & b_z \end{vmatrix} = (a_y b_z - a_z b_y)\vec{i} + (a_z b_x - a_x b_z)\vec{j} + (a_x b_y - a_y b_x)\vec{k} = \begin{pmatrix} a_y b_z - a_z b_y \\ a_z b_x - a_x b_z \\ a_x b_y - a_y b_x \end{pmatrix}$
Spatprodukt	$(\vec{a} \times \vec{b}) \cdot \vec{c} = \vec{a} \cdot (\vec{b} \times \vec{c}) = \begin{vmatrix} a_x & a_y & a_z \\ b_x & b_y & b_z \\ c_x & c_y & c_z \end{vmatrix} = (a_y b_z - a_z b_y)c_x + (a_z b_x - a_x b_z)c_y + (a_x b_y - a_y b_x)c_z$ Das Spatprodukt ist dem Betrage nach gleich dem Volumen des von $\vec{a}$, $\vec{b}$ und $\vec{c}$ aufgespannten Parallelepipeds (Spates).
Doppeltes Vektorprodukt	$\vec{a} \times (\vec{b} \times \vec{c}) = (\vec{a} \cdot \vec{c})\vec{b} - (\vec{a} \cdot \vec{b})\vec{c}$

Mathematik

Analytische Geometrie des Raumes

Geraden im Raum

$a_i, b_k, r, s, t \in R$

Punktrichtungs-gleichung	$\vec{x} = \overrightarrow{OP_0} + t\vec{a} = \vec{x}_0 + t\vec{a}$ $\begin{pmatrix} x \\ y \\ z \end{pmatrix} = \begin{pmatrix} x_0 \\ y_0 \\ z_0 \end{pmatrix} + t \begin{pmatrix} a_x \\ a_y \\ a_z \end{pmatrix}$ t Parameter g: Gerade durch P_0 mit dem Richtungsvektor $\vec{a}$	
Zweipunkte-gleichung	$\vec{x} = \overrightarrow{OP_1} + t\,\overrightarrow{P_1P_2} = \vec{x}_1 + t(\vec{x}_2 - \vec{x}_1)$ $\begin{pmatrix} x \\ y \\ z \end{pmatrix} = \begin{pmatrix} x_1 \\ y_1 \\ z_1 \end{pmatrix} + t \begin{pmatrix} x_2 - x_1 \\ y_2 - y_1 \\ z_2 - z_1 \end{pmatrix}$ t Parameter g: Gerade durch P_1 und P_2	

Zwei Geraden (Lagebeziehungen)	g: $\vec{x} = \vec{x}_0 + t\vec{a}$
	 h: $\vec{x} = \vec{x}_1 + r\vec{b}$
	
	 1. g, h liegen in einer Ebene $(\vec{a}, \vec{b}$ und $\vec{x}_1 - \vec{x}_0$ **komplanar**)
	    a) g $\parallel$ h $(\vec{a}$ ist Vielfaches von $\vec{b}$, also $\vec{a} = s \cdot \vec{b})$
	    b) g, h schneiden sich in genau einem Punkt S
	 2. g, h windschief $(\vec{a}, \vec{b}$ und $\vec{x}_1 - \vec{x}_0$ nicht komplanar, linear unabhängig)	

Berechnung des Schnittpunktes S von g und h:	$\begin{pmatrix} x_s \\ y_s \\ z_s \end{pmatrix} = \begin{pmatrix} x_0 \\ y_0 \\ z_0 \end{pmatrix} + t_s \begin{pmatrix} a_x \\ a_y \\ a_z \end{pmatrix} = \begin{pmatrix} x_1 \\ y_1 \\ z_1 \end{pmatrix} + r_s \begin{pmatrix} b_x \\ b_y \\ b_z \end{pmatrix}$	

Ma6

Ebenen

$a_i, b_k, r, s \in R$

Punktrichtungs-gleichung	$\vec{x} = \vec{x}_0 + r\vec{a} + s\vec{b}$ r, s Parameter $\begin{pmatrix} x \\ y \\ z \end{pmatrix} = \begin{pmatrix} x_0 \\ y_0 \\ z_0 \end{pmatrix} + r \begin{pmatrix} a_x \\ a_y \\ a_z \end{pmatrix} + s \begin{pmatrix} b_x \\ b_y \\ b_z \end{pmatrix}$ ε: Ebene durch P_0 mit den Richtungsvektoren $\vec{a}$ und $\vec{b}$
Dreipunkte-gleichung	$\vec{x} = \vec{x}_1 + r(\vec{x}_2 - \vec{x}_1) + s(\vec{x}_3 - \vec{x}_1)$ r, s Parameter Ebene durch drei nichtkollineare Punkte P_1, P_2, P_3
Allgemeine Form	$Ax + By + Cz + D = 0$ $(A^2 + B^2 + C^2 > 0)$
HESSEsche Normalform	$\vec{n} \cdot \vec{x} = -p$ p Länge des vom Ursprung auf die Ebene ε gefällten Lotes $\vec{n}$ Normalenvektor mit $\vec{n} \perp \varepsilon$ und $|\vec{n}| = 1$ $n_1 x + n_2 y + n_3 z + p = 0$ (Koordinatenform) $n_1 = \dfrac{A}{\sqrt{A^2 + B^2 + C^2}}$; $n_2 = \dfrac{B}{\sqrt{A^2 + B^2 + C^2}}$; $n_3 = \dfrac{C}{\sqrt{A^2 + B^2 + C^2}}$; $p = \dfrac{D}{\sqrt{A^2 + B^2 + C^2}}$

Mathematik

Kombinatorik

Fakultät

$n \in N$

$$n! = 1 \cdot 2 \cdot 3 \cdot \ldots \cdot (n-1) \cdot n = \prod_{k=1}^{n} k \qquad 0! = 1 \qquad 1! = 1 \qquad (n+1)! = n!\,(n+1)$$

Zahlenwerte für n!

n	2	3	4	5	6	7	8	9	10
n!	2	6	24	120	720	5040	40320	362880	3628800

Binomialkoeffizienten

$n, k \in N; k \le n$

Definition	$\dbinom{n}{k} = \dfrac{n\,(n-1)\,(n-2)\ldots[n-(k-1)]}{1 \cdot 2 \cdot 3 \cdot \ldots \cdot k} = \dfrac{n!}{k!\,(n-k)!}$	$\dbinom{n}{0} = 1$
Rechenregeln	$\dbinom{n}{k} = \dbinom{n}{n-k} \qquad\qquad \dbinom{n}{k} + \dbinom{n}{k+1} = \dbinom{n+1}{k+1}$	

Zahlenwerte für $\dbinom{n}{k}$

k \\ n	4	5	6	7	8	9	10	11	12	13	14	15
2	6	10	15	21	28	36	45	55	66	78	91	105
3			20	35	56	84	120	165	220	286	364	455
4				70	126	210	330	495	715	1001	1365
5					252	462	792	1287	2002	3003
6							924	1716	3003	5005
7									3432	6435

Binomischer Satz

$a, b \in R; n, k \in N$

$$(a+b)^n = \binom{n}{0} a^n + \binom{n}{1} a^{n-1} b + \binom{n}{2} a^{n-2} b^2 + \ldots + \binom{n}{n-1} a\,b^{n-1} + \binom{n}{n} b^n = \sum_{k=0}^{n} \binom{n}{k} a^{n-k} b^k$$

$(a+b)^0 = 1$

$(a+b)^1 = a + b$

$(a+b)^2 = a^2 + 2ab + b^2$

$(a+b)^3 = a^3 + 3a^2b + 3\,ab^2 + b^3$

$(a+b)^4 = a^4 + 4a^3b + 6a^2b^2 + 4ab^3 + b^4$

Binomialkoeffizienten

```
           1
         1   1
       1   2   1
     1   3   3   1
   1   4   6   4   1
```

PASCALsches Zahlendreieck

Permutationen; Variationen; Kombinationen

$n, k \in N^*; \alpha_i \in N^* \ (i = 1, 2, \ldots)$

Jede mögliche Anordnung von n Elementen, in der alle Elemente verwendet werden, heißt **Permutation** dieser Elemente.

Anzahl der Permutationen	
von n verschiedenen Elementen	von n Elementen mit Wiederholung (n Elemente, von denen je $\alpha_1, \alpha_2, \ldots, \alpha_r$ untereinander gleich sind)
$P_n = n!$	$\overline{P_n} = \dfrac{n!}{\alpha_1! \cdot \alpha_2! \cdot \ldots \cdot \alpha_r!} \qquad$ mit $\alpha_1 + \alpha_2 + \ldots + \alpha_r = n$

Jede mögliche Anordnung (**mit** Berücksichtigung der Reihenfolge) aus je k von n Elementen heißt **Variation** dieser Elemente (Variation von n Elementen zur k-ten Klasse).

Anzahl der Variationen k-ter Klasse	
von n verschiedenen Elementen o h n e Wiederholung	von n verschiedenen Elementen m i t Wiederholung
$V_n^k = \dfrac{n!}{(n-k)!} = \binom{n}{k} k!$	$\overline{V_n^k} = n^k$

Jede mögliche Anordnung (**ohne** Berücksichtigung der Reihenfolge) aus je k von n Elementen heißt **Kombination** dieser Elemente (Kombination von n Elementen zur k-ten Klasse).

Anzahl der Kombinationen k-ter Klasse	
von n verschiedenen Elementen o h n e Wiederholung	von n verschiedenen Elementen m i t Wiederholung
$C_n^k = \binom{n}{k}$	$\overline{C_n^k} = \binom{n+k-1}{k}$

Statistik

Lage- und Streumaße statistischer Untersuchungen

Modalwert (Modus)	häufigster Wert unter den Ergebnissen einer Stichprobe
Mittelwert (arithmetisches Mittel) $\bar{x}$	Für eine Stichprobe vom Umfang n aus einer Grundgesamtheit gilt: $\bar{x} = \dfrac{x_1 + x_2 + \ldots + x_n}{n} = \dfrac{1}{n} \sum\limits_{i=1}^{n} x_i$ \qquad (S. 23)
Zentralwert (Median) z	In der Mitte stehender Wert der nach der Größe geordneten Ergebnisse einer Stichprobe (gegebenenfalls Mittelwert der zwei in der Mitte stehenden Ergebnisse)
Spannweite (Streu- oder Variationsbreite) R	Differenz zwischen größtem und kleinstem Ergebnis einer Stichprobe $R = x_{Max} - x_{Min}$
Mittlere Abweichung vom Zentralwert z bei einer Stichprobe vom Umfang n	$\dfrac{1}{n}(|x_1 - z| + |x_2 - z| + \ldots + |x_n - z|) = \dfrac{1}{n} \sum\limits_{i=1}^{n} (|x_i - z|)$
Varianz s^2, Standardabweichung s	$s^2 = \dfrac{1}{n-1} \sum\limits_{i=1}^{n} (x_i - \bar{x})^2$ \qquad $(s \geq 0)$
Mittelwert μ und Varianz σ^2 bei Grundgesamtheiten vom Umfang N mit den Einzelwerten $x_1, x_2, \ldots, x_N$	$\mu = \dfrac{1}{N} \sum\limits_{i=1}^{N} x_i$ \qquad\qquad $\sigma^2 = \dfrac{1}{N} \sum\limits_{i=1}^{N} (x_i - \mu)^2$ \qquad $(\sigma \geq 0)$

Korrelationskoeffizient und Regressionsgerade

Nenner $\neq 0$

Der Grad des Zusammenhangs der Zufallsgrößen X und Y, für die n Paare von Einzelwerten x_i, y_i vorliegen, wird durch den **Korrelationskoeffizienten** r_{xy} beschrieben.

$$r_{xy} = \frac{\sum\limits_{i=1}^{n} (x_i - \bar{x})(y_i - \bar{y})}{\sqrt{\sum\limits_{i=1}^{n} (x_i - \bar{x})^2 \cdot \sum\limits_{i=1}^{n} (y_i - \bar{y})^2}} = \frac{\sum\limits_{i=1}^{n} x_i y_i - \dfrac{1}{n} \sum\limits_{i=1}^{n} x_i \sum\limits_{i=1}^{n} y_i}{\sqrt{\sum\limits_{i=1}^{n} x_i^2 - \dfrac{1}{n}\left(\sum\limits_{i=1}^{n} x_i\right)^2} \cdot \sqrt{\sum\limits_{i=1}^{n} y_i^2 - \dfrac{1}{n}\left(\sum\limits_{i=1}^{n} y_i\right)^2}}$$

Gleichung der zur Vorhersage von y-Werten dienenden **Regressionsgeraden**

$$y - \bar{y} = \frac{r_{xy} s_y}{s_x}(x - \bar{x})$$

$\bar{x}, \bar{y}$ \quad Mittelwerte von x_i bzw. y_i
s_x, s_y \quad Standardabweichungen von x_i bzw. y

Mathematik

Wahrscheinlichkeitsrechnung

Grundlegende Begriffe

Zufallsversuch	Versuch mit mehreren möglichen Ergebnissen $\omega_1, \omega_2, \ldots \omega_n$
Ergebnismenge (Stichprobenraum) S	Menge aller möglichen Ergebnisse $S = \{\omega_1, \omega_2, \ldots \omega_n\}$
Ereignis E **Sicheres Ereignis S** **Unmögliches Ereignis $\emptyset$** **Elementarereignis {a}** **Gegenereignis $\overline{E}$**	Teilmenge der Ergebnismenge S $\quad E \subseteq S$ Ereignis, das bei **jeder** Versuchsdurchführung eintritt Ereignis, das bei **keiner** Versuchsdurchführung eintritt Ereignis mit nur einem Element Komplementärmenge von E (S. 20)
Absolute Häufigkeit $H_n(E)$ des Eintretens von E	Anzahl des Eintretens von E bei n Versuchsdurchführungen
Relative Häufigkeit h(E) des Eintretens von E	$h(E) = \dfrac{H_n(E)}{n}$

Wahrscheinlichkeit und grundlegende Eigenschaften $\qquad E, E_1, E_2 \subseteq S$

Bei einer hinreichend großen Anzahl von Versuchen kann die relative Häufigkeit als Zahlenwert für die **Wahrscheinlichkeit** gewählt werden. Der Zahlenwert für die Wahrscheinlichkeit des Ereignisses E wird mit P(E) bezeichnet.

Gleichverteilung (klassische Wahrscheinlichkeit)

Ein Zufallsversuch heißt **LAPLACE-Experiment,** wenn alle Elementarereignisse die gleiche Wahrscheinlichkeit haben.

$$P(E) = \frac{\text{Anzahl der für E günstigen Ergebnisse}}{\text{Anzahl der möglichen Ergebnisse}}$$

Regeln und Sätze für das Rechnen mit Wahrscheinlichkeiten

(1) $\quad 0 \leq P(E) \leq 1$

(2) $\quad \{a_1, a_2, \ldots, a_k\} \subseteq S \Rightarrow$
 $\quad P(\{a_1, a_2, \ldots, a_k\}) = P(\{a_1\}) + P(\{a_2\}) + \ldots + P(\{a_k\})$ $\qquad$ Summenregel

(3) $\quad P(S) = 1$ $\qquad$ Wahrscheinlichkeit des sicheren Ereignisses

(4) $\quad P(\emptyset) = 0$ $\qquad$ Wahrscheinlichkeit des unmöglichen Ereignisses

(5) $\quad P(\overline{E}) = 1 - P(E)$ $\qquad$ Wahrscheinlichkeit des Gegenereignisses

(6) $\quad E_1 \subseteq E_2 \Rightarrow P(E_1) \leq P(E_2)$

(7) $\quad P(E_1 \cup E_2) = P(E_1) + P(E_2) - P(E_1 \cap E_2)$ $\qquad$ Additionssatz für zwei Ereignisse

Zusammengesetzte Versuche; bedingte Wahrscheinlichkeit $\qquad A, B, E_i, F_i \subseteq S$

n-stufiger Versuch	Zusammenfassung von n (Teil-)Versuchen zu einem Versuch
Unabhängige Ereignisse	Das Eintreten des einen Ereignisses hat keinen Einfluß auf das Eintreten des anderen.
Bedingte Wahrscheinlichkeit $P_B(A)$	Wahrscheinlichkeit des Ereignisses A unter der Voraussetzung, daß B mit einer bestimmten Wahrscheinlichkeit bereits eingetreten ist

Pfadregel

Die Wahrscheinlichkeit für ein Elementarereignis bei einem mehrstufigen Zufallsversuch ist gleich dem Produkt der Wahrscheinlichkeiten längs des zugehörigen Pfades im Baumdiagramm.

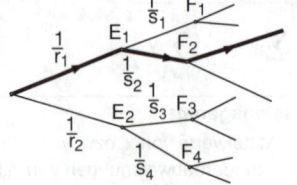

$$P(E_1 F_2 \ldots) = \frac{1}{r_1} \cdot \frac{1}{s_2} \cdot \ldots$$

Mathematik

Bedingte Wahrscheinlichkeit	
Definition	$P_B(A) = \dfrac{P(A \cap B)}{P(B)}$, falls $P(B) > 0$
Multiplikationssatz	$P(A \cap B) = P(B) \cdot P_B(A) = P(A) \cdot P_A(B)$, falls $P(B)$ bzw. $P(A) > 0$ Für unabhängige Ereignisse A, B gilt: $P_B(A) = P(A)$ und $P_A(B) = P(B) \;\Rightarrow\; P(A \cap B) = P(A) \cdot P(B)$

Zufallsgrößen und ihre Verteilung

Zufallsgröße X	Größe, die bei verschiedenen, unter gleichen Bedingungen durchgeführten Versuchen verschiedene Werte x_1, x_2, ... annehmen kann
Diskrete Zufallsgröße	X kann in einem Intervall nur endlich viele Werte annehmen.
Stetige Zufallsgröße	X kann in einem Intervall beliebig viele Werte annehmen.
Verteilung (Verteilungsgesetz) einer Zufallsgröße	Charakterisierung der Zufallsgröße durch die Werte, die sie annehmen kann, sowie deren Wahrscheinlichkeiten
Mittelwert (Erwartungswert) und Streuung	
Mittelwert einer diskreten Zufallsgröße	$\mu = \displaystyle\sum_{i=1}^{n} x_i p_i \qquad$ x_i Werte der Zufallsgröße $\phantom{\mu = \sum_{i=1}^{n} x_i p_i \qquad}$ p_i Wahrscheinlichkeit von $X = x_i$
Mittelwert einer stetigen Zufallsgröße	$\mu = \displaystyle\int_{-\infty}^{\infty} x \cdot f(x)\,dx \qquad$ $f(x)$ Dichtefunktion (Wahrscheinlichkeitsdichte)
Varianz einer diskreten Zufallsgröße	$V(X) = \sigma^2 = \displaystyle\sum_{i=1}^{n} (x_i - \mu)^2 p_i$
Standardabweichung	$\sigma = \sqrt{V(X)}$

Spezielle Verteilungen

Diskrete Gleichverteilung der Zufallsgröße X	Es gibt n verschiedene Stellen $x_1, ..., x_n$ mit $\quad P(X = x_i) = \dfrac{1}{n} \qquad (i = 1, 2, ..., n)$ $ $ und $\quad P(X = x) = 0, \qquad$ falls $x \neq x_i$
Hypergeometrische Verteilung	$P(X = k) = \dfrac{\dbinom{M}{k} \cdot \dbinom{N-M}{n-k}}{\dbinom{N}{n}} \qquad$ (N, M, n Parameter) Interpretation: Ziehen aus einer Urne (mit weißen u. schwarzen Kugeln) ohne Zurücklegen $\quad$ N $\quad$ Anzahl der Kugeln in der Urne $\quad$ M $\quad$ Anzahl der weißen Kugeln in der Urne $\quad$ n $\quad$ Anzahl der gezogenen Kugeln $\quad$ k $\quad$ Anzahl der gezogenen weißen Kugeln
Binomialverteilung (BERNOULLIsche oder NEWTONsche Verteilung)	$b(n; p; k) = P(X = k) = \dbinom{n}{k} p^k (1-p)^{n-k} \qquad$ (n, p Parameter) Interpretation: Ziehen aus einer Urne (mit weißen u. schwarzen Kugeln) mit Zurücklegen $\quad$ N $\quad$ Anzahl der Kugeln in der Urne $\quad$ p $\quad$ Anteil der weißen Kugeln in der Urne $\quad$ n $\quad$ Anzahl der gezogenen Kugeln $\quad$ k $\quad$ Anzahl der gezogenen weißen Kugeln Es gilt: $b(n; p; k) = b(n; 1-p; n-k)$
Mittelwert und Varianz	$\mu = n \cdot p \qquad\qquad \sigma = \sqrt{n \cdot p \,(1-p)}$

Binomiale Wahrscheinlichkeiten b(n;p;k)

n = 5

k \ p	0,01	0,02	0,05	0,10	0,15	0,20	0,25	0,30	0,35	0,40	0,45	0,50
0	0,951	904	774	590	444	328	237	168	116	078	050	031
1	0,048	092	204	328	392	410	396	360	312	259	206	156
2	0,001	004	021	073	138	205	264	309	336	346	337	313
3			001	008	024	051	088	132	181	230	276	313
4					002	006	015	028	049	077	113	156
5							001	002	005	010	018	031

n = 10

k \ p	0,01	0,02	0,05	0,10	0,15	0,20	0,25	0,30	0,35	0,40	0,45	0,50
0	0,904	817	599	349	197	107	056	028	013	006	003	001
1	0,091	167	315	387	347	268	188	121	072	040	021	010
2	0,004	015	075	194	276	302	282	233	176	121	076	044
3		001	010	057	130	201	250	267	252	215	166	117
4			001	011	040	088	146	200	238	251	238	205
5				001	008	026	058	103	154	201	234	246
6					001	006	016	037	069	111	160	205
7						001	003	009	021	042	075	117
8								001	004	011	023	044
9									001	002	004	010
10												001

n = 50

k \ p	0,01	0,02	0,05	0,10	0,15	0,20	0,25	0,30	0,35	0,40	0,45	0,50
0	0,605	364	077	005								
1	0,306	372	202	029	003							
2	0,076	186	261	078	011	001						
3	0,012	061	220	139	032	004						
4	0,001	015	136	181	066	013	002					
5		003	066	185	107	030	005	001				
6			026	154	142	055	012	002				
7			009	108	157	087	026	005	001			
8			002	064	149	117	046	011	002			
9			001	033	123	136	072	022	004	001		
10				015	089	140	099	039	009	001		
11				006	057	127	119	060	018	003		
12				002	033	103	129	084	032	008	001	
13				001	017	075	126	105	050	015	003	
14					008	050	111	119	071	026	006	001
15					003	030	089	122	092	042	012	002
16					001	016	065	115	109	061	021	004
17						008	043	098	117	081	034	009
18						004	026	077	116	099	051	016
19						002	015	056	105	111	070	027
20						001	008	037	088	115	089	042
21							004	023	067	109	104	060
22							002	013	048	096	112	079
23							001	007	031	078	112	096
24								003	019	058	103	108
25								001	011	040	087	112
26								001	006	026	069	108
27									003	015	050	096
28									001	008	034	079
29										004	021	060
30										002	012	042
31										001	006	027
32											003	016
33											001	009
34											001	004
35												002
36												001

b(50; 0,2; 6) = 0,055   b(50; 0,6; 32) = b(50; 0,4; 18) = 0,099

Näherungsformeln für die Binomialverteilung

Für den Fall, daß n sehr groß und p sehr klein ist, spricht man von einer **POISSONverteilung.**

$$b(n; p; k) = P(X = k) \approx \frac{\mu^k \cdot e^{-\mu}}{k!} \qquad \mu = n \cdot p$$

Von einer **GAUSSverteilung** spricht man, wenn bei einer Binomialverteilung die Anzahl n der Versuche unendlich groß wird und die Wahrscheinlichkeit p für das Erreichen eines Ereignisses fest bleibt (p = 0,5). Werden insbesondere $\mu = 0$ und $\sigma^2 = 1$ gewählt, so liegt die sogenannte **Normalverteilung** vor.

Lokale und globale Näherungsformel von LAPLACE:

$$b(n; p; k) \approx \frac{1}{\sigma} \cdot \varphi\left(\frac{k - \mu}{\sigma}\right) \qquad \text{mit } \varphi(z) = \frac{1}{\sqrt{2\pi}} \cdot e^{-\frac{1}{2}z^2}; \quad z = \frac{k - \mu}{\sigma}$$

$$P(a \leq X \leq b) \approx \Phi\left(\frac{b + 0,5 - \mu}{\sigma}\right) - \Phi\left(\frac{a - 0,5 - \mu}{\sigma}\right)$$

$$\Phi(X) = \int_{-\infty}^{x} \varphi(z)\, dz$$

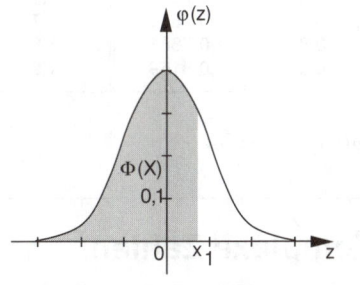

Funktionswerte φ(x) der Normalverteilung

x	0	1	2	3	4	5	6	7	8	9
0,0	0,399	399	399	399	399	398	398	398	398	397
0,1	0,397	397	396	396	395	394	394	393	393	392
0,2	0,391	390	389	389	388	387	386	385	384	383
0,3	0,381	380	379	378	377	375	374	373	371	370
0,4	0,368	367	365	364	362	361	359	357	356	354
0,5	0,352	350	349	347	345	343	341	339	337	335
0,6	0,333	331	329	327	325	323	321	319	317	314
0,7	0,312	310	308	306	303	301	299	297	294	292
0,8	0,290	287	285	283	280	278	276	273	271	268
0,9	0,266	264	261	259	256	254	252	249	247	244
1,0	0,242	240	237	235	232	230	228	225	223	220
1,1	0,218	215	213	211	208	206	204	201	199	197
1,2	0,194	192	190	187	185	183	180	178	176	174
1,3	0,171	169	167	165	163	160	158	156	154	152
1,4	0,150	148	146	144	141	139	137	135	133	131
1,5	0,130	128	126	124	122	120	118	116	115	113
1,6	0,111	109	107	106	104	102	101	099	097	096
1,7	0,094	092	091	089	088	086	085	083	082	080
1,8	0,079	078	076	075	073	072	071	069	068	067
1,9	0,066	064	063	062	061	060	058	057	056	055
2,0	0,054	053	052	051	050	049	048	047	046	045
2,1	0,044	043	042	041	040	040	039	038	037	036
2,2	0,036	034	034	033	033	032	031	030	030	029
2,3	0,029	027	027	026	026	025	025	024	024	023
2,4	0,022	021	021	021	020	020	019	019	018	018
2,5	0,018	017	017	016	016	016	015	015	014	014
3,0	0,004	004	004	004	004	004	004	004	004	003
3,5	0,001									

$$\varphi(x) = \frac{1}{\sqrt{2\pi}} \cdot e^{-\frac{1}{2}x^2} \qquad\qquad \varphi(1,24) = 0,185 \qquad\qquad \varphi(-x) = \varphi(x)$$

Mathematik

Funktionswerte Φ (x)

x	Φ (x)	x	Φ (x)	x	Φ (x)	x	Φ (x)
0,0	0,5000	1,0	0,8413	2,0	0,9772	3,0	0,9987
0,1	0,5398	1,1	0,8643	2,1	0,9821	3,1	0,9990
0,2	0,5793	1,2	0,8849	2,2	0,9861	3,2	0,9993
0,3	0,6179	1,3	0,9032	2,3	0,9893	3,3	0,9995
0,4	0,6555	1,4	0,9192	2,4	0,9918	3,4	0,9997
0,5	0,6915	1,5	0,9332	2,5	0,9938	3,5	0,9998
0,6	0,7258	1,6	0,9452	2,6	0,9953	3,6	0,9998
0,7	0,7580	1,7	0,9554	2,7	0,9965	3,7	0,9999
0,8	0,7881	1,8	0,9641	2,8	0,9974	3,8	0,9999
0,9	0,8159	1,9	0,9713	2,9	0,9981		

$$\Phi(X) = \int_{-\infty}^{x} \varphi(z)\, dz \qquad \Phi(1,2) = 0,8849 \qquad \Phi(-x) = 1 - \Phi(x)$$

Komplexe Zahlen

Nenner $\neq 0$

Normalform

$C = \{z | z = a + bi;\ a, b \in R \wedge i^2 = -1\}$

i … imaginäre Einheit
a … Realteil von z
b … Imaginärteil von z

$z = a + bi$ und $\bar{z} = a - bi$
(zueinander) konjugiert
komplexe Zahlen

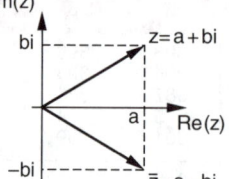

Rechenregeln
für $z_1 = a_1 + b_1 i$ und $z_2 = a_2 + b_2 i$

$z_1 \pm z_2 = (a_1 \pm a_2) + (b_1 \pm b_2)i$

$z_1 \cdot z_2 = (a_1 a_2 - b_1 b_2) + (a_1 b_2 + a_2 b_1)i$

$\dfrac{z_1}{z_2} = \dfrac{z_1 \cdot \bar{z}_2}{z_2 \cdot \bar{z}_2} = \dfrac{a_1 a_2 + b_1 b_2 + (a_2 b_1 - a_1 b_2)\,i}{a_2^2 + b_2^2}$ $z_2 \neq 0 + 0 \cdot i$

$z^2 = a^2 + 2abi - b^2$

$z^3 = a^3 + 3a^2 bi - 3ab^2 - b^3 i$

$z^4 = a^4 + 4\,a^3 bi - 6a^2 b^2 - 4ab^3 i + b^4$ u. s. w.

$(i^{4n} = 1,\ i^{4n+1} = i,\ i^{4n+2} = -1,\ i^{4n+3} = -i\ \ \text{für } n \in Z)$

Polarform

$C = \{z | z = r(\cos \varphi + i \sin \varphi);\ r \in R \wedge r \geq 0 \wedge 0 \leq \varphi < 2\pi \wedge i^2 = -1\}$

i … imaginäre Einheit
a … Betrag von z (|z|)
φ … Argument von z

Zusammenhänge:

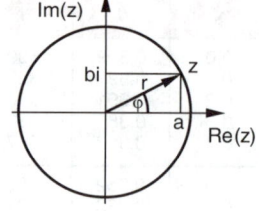

$r = \sqrt{a^2 + b^2} \qquad \tan \varphi = \dfrac{b}{a}$

$\cos \varphi = \dfrac{a}{r} \qquad \sin \varphi = \dfrac{b}{r}$

Rechenregeln
für $z_1 = r_1(\cos \varphi_1 + i \sin \varphi_1)$ und $z_2 = r_2(\cos \varphi_2 + i \sin \varphi_2)$

$z_1 \pm z_2 = (r_1 \cos \varphi_1 \pm r_2 \cos \varphi_2) + (r_1 \sin \varphi_1 \pm r_2 \sin \varphi_2)i$

$z_1 \cdot z_2 = r_1 \cdot r_2 [\cos(\varphi_1 + \varphi_2) + i \sin(\varphi_1 + \varphi_2)]$

$\dfrac{z_1}{z_2} = \dfrac{r_1}{r_2}[\cos(\varphi_1 - \varphi_2) + i \sin(\varphi_1 - \varphi_2)]$ $z_2 \neq 0 + 0 \cdot i$

$z^n = r^n (\cos n\varphi + i \sin n\varphi) \qquad n \in Z$, Satz von MOIVRE

$\sqrt[n]{z} = \sqrt[n]{r}\left(\cos \dfrac{\varphi + 2k\pi}{n} + i \sin \dfrac{\varphi + 2k\pi}{n}\right)$

$n \in N^*,\ k \in \{0;\ 1;\ 2;\ \dots;\ (n-1)\}$

$\overline{z + w} = \bar{z} + \bar{w} \qquad \overline{z \cdot w} = \bar{z} \cdot \bar{w} \qquad z + \bar{z} = 2a \qquad z - \bar{z} = 2bi \qquad z \cdot \bar{z} = a^2 + b^2 = |z|^2 = r^2$

Exponentialform

$C = \{z | z = r \cdot e^{i\varphi};\ e^{i\varphi} = \cos \varphi + i \sin \varphi\ \wedge\ r \in R\ \wedge\ r \geq 0\ \wedge\ 0 \leq \varphi < 2\pi\ \wedge\ i^2 = -1\}$

Rechenregeln für $z_1 = r_1 \cdot e^{i\varphi_1}$ und $z_2 = r_2 \cdot e^{i\varphi_2}$

$z_1 \cdot z_2 = r_1 \cdot r_2 e^{i(\varphi_1 + \varphi_2)}$

$z^n = r^n e^{in\varphi} \quad n \in Z$

$e^z = e^{a+bi} = e^a \cdot e^{bi} = e^a (\cos b + i \sin b)$

$\dfrac{z_1}{z_2} = \dfrac{r_1}{r_2} e^{i(\varphi_1 - \varphi_2)} \qquad z_2 \neq 0 + 0 \cdot i$

$e^{-i\varphi} = \cos \varphi - i \sin \varphi$

$e^{iz} = \cos z + i \sin z$

Datendarstellung

Dualsystem (Zweiersystem, dyadisches System, binäres System)

Grundziffern:	0, I	**Stellenwert:** Potenzen von 2	**Kennzeichnung:** b

Darstellungsform: $b_m b_{m-1} \ldots b_0, b_{-1} b_{-2} \ldots b_{-n} = \sum_{i=-n}^{m} b_i \cdot 2^i$ $m, n \in \mathbb{N}$ $b_i \in \{0; 1\}$

Anwendung: $\text{I0I0I,IIb} = 1 \cdot 2^4 + 0 \cdot 2^3 + 1 \cdot 2^2 + 0 \cdot 2^1 + 1 \cdot 2^0 + 1 \cdot 2^{-1} + 1 \cdot 2^{-2} = 16 + 0 + 4 + 0 + 1 + 0,5 + 0,25 = 21,75$

Addition	Grundaufgaben	$0 + 0 = 0$ $0 + I = I + 0 = I$ $I + I = I0$	$\begin{array}{r} I I I I \,b \\ + I 0 0 I I \,b \\ \hline I 0 0 0 I 0 \,b \end{array}$ $\qquad \begin{array}{r} 15 \\ +19 \\ \hline 34 \end{array}$
Komplementdarstellung (für negative ganze Zahlen)	$-Z = \neg Z + 1$ ($-Z$ wird als Differenz $2^n - Z$ dargestellt)	Z positive Dualzahl $\neg$ bitweise Negation	$\begin{array}{l} Z = 55 = 0 0 I I 0 I I I \,b \quad n = 8 \\ \neg Z = I I 0 0 I 0 0 0 \,b \\ -Z = \neg Z + 1 = I I 0 0 I 0 0 I \,b = 201 = 2^8 - 55 \end{array}$
Subtraktion	– entspricht der Addition des Komplements – der Übertrag der ersten Ziffer wird gestrichen		$\begin{array}{r} 85 \\ -55 \\ \hline 30 \end{array} \begin{array}{r} 0 I 0 I 0 I 0 I \,b \\ -0 0 I I 0 I I I \,b \\ \hline \end{array} = \begin{array}{r} 0 I 0 I 0 I 0 I \,b \\ +I I 0 0 I 0 0 I \,b \\ \hline 0 0 0 I I I I 0 \,b \end{array}$
Multiplikation	Grundaufgaben	$0 \cdot 0 = 0$ $0 \cdot I = I \cdot 0 = 0$ $I \cdot I = I$	$\begin{array}{l} I 0 I I 0 \cdot I I \\ \quad I 0 I I 0 \\ \quad\; I 0 I I 0 \\ \hline I 0 0 0 0 I 0 \end{array} \qquad \begin{array}{r} 22 \cdot 3 \\ \hline 66 \end{array}$

Einheiten der Datendarstellung

Bit	kleinste Einheit der Datendarstellung, kann 2 mögliche Werte annehmen (0/I, O/L, falsch/wahr, nein/ja Schalter geöffnet/Schalter geschlossen, Strom fließt nicht/Strom fließt; in der Technik auch L/H)
Byte	Zusammenfassung von 8 Bit zu einem Zeichen, dadurch können $2^8 = 256$ verschiedene Zeichen dargestellt werden. Jedes Byte kann in zwei Tetraden zerlegt werden, die jeweils durch eine Hexadezimalziffer codiert werden können. *Beispiel:* $26 = 0 0 0 I \mid I 0 I 0 \,b = 1A$ Auch Maßeinheit der Speicherkapazität: $1\ \text{kByte} = 2^{10}\ \text{Byte} = 1024\ \text{Byte}$ $\qquad$ $1\ \text{MByte} = 2^{20}\ \text{Byte} = 1048576\ \text{Byte}$
Word	Bitfolge der Länge 16; kann 16-stellige Dualzahlen codieren, nämlich die Zahlen von $0 = 0000000000000000\text{b}$ bis $65535 = \text{IIIIIIIIIIIIIIII} \,b$ oder die Zahlen von -2^{15} bis $2^{15} - 1$

Hexadezimalsystem

Grundziffern:	0,1,2,3,4,5,6,7,8,9,A,B,C,D,E,F	**Stellenwert:** Potenzen von 16	**Kennzeichnung:** h

Darstellungsform: $h_m h_{m-1} \ldots h_0, h_{-1} h_{-2} \ldots h_{-n} = \sum_{i=-n}^{m} h_i \cdot 16^i$ $m, n \in \mathbb{N}$ $h \in \{0; 1; \ldots ;9; A; B; \ldots ; F\}$

Anwendung: $14E,2\,h = 1 \cdot 16^2 + 4 \cdot 16^1 + 14 \cdot 16^0 + 2 \cdot 16^{-1} = 256 + 64 + 14 + 0,125 = 334,125$

Vergleich: dekadische Zahlen (z), Dualzahlen (Bitmuster, b), Hexadezimalzahlen (h)

z	b	h	z	b	h	z	b	h	z	b	h
0	00000000	00	10	0000I0I0	0A	20	000I0I00	14	30	000IIII0	1E
1	0000000I	01	11	0000I0II	0B	21	000I0I0I	15	31	000IIIII	1F
2	000000I0	02	12	0000II00	0C	22	000I0II0	16	32	00I00000	20
3	000000II	03	13	0000II0I	0D	23	000I0III	17	55	00II0III	37
4	00000I00	04	14	0000III0	0E	24	000II000	18	85	0I0I0I0I	55
5	00000I0I	05	15	0000IIII	0F	25	000II00I	19	99	0II000II	63
6	00000II0	06	16	000I0000	10	26	000II0I0	1A	100	0II00I00	64
7	00000III	07	17	000I000I	11	27	000II0II	1B	127	0IIIIIII	7F
8	0000I000	08	18	000I00I0	12	28	000III00	1C	128	I0000000	80
9	0000I00I	09	19	000I00II	13	29	000III0I	1D	255	IIIIIIII	FF

Inf

ASCII-Zeichen (erweiterter Code)

ASCII (American Standard Code for Information Interchange)

dez dezimaler Wert
437 Code-Tabelle 437
850 Code-Tabelle 850

Die Zeichen sind unter DOS und in den meisten Anwendungsprogrammen mit ALT + Dezimalwert (auf dem Ziffernblock der Tastatur) abrufbar.

dez	437	850	dez	437	850	dez	437	850	dez	437	850	dez	437	850	dez	437	850	dez	437	850	dez	437	850
			60	<	<	90	Z	Z	120	x	x	150	û	û	180	┤	┤	210	╥	Ê	240	≡	–
			61	=	=	91	[	[	121	y	y	151	ù	ù	181	╡	Á	211	╙	Ë	241	±	±
32			62	>	>	92	\	\	122	z	z	152	ÿ	ÿ	182	╢	Â	212	╘	È	242	≥	=
33	!	!	63	?	?	93	]	]	123	{	{	153	Ö	Ö	183	╖	À	213	╒	I	243	≤	¾
34	"	"	64	@	@	94	^	^	124	|	|	154	Ü	Ü	184	╕	©	214	╓	Í	244	⌠	¶
35	#	#	65	A	A	95	_	_	125	}	}	155	¢	ø	185	╣	╣	215	╫	Î	245	⌡	§
36	$	$	66	B	B	96	`	`	126	~	~	156	£	£	186	║	║	216	╪	Ï	246	÷	÷
37	%	%	67	C	C	97	a	a	127	⌂	⌂	157	¥	Ø	187	╗	╗	217	┘	┘	247	≈	ˇ
38	&	&	68	D	D	98	b	b	128	Ç	Ç	158	Pt	×	188	╝	╝	218	┌	┌	248	°	°
39	'	'	69	E	E	99	c	c	129	ü	ü	159	ƒ	ƒ	189	╜	¢	219	█	█	249	•	•
40	(	(	70	F	F	100	d	d	130	é	é	160	á	á	190	╛	¥	220	▄	▄	250	·	·
41	)	)	71	G	G	101	e	e	131	â	â	161	í	í	191	┐	┐	221	▌	|	251	√	1
42	*	*	72	H	H	102	f	f	132	ä	ä	162	ó	ó	192	└	└	222	▐	ì	252	ⁿ	3
43	+	+	73	I	I	103	g	g	133	à	à	163	ú	ú	193	┴	┴	223	▀	■	253	²	²
44	,	,	74	J	J	104	h	h	134	å	å	164	ñ	ñ	194	┬	┬	224	α	Ó	254	■	■
45	–	–	75	K	K	105	i	i	135	ç	ç	165	Ñ	Ñ	195	├	├	225	β	β	255		
46	.	.	76	L	L	106	j	j	136	ê	ê	166	ª	ª	196	─	─	226	Γ	Ô			
47	/	/	77	M	M	107	k	k	137	ë	ë	167	º	º	197	┼	┼	227	π	Ò			
48	0	0	78	N	N	108	l	l	138	è	è	168	¿	¿	198	╞	ã	228	Σ	õ			
49	1	1	79	O	O	109	m	m	139	ï	ï	169	⌐	®	199	╟	Ã	229	σ	Õ			
50	2	2	80	P	P	110	n	n	140	î	î	170	¬	¬	200	╚	╚	230	µ	µ			
51	3	3	81	Q	Q	111	o	o	141	ì	ì	171	½	½	201	╔	╔	231	τ	þ			
52	4	4	82	R	R	112	p	p	142	Ä	Ä	172	¼	¼	202	╩	╩	232	Φ	Þ			
53	5	5	83	S	S	113	q	q	143	Å	Å	173	¡	¡	203	╦	╦	233	Θ	Ú			
54	6	6	84	T	T	114	r	r	144	É	É	174	«	«	204	╠	╠	234	Ω	Û			
55	7	7	85	U	U	115	s	s	145	æ	æ	175	»	»	205	═	═	235	δ	Ù			
56	8	8	86	V	V	116	t	t	146	Æ	Æ	176	░	░	206	╬	╬	236	∞	ý			
57	9	9	87	W	W	117	u	u	147	ô	ô	177	▒	▒	207	╧	¤	237	φ	Ý			
58	:	:	88	X	X	118	v	v	148	ö	ö	178	▓	▓	208	╨	û	238	ε	¯			
59	;	;	89	Y	Y	119	w	w	149	ò	ò	179	│	│	209	╤	Ð	239	∩	´			

Die ersten 32 Zeichen (0 bis 31) sind im allgemeinen für die Steuerung reserviert.
Das Zeichen mit dem dezimalen Wert 32 ist das Leerzeichen.
Code-Tabelle 437 ist die gebräuchliche deutsche Tabelle, Code-Tabelle 850 der internationale Standard.

Datentypen

Datentyp	Bedeutung	Beispiele für konkrete Werte	mögliche Operationen, Relationen und Funktionen
integer	ganze Zahlen (im allgemeinen aus $[-2^{15}; 2^{15}-1]$)	-101 $\quad$ 0 $\quad$ 5 -66 $\quad$ 3000	+, −, * (Mult.), div (ganzzahlige Division), mod (Rest bei div), abs (Absolutbetrag), Vergleichsrelationen
real	rationale Näherungs-werte für reelle Zahlen Da der Computer nur endlich lange Zahlen-werte verarbeiten kann, sind die Zahlen ungleichmäßig verteilt.	$-26{,}53$ $\quad$ 0,03 $\quad$ 5 102,5 $\quad$ $-666{,}6$ $\quad$ 99 22,5E20 $(22{,}5 \cdot 10^{20})$ Ein Computer rechne auf 6 Stellen genau . $\Rightarrow$ In [0; 1[liegen 1 Mio Zahlen, in [999998; 999999[liegt nur eine Zahl, nämlich 999998.	+, −, *, / (Division), Vergleichsrelationen ($<$, $>$, $\leq$, $\geq$, $=$, $\neq$), verschiedene mathemati-sche Funktionen wie sqrt (Quadratwurzel), sin, ln, ... Die üblichen Rechengesetze (Assoziativ-gesetz, Distributivgesetz) gelten in der Menge der Computerzahlen nicht, was in Einzelfällen zu großen Rechenungenauig-keiten führen kann.
boolean (logical)	logische Werte	wahr $\quad$ falsch (true) $\quad$ (false)	NOT (nicht, $\neg$), AND (und, $\wedge$), OR (oder, $\vee$), IMPL (folgt, $\Rightarrow$)
char (character)	Zeichen (Ziffern, Buch-staben, Sonderzei-chen, Grafiksymbole)	9 $\quad$ 0 $\quad$ S c $\quad$ Y $\quad$ [Ø $\quad$ " $\quad$ Æ	ord (ordnet dem Zeichenwert die entspre-chende ASCII-Codezahl zu),chr (ordnet der Codezahl das entsprechende Zeichen zu)
string	Zeichenkette	Otto $\quad$ ee $\quad$ A1 1234+ $\quad$ 12627 Berlin	verschiedene Funktionen zur Aneinander-reihung, Wiederholung, Aussonderung, Suche und Längenbestimmung, Ver-gleichsrelationen

Datenstrukturen

Datenstruktur	Konstruktion und Bedeutung	Beispiele
Feld (array)	Zusammenfassung von Daten gleichen Typs (den Feldelementen) – in einer Reihe (eindimensionales Feld) – in Reihen und Spalten (z.B. zweidimensionales Feld) Jedes Feldelement ist durch Ordnungszahlen (Indizes) eindeutig festgelegt. Bei zweidimensionalen Feldern besitzt jedes Element 2 Indizes, bei dreidimensionalen Feldern 3 usw.	– Namensliste – Parameter eines Glei-chungssystems (als Matrix dargestellt) – Stichprobe
Verbund (record)	Zusammenfassung von Daten unterschiedlichen Typs Bei der Datenstruktur Verbund spricht man auch von einem **Daten-satz** (z.B. Angaben zu einer Person), der aus einzelnen **Datenfel-dern** (z.B. Name, PLZ, Wohnort, Straße, Telefon) besteht.	– Zusammenfassung von Warenbezeichnungen und Zahlen zu einer Preisliste – Personalien
File	sequentielle (aufeinanderfolgende) Zusammenfassung von Daten gleichen Typs Ein File kann ständig erweitert werden (dynamische Datenstruktur), und wird unter einem Namen auf Datenträgern abgespeichert.	– Namensliste – Zahlenfolge – Meßreihe
Baum	Die betrachteten Daten stehen nicht auf gleichem Niveau, es gibt über- und untergeordnete Daten. Jedes Datum auf einem gegebe-nen Niveau ist genau einem Datum von unmittelbar höherem Niveau unterstellt. Jedes Datum kann auf mehrere Daten des nächstniedrigeren Niveaus Bezug nehmen. Es gibt genau ein Datum, das keinen Vorgän-ger hat. Wurzel (root) — Knoten — Kante (Zweig) — Endknoten (Blatt)	– Generationsfolge einer Familie – baumartige Einteilung der Tierwelt – Notation von aufeinander-folgenden möglichen Ant-worten zum Lösen eines Problems, die nur „ja" oder „nein" lauten können (**binä-rer Baum**)

Algorithmik

Algorithmenstrukturen

a, a_1, a_2, a_n Anweisungen; b Bedingung erfüllt

Name	Darstellungsform		
	verbal formalisiert	grafisch (Struktogramm)	in einer Programmiersprache (PASCAL)

Folge (Verbundanweisung)	Anweisung 1
	Anweisung 2
	...
	Anweisung n
		Anweisung 1
		Anweisung 2
		…
		Anweisung n
			BEGIN
			  Anweisung 1;
			  ...
			END;

einseitige Auswahl	WENN Bedingung,
	  DANN Anweisung
		ja b nein
		a ·/.
			IF Bedingung
			  THEN Anweisung;

zweiseitige Auswahl (Alternative)	WENN Bedingung,
	  DANN Anweisung 1
	  SONST Anweisung 2
		ja b nein
		a_1 a_2
			IF Bedingung
			  THEN Anweisung 1
			  ELSE Anweisung 2;

mehrseitige Auswahl (Fallunterscheidung)	FALLS Selektor=
	  1: Anweisung 1
	  ...
	  n: Anweisung n
	ENDE
		1 2 Falls s =
		      n
		a_1 a_2 … a_n
			CASE Selektor OF
			  1: Anweisung 1;
			  ...
			  n: Anweisung n;
			END;

Wiederholung mit vorangestelltem Test (mit Eingangsbedingung)	SOLANGE b, FÜHRE
	  Anweisungen
	AUS
		Solange b
		tue a
			WHILE Bedingung DO
			  Anweisung oder Verbund;

Wiederholung mit nachgestelltem Test (mit Abbruchbedingung)	WIEDERHOLE
	  Anweisungen
	BIS b
		Wiederhole a
		bis b
			REPEAT
			  Anweisungen
			UNTIL b;

gezählte Wiederholung (Zählschleife)	FÜR i: = anfw BIS endw
	(mit SCHRITTWEITE s)
	  FÜHRE Anweisungen AUS
		Für i = anfw bis endw
		tue a
			FOR i := anfw TO endw DO
			  Anweisung oder Verbund;
			(für TO auch DOWNTO)

Unteralgorithmus (Prozedur) — Vereinbarung	(UNTERALG. Name)
	(Vereinbarungen zu Daten)
	BEGINN
	  Anweisungen
	ENDE
		(UA-Name)
		(Vereinbarungen)
		Beginn
		Anweisungen
		Ende
			PROCEDURE Bezeichner;
			  Deklarationsteil;
			BEGIN
			  Anweisungen
			END;

Unteralgorithmus (Prozedur) — Aufruf	RUFE Unteralgorithmus-Name	Rufe UA-Name	Prozedurbezeichner

Effizienz von Sortieralgorithmen

n Anzahl der zu sortierenden Elemente, $n \in N$; $A(n)$ Anzahl der Vergleiche, Aufwand

	Sortieren durch Auswahl (Minimumsort)	Sortieren durch Austausch (Ripplesort, Bubblesort)	Schnelles Sortieren (Quicksort)
Kurzbeschreibung	Aus einer Liste wird das kleinste Element herausgesucht und an die erste Stelle einer neuen Liste gesetzt. Die Restliste wird wieder nach dem kleinsten Element durchsucht, welches an die zweite Stelle der neuen Liste gesetzt wird usw.	Es werden fortlaufend 2 benachbarte Elemente (oder alle nachfolgenden Elemente mit dem ersten, zweiten, ...) verglichen und gegebenenfalls vertauscht.	Irgendein Element wird als „Trennelement" T genommen, und alle anderen Elemente werden davor (wenn sie kleiner oder gleich T sind) bzw. dahinter angeordnet. Mit den jeweils entstehenden Teilmengen wird ebenfalls so verfahren, bis alle Elemente an der richtigen Stelle stehen.
A(n)	$A(n) \sim n^2$	$A(n) \sim n^2$	$A(n) \sim n \cdot \lg n$

Elektrotechnik/Elektronik

Schaltzeichen

Symbol	Bezeichnung	Symbol	Bezeichnung	Symbol	Bezeichnung
	Galvanische Spannungsquelle (Batterie)		Stecker Buchse		Fotowiderstand
	Spannungsquelle		Schalter als Schließer Öffner		Kondensator
	Gleichspannung Wechselspannung		Taster als Schließer Öffner		Elektrolytkondensator
L_1 L_2 L_3 PEN	Drehstromnetz		Glühlampe		Drehkondensator
	Leitung		Glimmlampe		Diode
	Kreuzung von Leitungen ohne Verbindungen		Spule		LED
	Leitungsverzweigung: fest, lösbar		Spule mit Eisenkern		Fotoelement
	Verbindung mit Masse		Transformator		npn-Transistor
	Antenne		Dauermagnet		pnp-Transistor
	Verbindung mit Erde		Widerstand		Spannungsmeßgerät
	Schutzerdung		Stellbarer Widerstand		Stromstärkemeßgerät
	Schutzisolierung		NTC-Widerstand (Heißleiter)		Mikrofon
	Sicherung		PTC-Widerstand (Kaltleiter)		Wechselstrommotor
	Hörer		Generator		Handantrieb
	Lautsprecher		Wechselstromgenerator		Nockenantrieb
	Klingel		Motor		Kraftantrieb

Te

Logische Verknüpfungen

L low H high		UND (AND)	NAND	ODER (OR)	NOR	EXOR Entweder-Oder	NICHT (NEGATOR)	
		x_1 & y x_2	x_1 & y x_2	x_1 ≧1 y x_2	x_1 ≧1 y x_2	x_1 =1 y x_2	x 1 y	
x_1	x_2	y	y	y	y	y	x	y
L	L	L	H	L	H	L	L	H
H	L	L	H	H	L	H		
L	H	L	H	H	L	H		
H	H	H	L	H	L	L	H	L

Internationaler Farbcode für Widerstände der Reihen E6, E12, E24

Farbe	1. Ziffer	2. Ziffer	Multiplikator	Toleranz
Schwarz	0	0	x 1 Ω	–
Braun	1	1	x 10 Ω	± 1 %
Rot	2	2	x 100 Ω	± 2 %
Orange	3	3	x 1000 Ω	–
Gelb	4	4	x 10000 Ω	–
Grün	5	5	x 100000 Ω	–
Blau	6	6	x 1000000 Ω	–
Violett	7	7	–	–
Grau	8	8	–	–
Weiß	9	9	–	–
Gold	–	–	x 0,1 Ω	± 5 %
Silber	–	–	x 0,01 Ω	± 10 %

– 1. Ziffer
– 2. Ziffer
– Multiplikator
– Toleranz

Schaltungen der Elektrotechnik

Ersatzschaltung für einen einfachen Stromkreis

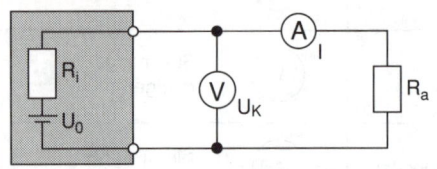

Spannungsquelle (aktiver Zweipol)   Außenwiderstand (passiver Zweipol)

Für die Klemmenspannung gilt: $U_K = U_o - (I \cdot R_i)$

Für die Stromstärke gilt: $I = \dfrac{U_0}{R_i + R_a}$

R_i Innenwiderstand der Spannungsquelle
U_0 Urspannung der Spannungsquelle
I Stromstärke
R_a Außenwiderstand
U_K Klemmenspannung

Leerlauf: $R_a \to \infty$ $I = 0$ $U_K = U_0$

Kurzschluß: $R_a \to 0$

$I = \dfrac{U_0}{R_i}$ $U_k \to 0$

Anpassung (maximale Leistung): $R_a = R_i$

Spannungsteilerschaltung (Potentiometerschaltung)

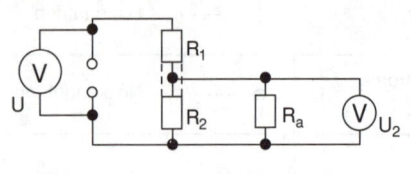

U Gesamtspannung
U_2 Teilspannung
R_1, R_2 Teilwiderstände
R_a Lastwiderstand

$$\frac{U_2}{U} = \frac{R_2}{R_1 + R_2 + \dfrac{R_1 \cdot R_2}{R_a}}$$

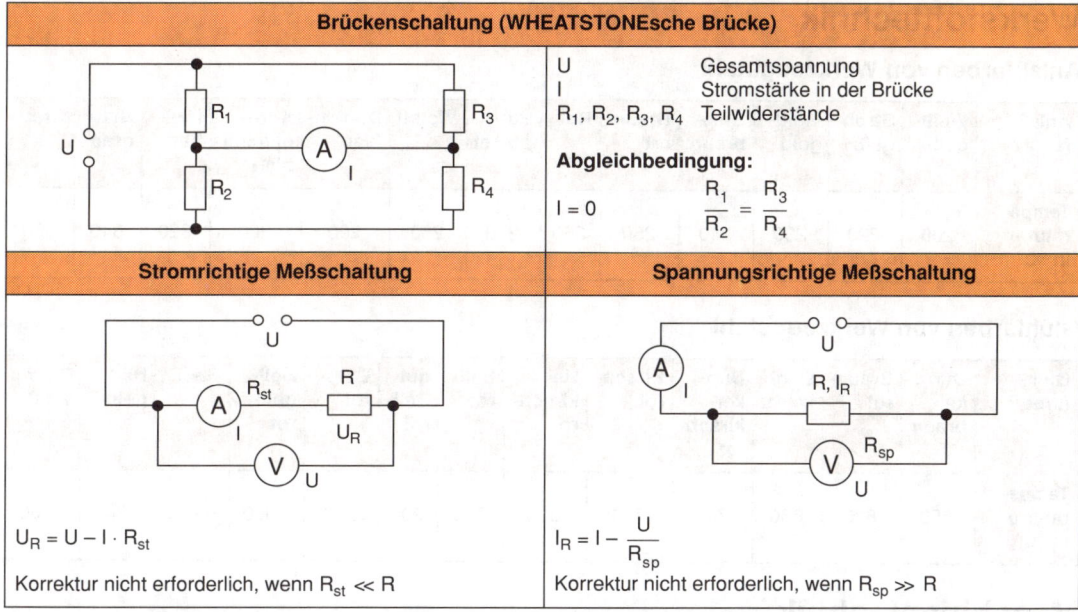

Brückenschaltung (WHEATSTONEsche Brücke)

U	Gesamtspannung
I	Stromstärke in der Brücke
R_1, R_2, R_3, R_4	Teilwiderstände

Abgleichbedingung:

$$I = 0 \qquad \frac{R_1}{R_2} = \frac{R_3}{R_4}$$

Stromrichtige Meßschaltung

$$U_R = U - I \cdot R_{st}$$

Korrektur nicht erforderlich, wenn $R_{st} \ll R$

Spannungsrichtige Meßschaltung

$$I_R = I - \frac{U}{R_{sp}}$$

Korrektur nicht erforderlich, wenn $R_{sp} \gg R$

Schaltungen eines Drehstromgenerators

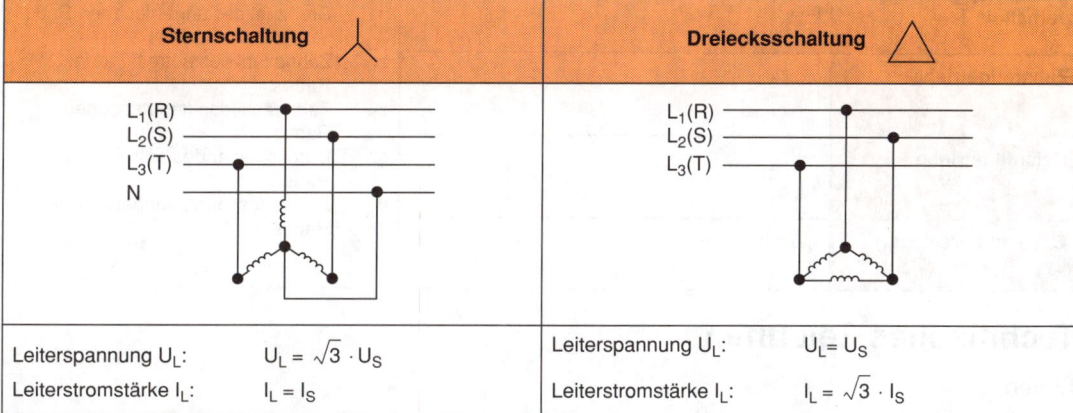

Sternschaltung

Leiterspannung U_L: $\qquad U_L = \sqrt{3} \cdot U_S$

Leiterstromstärke I_L: $\qquad I_L = I_S$

Dreiecksschaltung

Leiterspannung U_L: $\qquad U_L = U_S$

Leiterstromstärke I_L: $\qquad I_L = \sqrt{3} \cdot I_S$

Transistor (npn-Transistor)

Stromstärke	$I_E = I_B + I_C$
Stromverstärkungsfaktor B	$B = \dfrac{\Delta I_C}{\Delta I_B}$
Verlustleistung P_V	$P_V = I_C \cdot U_{CE}$

I_E	Emitterstromstärke
I_B	Basisstromstärke
I_C	Kollektorstromstärke
U_{BE}	Basis-Emitter-Spannung
U_{CE}	Kollektor-Emitter-Spannung

Arbeitslehre/Technik

Werkstofftechnik

Anlaßfarben von Werkzeugstahl

Anlaß-farbe	Weiß-gelb	Stroh-gelb	Gold-gelb	Gelb-braun	Braun-rot	Rot	Pur-purrot	Violett	Dunkel-blau	Korn-blumen-blau	Hell-blau	Blau-grau	Grau
Tempe-ratur ϑ in °C	200	220	230	240	250	260	270	280	290	300	320	340	360

Glühfarben von Werkzeugstahl

Glüh-farbe	Dun-kel-braun	Braun-rot	Dun-kelrot	Dun-kel-kirsch-rot	Kirsch-rot	Hell-kirsch-rot	Hell-rot	gut Hell-rot	Gelb-rot	Hell-gelb-rot	Gelb	Hell-gelb	Gelb-weiß
Tempe-ratur ϑ in °C	550	630	680	740	780	810	850	900	950	1000	1100	1200	1300

Maschinentechnik

Übersetzungs-verhältnis i	$i = \dfrac{n_1}{n_2}$	n_1 Drehzahl des antreibenden Rades n_2 Drehzahl des angetriebenen Rades
Zahnradgetriebe	$i = \dfrac{z_2}{z_1}$	z_1 Zähnezahl des antreibenden Rades z_2 Zähnezahl des angetriebenen Rades
Reibradgetriebe	$i = \dfrac{d_2}{d_1}$	d_1 Durchmesser des antreibenden Rades d_2 Durchmesser des angetriebenen Rades
Gesamtübersetzung i_{ges}	$i_{ges} = i_1 \cdot i_2 \cdot \ldots \cdot i_n$	

Technisches Zeichnen

Linien

Linienart	Bezeichnung	Liniengruppe I	II	III	IV	Verwendung
———	Breite Vollinie	0,5	0,7	1,0	1,4	Begrenzung von Schnittflächen
——	Schmale Vollinie	0,265	0,35	0,5	0,7	Sichtbare Kanten und Umrisse
——	Feine Vollinie	0,18	0,25	0,35	0,5	Maßlinien, Maßhilfslinien, Hinweislinien, Bezugslinien, Schraffurlinien
- - - -	Schmale Strichlinie	0,25	0,35	0,5	0,5	Verdeckte Kanten und Umrisse
—·—·—	Breite Strichpunktlinie	0,5	0,7	1,0	1,4	Kennzeichnung des Schnittverlaufs
—·—·—	Feine Strichpunktlinie	0,18	0,25	0,35	0,5	Mittellinien, Adern
··········	Punktlinie	0,25	0,35	0,5	0,7	Bauteile vor oder über der Schnittebene
～～	Freihandlinie					Bruchlinien

Stoffkennzeichnende Schraffur

Stoffart	Schraffur	Stoffart	Schraffur	Stoffart	Schraffur
Metall		Glas		Kunststoff Gummi	
Holz Faser quer		Holz Faser längs		Flüssigkeiten	
Beton		Stahlbeton		Dämmstoffe	
Sand		Kies		Boden	
Tür		Fenster		Esse	oder

Papierformate

Format	A0	A1	A2	A3	A4	A5	A6
Maße in mm	841 × 1189	594 × 841	420 × 594	297 × 420	210 × 297	148 × 210	105 × 148

Standardisierte Maßstäbe – Auswahl

Vergrößerung	Natur	Verkleinerung
500 : 1	1 : 1	1 : 2
200 : 1		1 : 5
100 : 1		1 : 10
50 : 1		1 : 20
20 : 1		1 : 50
10 : 1		1 : 100
5 : 1		1 : 200
2 : 1		1 : 500

Perspektivische Körperdarstellung

Isometrische Projektion (Isometrie)	Dimetrische Projektion (Dimetrie)	Frontal-dimetrische Projektion (Kavalierperspektive)
$a : b : c = 1 : 1 : 1$	$a : b : c = 1 : 1 : \frac{1}{2}$	$a : b : c = 1 : 1 : \frac{1}{2}$

Erhaltungssätze

Energieerhal-tungssatz	$E = \sum\limits_{i=1}^{n} E_i = \text{konstant}$ Unter der Bedingung reibungsfreier mechanischer Vorgänge gilt: $E_{pot} + E_{kin} = \text{konstant}$	E E_{pot} E_{kin}	Energie potentielle Energie kinetische Energie
Satz von der Erhaltung der Masse	Unter der Bedingung $v \ll c$ gilt für Körper: $m = \sum\limits_{i=1}^{n} m_i = \text{konstant}$	v c m	Geschwindigkeit der Körper Lichtgeschwindigkeit (S. 11) Masse
Impulserhaltungssatz	$\vec{p} = \sum\limits_{i=1}^{n} \vec{p}_i = \text{konstant}$ $\vec{p} = \sum\limits_{i=1}^{n} m_i \cdot \vec{v}_i = \text{konstant}$	p m v	Impuls Masse Geschwindigkeit
Drehimpulserhaltungs-satz	$\vec{L} = \sum\limits_{i=1}^{n} \vec{L}_i = \text{konstant}$ $\vec{L} = \sum\limits_{i=1}^{n} J_i \cdot \vec{\omega}_i = \text{konstant}$	L J ω	Drehimpuls (Drall) Trägheitsmoment (S. 12 f.) Winkelgeschwindigkeit
Satz von der Erhaltung der Ladung	$Q = \sum\limits_{i=1}^{n} Q_i = \text{konstant}$	Q	elektrische Ladung

Mechanik

Kräfte in der Mechanik

Gewichtskraft F_G	$F_G = m \cdot g$	m g μ F_N	Masse Fallbeschleunigung (S. 11) Reibungszahl (S. 12) Normalkraft
Reibungskraft F_R	$F_R = \mu \cdot F_N$		
Radialkraft F_r	$F_r = m \cdot \dfrac{v^2}{r}$ $F_r = m \cdot \omega^2 \cdot r$	v r ω	Bahngeschwindigkeit Kreisbahnradius Winkelgeschwindigkeit
Federspannkraft F_s	$F_s = D \cdot s$	D s	Federkonstante Dehnung der Feder
Auftriebskraft F_A	$F_A = \rho \cdot V \cdot g$	ρ V	Dichte (S. 11 f.) Volumen

Vektorielle Zusammensetzung und Zerlegung von Kräften S. 52

Physik

NEWTONsche Gesetze

1. NEWTONsches Gesetz (Wechselwirkungsgesetz)	$\vec{F}_1 = -\vec{F}_2$	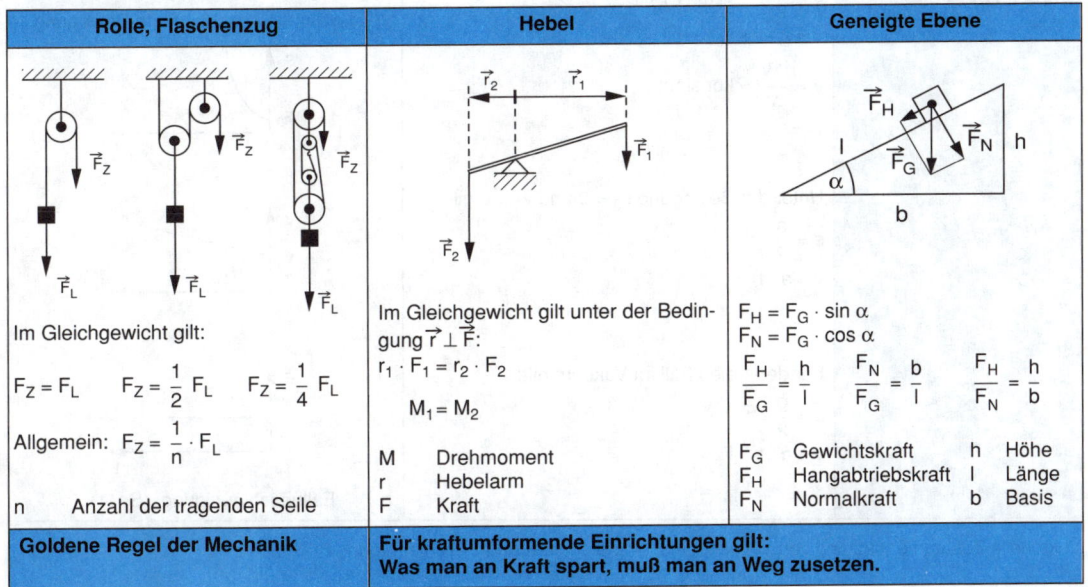
2. NEWTONsches Gesetz (NEWTONsches Grundgesetz)	$\vec{F} = m \cdot \vec{a}$	F Kraft m Masse a Beschleunigung
3. NEWTONsches Gesetz (Trägheitsgesetz)	Unter der Bedingung $\sum \vec{F}_{äuß} = \vec{0}$ gilt: $\vec{v}$ = konstant	$F_{äuß}$ äußere Kräfte, die auf einen Körper (ein System) wirken v Geschwindigkeit

Drehmoment und Gleichgewichte

Drehmoment M	$\vec{M} = \vec{r} \times \vec{F}$ Unter der Bedingung $\vec{r} \perp \vec{F}$ gilt: $M = r \cdot F$	r Hebelarm F Kraft
Gleichgewicht am Hebel	$\sum_{i=1}^{n} \vec{M}_i = \vec{0}$ $\sum \vec{M}_1 = \sum \vec{M}_r$	M_i Drehmomente M_1 linksdrehende Drehmomente M_r rechtsdrehende Drehmomente
Kräftegleichgewicht	$\sum_{i=1}^{n} \vec{F}_i = \vec{0}$	$\vec{F}_i$ Kräfte

Ph1

Kraftumformende Einrichtungen

Rolle, Flaschenzug	Hebel	Geneigte Ebene
Im Gleichgewicht gilt: $F_Z = F_L$ $F_Z = \frac{1}{2} F_L$ $F_Z = \frac{1}{4} F_L$ Allgemein: $F_Z = \frac{1}{n} \cdot F_L$ n Anzahl der tragenden Seile	Im Gleichgewicht gilt unter der Bedingung $\vec{r} \perp \vec{F}$: $r_1 \cdot F_1 = r_2 \cdot F_2$ $M_1 = M_2$ M Drehmoment r Hebelarm F Kraft	$F_H = F_G \cdot \sin \alpha$ $F_N = F_G \cdot \cos \alpha$ $\frac{F_H}{F_G} = \frac{h}{l}$ $\frac{F_N}{F_G} = \frac{b}{l}$ $\frac{F_H}{F_N} = \frac{h}{b}$ F_G Gewichtskraft h Höhe F_H Hangabtriebskraft l Länge F_N Normalkraft b Basis

Goldene Regel der Mechanik	**Für kraftumformende Einrichtungen gilt: Was man an Kraft spart, muß man an Weg zusetzen.**

Physik

Verformungen, HOOKEsches Gesetz

Elastische Dehnung ε	$\varepsilon = \dfrac{\Delta l}{l_0}$	Δl l_0	Längenänderung Ausgangslänge
Mechanische Spannung σ	$\sigma = \dfrac{F}{A}$	F A	Zugkraft Querschnittsfläche
HOOKEsches Gesetz	$\sigma = E \cdot \varepsilon$	E	Elastizitätsmodul (S. 13)
HOOKEsches Gesetz für eine Feder	$F = D \cdot s$	F D s	Kraft Federkonstante Dehnung der Feder

Translation starrer Körper

Beliebige Bewegung	$\vec{s} = \displaystyle\int_{t_1}^{t_2} \vec{v}(t)\,dt$ $\vec{v} = \displaystyle\int_{t_1}^{t_2} \vec{a}(t)\,dt \qquad \vec{v} = \dfrac{d\vec{s}}{dt}$ $\vec{a} = \dfrac{d\vec{v}}{dt} = \dfrac{d^2\vec{s}}{dt^2}$	s Weg v Geschwindigkeit a Beschleunigung t Zeit Gleichförmige Kreisbewegung:
Gleichförmige Bewegung **geradlinige Bewegung**	$s = v_0 \cdot t + s_0$ $v = \dfrac{\Delta s}{\Delta t}$ $a = 0$	
Kreisbewegung	$v = \dfrac{2\pi \cdot r}{T} = 2\pi \cdot r \cdot n \qquad a_r = \dfrac{v^2}{r}$	s_0 Anfangsweg bei $t_0 = 0$ r Radius T Umlaufzeit n Drehzahl v_0 Anfangsgeschwindigkeit
Gleichmäßig beschleunigte Bewegung	$s = \dfrac{a}{2} \cdot t^2 + v_0 \cdot t + s_0$ $v = a \cdot t + v_0$ $a = \dfrac{\Delta v}{\Delta t} = \text{konstant}$ Unter der Bedingung $s_0 = 0$ und $v_0 = 0$ gilt: $s = \dfrac{a}{2} \cdot t^2$ $v = a \cdot t$ Für den freien Fall im Vakuum gilt: $s = \dfrac{g}{2} \cdot t^2$ $v = g \cdot t$	Gleichmäßig beschleunigte Bewegung: g Fallbeschleunigung (S. 11)

Vektorielle Zusammensetzung von Wegen, Geschwindigkeiten und Beschleunigungen S. 52

Würfe

Senkrechter Wurf	$y = \pm v_0 \cdot t - \dfrac{g}{2} \cdot t^2$ $v = \pm v_0 - g \cdot t$ Steigzeit: $t_h = \dfrac{v_0}{g}$ Steighöhe: $s_h = \dfrac{v_0^2}{2g}$	nach oben nach unten
Waagerechter Wurf	$x = v_0 \cdot t$ $y = -\dfrac{g}{2} \cdot t^2$ $v = \sqrt{v_0^2 + g^2 \cdot t^2}$ Wurfparabel: $y = -\dfrac{g}{2v_0^2} \cdot x^2$	v Geschwindigkeit v_0 Anfangsgeschwindigkeit g Fallbeschleunigung (S. 11) t Zeit
Schräger Wurf	$x = v_0 \cdot t \cdot \cos\alpha$ $y = -\dfrac{g}{2} \cdot t^2 + v_0 \cdot t \cdot \sin\alpha$ $v = \sqrt{v_0^2 + g^2 \cdot t^2 - 2v_0 \cdot g \cdot t \cdot \sin\alpha}$ Wurfparabel: $y = \tan\alpha \cdot x - \dfrac{g}{2v_0^2 \cdot \cos^2\alpha} \cdot x^2$ Wurfweite: $s_w = \dfrac{v_0^2 \cdot \sin 2\alpha}{g}$ Wurfhöhe: $s_h = \dfrac{v_0^2 \cdot \sin^2\alpha}{2g}$	α Abwurfwinkel

Rotation starrer Körper

Beliebige Rotation	$\vec{\sigma} = \displaystyle\int_{t_1}^{t_2} \vec{\omega}(t)\, dt$ $\vec{\omega} = \displaystyle\int_{t_1}^{t_2} \vec{\alpha}(t)\, dt$ $\vec{\omega} = \dfrac{d\vec{\sigma}}{dt}$ $\vec{\alpha} = \dfrac{d\vec{\omega}}{dt} = \dfrac{d^2\vec{\sigma}}{dt^2}$	σ Winkel ω Winkelgeschwindigkeit α Winkelbeschleunigung t Zeit σ_0 Anfangswinkel T Umlaufzeit
Gleichförmige Rotation	$\sigma = \omega \cdot t + \sigma_0$ $\omega = \dfrac{\Delta\sigma}{\Delta t}$ $\omega = \dfrac{2\pi}{T} = 2\pi \cdot n$ $\alpha = 0$	n Drehzahl ω_0 Anfangswinkelgeschwindigkeit Gleichmäßig beschleunigte Rotation:
Gleichmäßig beschleunigte Rotation	$\sigma = \dfrac{\alpha}{2} \cdot t^2 + \omega_0 \cdot t + \sigma_0$ $\omega = \alpha \cdot t + \omega_0$ $\alpha = \dfrac{\Delta\omega}{\Delta t} = \text{konstant}$ Unter der Bedingung $\sigma_0 = 0$ und $\omega_0 = 0$ gilt: $\sigma = \dfrac{\alpha}{2} \cdot t^2$ $\omega = \alpha \cdot t$	

Trägheitsmoment J (S. 12)	$J = \int r^2 \, dm$ Für einen Massepunkt gilt: $J = r^2 \cdot m$	
Satz von STEINER	Unter der Bedingung, daß die Achsen durch A und S parallel sind, gilt: $J_A = J_S + m \cdot s^2$	m · · · Masse r · · · Abstand des Massepunktes von der Drehachse J · · · Trägheitsmoment (S. 12 f.) J_S · · · Trägheitsmoment bei Drehachse durch Schwerpunkt S
Grundgesetz für die Rotation	$\vec{M} = J \cdot \vec{\alpha}$	
Rotationsenergie E	$E = \dfrac{1}{2} J \cdot \omega^2$	J_A · · · Trägheitsmoment bei Drehachse durch Punkt A s · · · Abstand zwischen den Drehachsen M · · · Drehmoment α · · · Winkelbeschleunigung ω · · · Winkelgeschwindigkeit

Zusammenhänge zwischen Größen der Translation und der Rotation

Translation	Zusammenhang	Rotation
Weg s	$s = \sigma \cdot r$	Winkel σ
Geschwindigkeit v	$v = \omega \cdot r$	Winkelgeschwindigkeit ω
Beschleunigung a	$a = \alpha \cdot r$	Winkelbeschleunigung α

Impuls und Drehimpuls

Impuls p	$\vec{p} = m \cdot \vec{v}$ $\vec{\Delta p} = m \cdot \vec{\Delta v}$ $\vec{\Delta p} = \int_{t_1}^{t_2} \vec{F}(t)\, dt$ $\vec{\Delta p} = \vec{F} \cdot \Delta t$	m · · · Masse v · · · Geschwindigkeit F · · · Kraft t · · · Zeit
Kraftstoß I	$\vec{I} = \vec{\Delta p}$	
Drehimpuls L	$\vec{L} = J \cdot \vec{\omega}$ $\vec{\Delta L} = \int_{t_1}^{t_2} \vec{M}(t)\, dt$ $\vec{\Delta L} = \vec{M} \cdot \Delta t$	J · · · Trägheitsmoment (S. 12 f.) ω · · · Winkelgeschwindigkeit M · · · Drehmoment

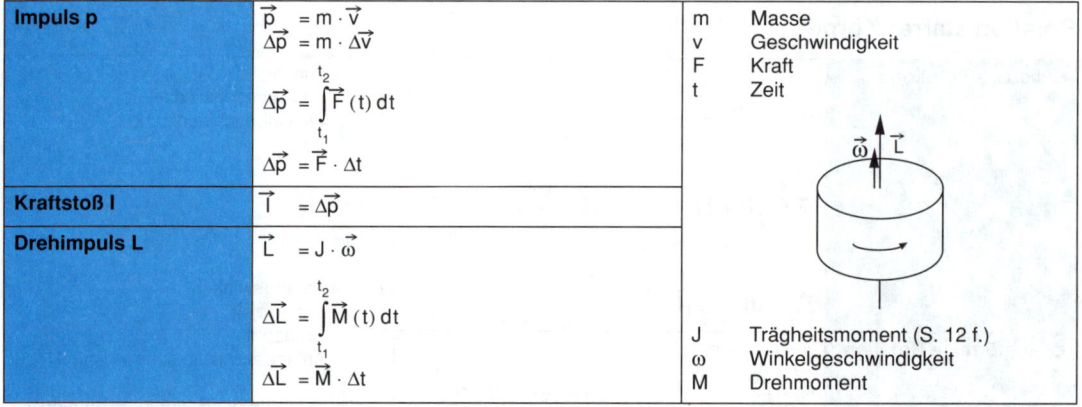

Stöße

Elastischer Stoß (ideal)	$u_1 = \dfrac{(m_1 - m_2)\, v_1 + 2m_2 \cdot v_2}{m_1 + m_2}$ $u_2 = \dfrac{(m_2 - m_1)\, v_2 + 2m_1 \cdot v_1}{m_1 + m_2}$	m_1, m_2 · · · Massen der Körper v_1, v_2 · · · Geschwindigkeiten vor dem Stoß u, u_1, u_2 · · · Geschwindigkeiten nach dem Stoß
Unelastischer Stoß (ideal)	$u = \dfrac{m_1 \cdot v_1 + m_2 \cdot v_2}{m_1 + m_2}$	

Mechanische Arbeit

Mechanische Arbeit W	$W = \int\limits_{s_1}^{s_2} \vec{F}(s)\, d\vec{s}$ Unter der Bedingung $\vec{F}$ = konstant gilt für $\sphericalangle(\vec{F}, \vec{s}) = \alpha$: $\quad W = F \cdot s \cdot \cos\alpha$ $\sphericalangle(\vec{F}, \vec{s}) = 0$: $\quad\; W = F \cdot s$	F	Kraft
		s	Weg

Hubarbeit	$W = F_G \cdot s$	F_G	Gewichtskraft
Beschleunigungsarbeit	$W = F_B \cdot s$	F_B	beschleunigende Kraft
Reibungsarbeit	$W = F_R \cdot s$	F_R	Reibungskraft
Federspannarbeit	$W = \dfrac{1}{2} F_E \cdot s = \dfrac{1}{2} D \cdot s^2$	F_E D	Endkraft (maximale Kraft) Federkonstante
Arbeit im Gravitations-feld	$W = G \cdot m_1 \cdot m_2 \left(\dfrac{1}{r_1} - \dfrac{1}{r_2} \right)$ $W = G \cdot m_1 \cdot m_2 \cdot \int\limits_{r_1}^{r_2} \dfrac{1}{r^2} dr$	G m_1, m_2 r_1, r_2	Gravitationskonstante (S. 11) Massen der Körper Abstände der Massenmittel-punkte voneinander
Volumenarbeit (Ausdehnungsarbeit)	$W = \int\limits_{V_1}^{V_2} p(V)\, dV$	p V	Druck Volumen

Mechanische Energie

Potentielle Energie E_{pot} (Energie der Lage)	eines Körpers in der Nähe der Erdoberfläche: $E_{pot} = F_G \cdot h$ einer gespannten Feder: $E_{pot} = \dfrac{1}{2} F_E \cdot s$	F_G h F_E s	Gewichtskraft Höhe Endkraft (maximale Kraft) Dehnung der Feder
Kinetische Energie E_{kin} (Energie der Bewegung)	der Translation eines starren Körpers: $E_{kin} = \dfrac{1}{2} m \cdot v^2$ eines rotierenden starren Körpers: $E_{kin} = \dfrac{1}{2} J \cdot \omega^2$	m v J ω	Masse Geschwindigkeit Trägheitsmoment (S. 12 f.) Winkelgeschwindigkeit

Ph1

Mechanische Leistung und Wirkungsgrad

Mechanische Leistung P	$P = \dfrac{dW}{dt} \qquad\qquad P = \dfrac{W}{t}$ Unter der Bedingung v = konstant und F = konstant bzw. M = konstant und ω = kon-stant gilt: $P = \dfrac{F \cdot s}{t} = F \cdot v \qquad P = M \cdot \omega$	W t F s v M ω	verrichtete Arbeit Zeit Kraft Weg Geschwindigkeit Drehmoment Winkelgeschwindigkeit
Wirkungsgrad η	$\eta = \dfrac{E_{ab}}{E_{zu}} \qquad \eta = \dfrac{W_{ab}}{W_{zu}} \qquad \eta = \dfrac{P_{ab}}{P_{zu}}$	E_{ab}, W_{ab}, P_{ab} E_{zu}, W_{zu}, P_{zu}	abgegebene (nutzbare) Energie, Arbeit, Leistung zugeführte (aufgewen-dete) Energie, Arbeit, Lei-stung
Gesamtwirkungsgrad η_G	$\eta_G = \eta_1 \cdot \eta_2 \cdot \ldots \cdot \eta_n$	$\eta_1, \eta_2, \ldots$ Teilwirkungsgrade	

Physik

Dichte und Druck

Dichte ρ	$\rho = \dfrac{m}{V}$	m Masse V Volumen F Kraft A Fläche
Druck p	$p = \dfrac{F}{A}$	
Schweredruck p	$p = \dfrac{F_G}{A} = \dfrac{m \cdot g}{A}$ $p = \rho \cdot h \cdot g$	
Barometrische Höhen-formel	$p = p_0 \cdot e^{\left(-\frac{\rho_0 \cdot g}{p_0} \cdot h\right)}$	ρ Dichte der Flüssigkeit oder des Gases (S. 11 f.) h Höhe g Fallbeschleunigung (S. 11) p Druck e EULERsche Zahl (S. 11)
Auftriebskraft F_A	$F_A = \rho \cdot V \cdot g$	
Hydraulische und pneumatische Anlagen	$\dfrac{F_1}{A_1} = \dfrac{F_2}{A_2}$	 F_1, F_2 Kräfte an den Kolben A_1, A_2 Flächeninhalte der Querschnittsflächen der Kolben

Strömende Flüssigkeiten und Gase

Kontinuitätsgleichung	$A_1 \cdot v_1 = A_2 \cdot v_2$ $\dfrac{dm}{dt} = \text{konstant}$	A Fläche v Geschwindigkeit der Strömung m Masse t Zeit
BERNOULLIsche Gleichung	$p_s + p + p_{St} = \text{konstant}$ $p_S + \rho \cdot g \cdot h + \dfrac{1}{2}\rho \cdot v^2 = \text{konstant}$	p_s statischer Druck p Schweredruck p_{St} Staudruck ρ Dichte (S. 11 f.) g Fallbeschleunigung (S. 11) h Höhe
HAGEN-POISEUILLE-sches Gesetz für laminare Strömung	$\dfrac{V}{t} = \dfrac{\pi \cdot r^4}{8\eta} \cdot \dfrac{\Delta p}{l}$	V Volumen t Zeit r Innenradius des Rohres η Dynamische Viskosität (S. 13) Δp Druckdifferenz l Rohrlänge F_W Strömungswiderstandskraft einer Kugel
Mittlere Strömungsge-schwindigkeit $\bar{v}$ bei laminarer Strömung	$\bar{v} = \dfrac{r^2}{8 \cdot \eta} \cdot \dfrac{\Delta p}{l}$	
STOKESsches Gesetz für stationäre, laminare Strömung	$F_W = 6\pi \cdot \eta \cdot r_K \cdot v$	r_K Radius der Kugel v Geschwindigkeit der Strömung bzw. des Körpers
Strömungswider-standskraft F_{WL} bei Körpern	$F_{WL} = \dfrac{1}{2} c_w \cdot A \cdot \rho \cdot v^2$	c_w Luftwiderstandszahl (S. 12) A umströmte Querschnittsfläche ρ Dichte (S. 11 f.)

Physik

Mechanische Schwingungen und Wellen

Weg-Zeit-Gesetz einer harmonischen Schwingung	$y = \hat{y} \cdot \sin(\omega \cdot t + \varphi_0)$	y	Auslenkung
		$\hat{y}$	Amplitude
		t	Zeit
Geschwindigkeit-Zeit-Gesetz einer harmonischen Schwingung	$v = \dfrac{dy}{dt} = y'$	ω	Kreisfrequenz
		φ_0	Phasenwinkel
	$v = \hat{y} \cdot \omega \cdot \cos(\omega \cdot t + \varphi_0)$		
Beschleunigung-Zeit-Gesetz einer harmonischen Schwingung	$a = \dfrac{dv}{dt} = \dfrac{d^2 y}{dt^2} = y''$		
	$a = -\hat{y} \cdot \omega^2 \cdot \sin(\omega \cdot t + \varphi_0)$	v	Geschwindigkeit
Kraftgesetze für harmonische Schwingungen	$F = -D \cdot y$ $M = -D \cdot \sigma$	a	Beschleunigung
		F	Kraft
		D	Richtgröße (Federkonstante)
Energie eines harmonischen Oszillators	$E = \dfrac{1}{2} D \cdot \hat{y}^2$	M	Drehmoment
		σ	Winkel
		m	Masse
	$E = \dfrac{1}{2} m \cdot \omega^2 \cdot \hat{y}^2$		
Gedämpfte Schwingungen	$y = \hat{y} \cdot e^{-\delta \cdot t} \cdot \sin(\omega \cdot t + \varphi_0)$		
Periodendauer T	Unter der Bedingung kleiner Auslenkwinkel gilt:		
eines Fadenpendels	$T = 2\pi \sqrt{\dfrac{l}{g}}$		
eines Federschwingers	$T = 2\pi \sqrt{\dfrac{m}{D}}$	e	EULERsche Zahl (S. 11)
		δ	Abklingkoeffizient
		l	Länge
eines Torsionspendels	$T = 2\pi \sqrt{\dfrac{J}{D}}$	g	Fallbeschleunigung (S. 11)
		m	Masse des Körpers
		J	Trägheitsmoment (S. 12 f.)
eines physischen Pendels	$T = 2\pi \cdot \sqrt{\dfrac{J}{m \cdot g \cdot a}}$	a	Abstand der Drehachse vom Schwerpunkt
Wellengleichung	$y = \hat{y} \cdot \sin 2\pi \left(\dfrac{t}{T} - \dfrac{x}{\lambda} \right)$	y	Auslenkung
		$\hat{y}$	Amplitude
		t	Zeit
		x	Ort
Energiedichte w einer Welle	$w = \dfrac{1}{2} \cdot \rho \cdot \omega^2 \cdot \hat{y}^2$	λ	Wellenlänge
		T	Periodendauer
		ρ	Dichte des Mediums (S. 11 f.)
Energie E, die durch eine Welle transportiert wird	$E = \dfrac{1}{2} \cdot \rho \cdot \omega^2 \cdot \hat{y}^2 \cdot A \cdot c \cdot t$	ω	Kreisfrequenz
		A	Flächeninhalt
		c	Ausbreitungsgeschwindigkeit

Ph1

Entstehung von mechanischen Schwingungen und Ausbreitung von mechanischen Wellen

Grundfrequenz f einer schwingenden Saite	$f = \dfrac{1}{2l} \sqrt{\dfrac{F}{\rho \cdot A}}$	l	Länge der Saite bzw. Länge der schwingenden Luftsäule
einer offenen Pfeife	$f = \dfrac{c}{2l}$	F	Spannkraft
		ρ	Dichte (S. 11 f.)
		A	Querschnittsfläche
einer geschlossenen Pfeife	$f = \dfrac{c}{4l}$	c	Schallgeschwindigkeit (S. 14)

Physik

Schallgeschwindigkeit c **in Gasen**	$c = \sqrt{\kappa \cdot \dfrac{p}{\rho}}$	κ p ρ	Adiabatenkoeffizient $c_p : c_V$ (S. 15) Druck Dichte (S. 11 f.)
in Flüssigkeiten	$c = \sqrt{\dfrac{1}{\rho \cdot \alpha}}$	α	Kompressibilitätskoeffizient
in festen Stoffen	$c = \sqrt{\dfrac{E}{\rho}}$	E	Elastizitätsmodul (S. 13)
Ausbreitungsgeschwin- **digkeit c von Wellen** **(Phasengeschwin-** **digkeit)**	$c = \lambda \cdot f$	λ f	Wellenlänge (S. 19) Frequenz
Schallintensität I	$I = \dfrac{E}{t \cdot A}$ $I = \dfrac{P}{A}$	E t A P	Schallenergie Zeit Flächeninhalt, durch den die Ener- gie E transportiert wird Leistung
Lautstärkepegel L_N	$L_N = 10 \cdot \lg \dfrac{I}{I_0}$	I_0	Schallintensität bei der Hör- schwelle (10^{-12} W $\cdot$ m^{-2} bei 1000 Hz)
Schalldruckpegel L_A	$L_A = 20 \cdot \lg \dfrac{p}{p_0}$	p p_0	Schalldruck Schalldruck bei der Hörschwelle ($2 \cdot 10^{-10}$ bar bei 1000 Hz)

Gravitation und Bewegungen im Gravitationsfeld

Gravitationsgesetz	$F = G \cdot \dfrac{m_1 \cdot m_2}{r^2}$		
Gravitationsfeldstärke **G***	$G^* = \dfrac{F}{m}$ Unter der Bedingung, daß sich ein Körper in der Nähe der Erdoberfläche befindet, gilt: $G^* = g$	G F m g	Gravitationskonstante (S. 11) Kraft auf einen Körper im Gravita- tionsfeld Masse Fallbeschleunigung (S. 11)
Arbeit im Gravitations- **feld**	$W = G \cdot m_1 \cdot m_2 \left(\dfrac{1}{r_1} - \dfrac{1}{r_2} \right)$ Im homogenen Feld gilt: $W = m \cdot g \cdot h$	r_1, r_2 h	Abstände der Massenmittelpunkte voneinander Höhe
1. KEPLERsches **Gesetz**	Alle Planeten bewegen sich auf elliptischen Bahnen, in deren einem Brennpunkt die Sonne steht.		
2. KEPLERsches **Gesetz**	Der Quotient aus der von einem Leitstrahl über- strichenen Fläche und der dazu erforderlichen Zeit ist konstant. $\dfrac{A_1}{t_1} = \dfrac{A_2}{t_2} = \dfrac{A}{t}$ = konstant		
3. KEPLERsches **Gesetz**	$\dfrac{T_1^2}{T_2^2} = \dfrac{a_1^3}{a_2^3}$	Die Quadrate der Umlaufzeiten zweier Planeten verhalten sich wie die dritten Potenzen der großen Halbachsen ihrer Bahnen.	

1. kosmische Geschwindigkeit	$v = \sqrt{\dfrac{G \cdot m}{r}}$ $v_{Erde} = 7,9 \ \dfrac{km}{s}$	G	Gravitationskonstante (S. 11)
		m	Masse des Zentralkörpers (der Erde)
		r	Abstand des Körpers vom Mittelpunkt des Zentralkörpers (der Erde)
2. kosmische Geschwindigkeit	$v = \sqrt{\dfrac{2G \cdot m}{r}}$ $v_{Erde} = 11,2 \ \dfrac{km}{s}$		

Wärmelehre

Wärme und Energie

Wärme Q (Wärmemenge)	Unter der Bedingung, daß keine Aggregatzustandsänderung auftritt, gilt: $Q = c \cdot m \cdot \Delta\vartheta$ Bei Gasen ist zu unterscheiden zwischen: c_p für p = konstant (S. 15) c_V für V = konstant (S. 15)	c	spezifische Wärmekapazität (S. 14 f.)
		m	Masse
		ϑ	Temperatur
		p	Druck
		V	Volumen
Wärmekapazität C_{th} (Wärmeinhalt eines Körpers)	$C_{th} = \dfrac{Q}{\Delta\vartheta}$ $C_{th} = c \cdot m$		
Verbrennungswärme Q	$Q = H \cdot m$ Für gasförmige Stoffe gilt auch: $Q = H' \cdot V_n$	H	Heizwert (S. 16)
		H'	Heizwert in $MJ \cdot l^{-1}$ (S. 16)
		V_n	Volumen im Normzustand
Leistung von Wärmequellen P_{th} (thermische Leistung)	$P_{th} = \dfrac{Q_{ab}}{t}$	Q_{ab}	abgegebene (nutzbare) Wärme
		t	Zeit
Wirkungsgrad η von Wärmequellen	$\eta = \dfrac{Q_{ab}}{Q_{zu}}$	Q_{zu}	zugeführte (aufgewandte) Wärme
Thermischer Wirkungsgrad η	Unter den Bedingungen eines CARNOT-Prozesses gilt: $\eta = \dfrac{Q_{zu} + Q_{ab}}{Q_{zu}}$ $\eta = 1 - \dfrac{T_{ab}}{T_{zu}}$	T_{zu}	Temperatur, bei der Q zugeführt wurde
		T_{ab}	Temperatur, bei der Q abgegeben wurde
Leistungszahl ε_K einer Kältemaschine	$\varepsilon_K = \dfrac{Q}{W}$ Unter den Bedingungen eines CARNOT-Prozesses gilt: $\varepsilon_K = \dfrac{1}{\eta}$	Q	dem Kühlraum entzogene Wärme
		W	Arbeit des Kompressors

Ph2

Physik

Hauptsätze der Thermodynamik

1. Hauptsatz der Thermodynamik	$\Delta U = Q + W$	Q	Wärme
		W	Arbeit
Innere Energie U	$U = N \cdot \bar{E}_K$ Für das ideale Gas gilt: $U = c_V \cdot m \cdot T$	N	Anzahl der Teilchen
		$\bar{E}_K$	mittlere kinetische Energie der Teil-chen
		c_V	spezifische Wärmekapazität des Ga-ses bei konstantem Volumen (S. 15)
Kalorische Zustands-gleichung	Unter der Bedingung V = konstant gilt: $\Delta U = c_V \cdot m \cdot \Delta T$	m	Masse
		T	Temperatur
Grundgleichung der Wärmelehre	Unter der Bedingung p = konstant gilt: $Q = c_p \cdot m \cdot \Delta T$	c_p	spezifische Wärmekapazität des Gases bei konstantem Druck (S. 15)
Volumenarbeit W	$W = \int\limits_{V_1}^{V_2} p\,(V)\ dV$ Unter der Bedingung p = konstant gilt: $W = p \cdot \Delta V$		
Enthalpie H (Wärmeinhalt)	$H = U + p \cdot V$ Für das ideale Gas gilt: $H = c_p \cdot m \cdot T$		
Entropie S	$\Delta S = \dfrac{Q_{rev}}{T}$ $\qquad$ $\Delta S = k \cdot \ln W$	p	Druck
		V	Volumen
2. Hauptsatz der Thermodynamik	$\Delta S \geq 0$ Für reversible Prozesse gilt: $\quad \Delta S = 0$ Für irreversible Prozesse gilt: $\quad \Delta S > 0$	Q_{rev}	reversibel aufgenommene Wärme
		k	BOLTZMANN-Konstante (S. 11)
		W	thermodynamische Wahrscheinlich-keit

Wärmeübertragung und Wärmeaustausch

Wärmeleitung	Unter der Bedingung einer stationären Wär-meleitung (ΔT = konstant) gilt: $Q = \dfrac{\lambda \cdot A \cdot t \cdot \Delta T}{l}$		
Wärmeleitwiderstand R_λ	$R_\lambda = \dfrac{l}{\lambda \cdot A}$	Q	Wärme
		λ	Wärmeleitfähigkeit (S. 15)
		A	Flächeninhalt der Querschnittsfläche
Wärmestrom Φ_{th}	$\Phi_{th} = \dfrac{Q}{t}$	t	Zeit
		T	Temperatur
		l	Länge des Wärmeleiters
Wärmeübergang	Unter der Bedingung ΔT = konstant gilt: $Q = \alpha \cdot A \cdot t \cdot \Delta T$		
Wärmedurchgang	Unter der Bedingung ΔT = konstant gilt: $Q = k \cdot A \cdot t \cdot \Delta T$ Unter der Bedingung, daß die Wärmeübertra-gung durch eine einschichtige Wand hindurch erfolgt, gilt: $\dfrac{1}{k} = \dfrac{1}{\alpha_1} + \dfrac{1}{\alpha_2} + \dfrac{1}{\lambda}$	α	Wärmeübergangskoeffizient (S. 15)
		k	Wärmedurchgangskoeffizient (S. 15)
Grundgesetz des Wärmeaustauschs	$Q_{zu} = Q_{ab}$	Q_{zu}	zugeführte (aufgenommene) Wärme
		Q_{ab}	abgegebene Wärme
RICHMANNsche Mischungsregel	Unter der Bedingung, daß keine Aggregatzu-standsänderung auftritt, gilt: $\vartheta_M = \dfrac{c_1 \cdot m_1 \cdot \vartheta_1 + c_2 \cdot m_2 \cdot \vartheta_2}{c_1 \cdot m_1 + c_2 \cdot m_2}$	ϑ_M	Mischungstemperatur
		ϑ_1, ϑ_2	Ausgangstemperaturen der Körper
		c_1, c_2	spezifische Wärmekapazitäten der Stoffe (S. 14)
		m_1, m_2	Massen der Körper

Thermisches Verhalten von Körpern

Aggregatzustandsänderungen

Schmelzwärme Q_s (Erstarrungswärme)	$Q_s = q_s \cdot m$	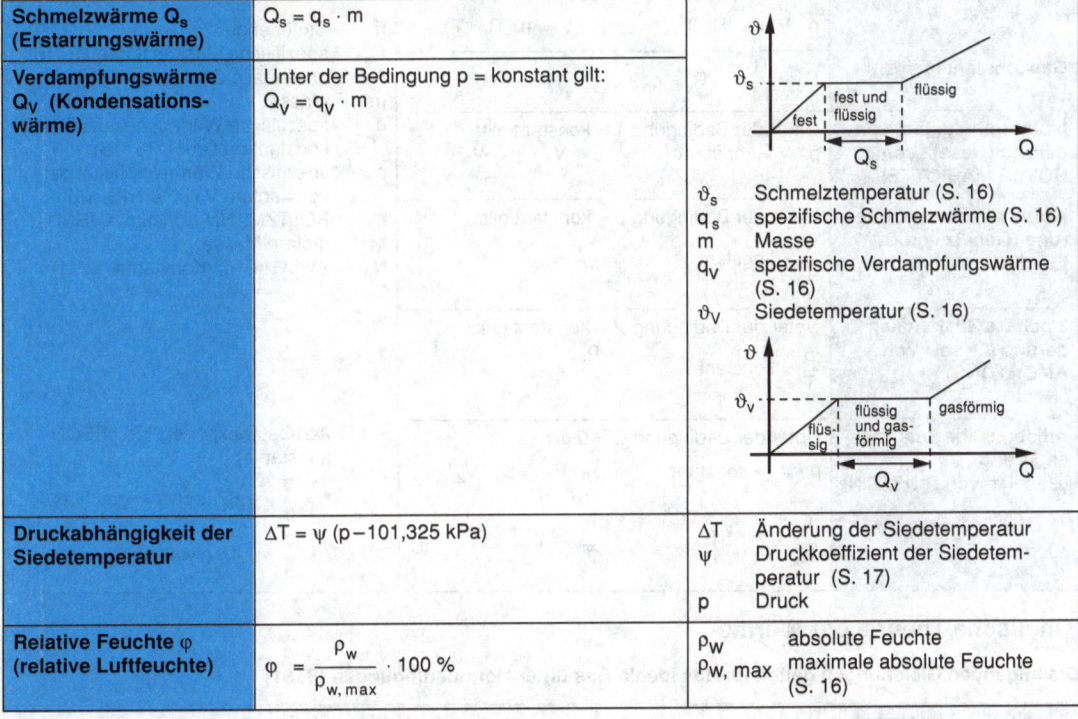
Verdampfungswärme Q_V (Kondensationswärme)	Unter der Bedingung p = konstant gilt: $Q_V = q_v \cdot m$	

ϑ_s	Schmelztemperatur (S. 16)
q_s	spezifische Schmelzwärme (S. 16)
m	Masse
q_v	spezifische Verdampfungswärme (S. 16)
ϑ_V	Siedetemperatur (S. 16)

Druckabhängigkeit der Siedetemperatur	$\Delta T = \psi \, (p - 101{,}325 \text{ kPa})$	ΔT Änderung der Siedetemperatur ψ Druckkoeffizient der Siedetemperatur (S. 17) p Druck
Relative Feuchte φ (relative Luftfeuchte)	$\varphi = \dfrac{\rho_w}{\rho_{w,\,max}} \cdot 100\,\%$	ρ_w absolute Feuchte $\rho_{w,\,max}$ maximale absolute Feuchte (S. 16)

Thermisches Verhalten fester, flüssiger und gasförmiger Körper

Längenänderung fester Körper Δl	$\Delta l = \alpha \cdot l_0 \cdot \Delta \vartheta$	α Längenausdehnungskoeffizient (S. 14) l_0 Ausgangslänge
Volumenänderung fester und flüssiger Körper ΔV	$\Delta V = \gamma \cdot V_0 \cdot \Delta \vartheta$ Für feste Körper gilt: $\gamma = 3 \cdot \alpha$	ϑ Temperatur γ Volumenausdehnungskoeffizient (S. 14)
Volumenänderung realer Gase (Gesetz von GAY-LUSSAC)	Unter der Bedingung p = konstant gilt: $\Delta V = \gamma \cdot V_0 \cdot \Delta \vartheta$ $V = V_0 \, (1 + \gamma \cdot \Delta \vartheta)$	V_0 Ausgangsvolumen
Druckänderung realer Gase (Gesetz von AMONTONS)	Unter der Bedingung V = konstant gilt: $\Delta p = \beta \cdot p_0 \cdot \Delta \vartheta$ $p = p_0 \, (1 + \beta \cdot \Delta \vartheta)$	β Spannungskoeffizient p_0 Ausgangsdruck p Druck
VAN DER WAALSsche Zustandsgleichung	$\left(p + \dfrac{a \cdot n^2}{V^2}\right) \cdot (V - b \cdot n) = n \cdot R \cdot T$	a, b VAN DER WAALSsche Konstanten (S. 17) V Volumen R universelle Gaskonstante (S. 11) T Temperatur n Stoffmenge

Ph2

Thermisches Verhalten des idealen Gases

Normzustand des idealen Gases	$\vartheta_n = 0\,°\text{C} \qquad T_n = 273{,}15\text{ K}$ $p_n = 1{,}013\,25 \cdot 10^5 \text{ Pa}$ $V_n = 2{,}2414 \cdot 10^{-2}\text{ m}^3 \cdot \text{mol}^{-1}$ $\gamma = \dfrac{1}{273{,}15} \cdot \text{K}^{-1}$ $\beta = \gamma$	ϑ_n, T_n Normtemperatur p_n Normdruck V_n molares Normvolumen γ Volumenausdehnungskoeffizient β Spannungskoeffizient

Physik

Thermische Zustands-gleichung des idealen Gases	Unter der Bedingung m = konstant gilt: $\dfrac{p \cdot V}{T} = \text{konstant}$ $\dfrac{p_1 \cdot V_1}{T_1} = \dfrac{p_2 \cdot V_2}{T_2}$ $p \cdot V = n \cdot R \cdot T$ $p \cdot V = m \cdot R_s \cdot T$	V p T n R_s R m c_p c_V	Volumen Druck Temperatur Stoffmenge spezifische Gaskonstante (S. 15) universelle Gaskonstante (S. 11) Masse spezifische Wärmekapazität bei konstantem Druck (S. 15) spezifische Wärmekapazität bei konstantem Volumen (S. 15)
Gaskonstanten	$R_s = \dfrac{R}{M}$ $R_s = c_p - c_v$ $R = k \cdot N_A$		
Isotherme Zustandsän-derung (Gesetz von BOYLE-MARIOTTE)	Unter der Bedingung T = konstant gilt: $p \cdot V = \text{konstant}$ $p_1 \cdot V_1 = p_2 \cdot V_2$	k M N_A	BOLTZMANN-Konstante (S. 11) molare Masse AVOGADRO-Konstante (S. 11)
Isobare Zustandsände-rung (Gesetz von GAY-LUSSAC)	Unter der Bedingung p = konstant gilt: $\dfrac{V}{T} = \text{konstant}$ $\dfrac{V_1}{T_1} = \dfrac{V_2}{T_2}$		
Isochore Zustandsän-derung (Gesetz von AMONTONS)	Unter der Bedingung V = konstant gilt: $\dfrac{p}{T} = \text{konstant}$ $\dfrac{p_1}{T_1} = \dfrac{p_2}{T_2}$		
Adiabatische Zustands-änderung (Gesetze von POISSON)	Unter der Bedingung Q = 0 gilt: $p \cdot V^\kappa = \text{konstant}$ $p_1 \cdot V_1^{\kappa} = p_2 \cdot V_2^{\kappa}$ $\dfrac{T_1}{T_2} = \left(\dfrac{V_2}{V_1}\right)^{\kappa-1}$ $\dfrac{T_1}{T_2} = \left(\dfrac{p_1}{p_2}\right)^{\frac{\kappa-1}{\kappa}}$	κ	Adiabatenexponent (POISSON-konstante) $\kappa = \dfrac{5}{3} \approx 1{,}67$ (einatomiges Gas) $\kappa = \dfrac{7}{5} \approx 1{,}40$ (zweiatomiges Gas)

Kinetische Theorie der Wärme

Die folgenden Gleichungen gelten für das ideale Gas unter Normbedingungen (S. 81)

Anzahl der Gasteilchen N	$N = N_A \cdot n$	n N_A	Stoffmenge AVOGADRO-Konstante (S. 11)
Molares Volumen V_m	$V_m = \dfrac{V}{n}$	V	Volumen
Molare Masse M	$M = \dfrac{m}{n}$	m	Masse
Masse eines Teilchens m_T	$m_T = \dfrac{m}{N}$ $m_T = \dfrac{M}{N_A}$		
Mittlere Geschwindig-keit der Teilchen $\bar{v}$	$\bar{v} \approx \sqrt{\overline{v^2}}$ $\bar{v} = \sqrt{\dfrac{3 \cdot R \cdot T}{M}} = \sqrt{3 \cdot R_s \cdot T}$	R R_s T v	universelle Gaskonstante (S. 11) spezifische Gaskonstante (S. 15) Temperatur in K Geschwindigkeit
Wahrscheinlichste Geschwindigkeit der Teilchen v_W	$v_W = \dfrac{\sqrt{\pi}}{2} \cdot \bar{v} \approx 0{,}886 \cdot \bar{v}$		
Mittlere kinetische Energie der Teilchen $\overline{E_K}$	$\overline{E_K} = \dfrac{3}{2} k \cdot T$	k	BOLTZMANN-Konstante (S. 11)
Grundgleichung der kinetischen Gastheorie	$p \cdot V = \dfrac{1}{3} \cdot N \cdot m_T \cdot \overline{v^2}$ $p \cdot V = N \cdot k \cdot T$ $p \cdot V = \dfrac{2}{3} \cdot N \cdot \overline{E_K}$		
Innere Energie U	$U = N \cdot \overline{E_K}$ $U = \dfrac{1}{2} f \cdot n \cdot R \cdot T$	f	Anzahl der Freiheitsgrade (f = 3 für einatomiges Gas, f = 5 für zweiatomiges Gas)

Elektrizitätslehre

Einfacher Gleichstromkreis

Elektrische Spannung U	$U = \varphi_1 - \varphi_2$	φ_1 elektrisches Potential im Punkt 1 φ_2 elektrisches Potential im Punkt 2 Q elektrische Ladung t Zeit
Elektrische Stromstärke I	$I = \dfrac{dQ}{dt}$ Unter der Bedingung eines stationären Stromes (I = konstant) gilt: $I = \dfrac{Q}{t}$	
Elektrischer Widerstand R	$R = \dfrac{U}{I}$	
Elektrischer Leitwert G	$G = \dfrac{1}{R}$	U_0 Urspannung der Spannungsquelle
Elektrische Leistung P	$P = U \cdot I$	
Elektrische Arbeit W	$W = P \cdot t$	
OHMsches Gesetz	Unter der Bedingung ϑ = konstant gilt: $U \sim I,\ \dfrac{U}{I}$ = konstant	
Widerstandsgesetz	Unter der Bedingung ϑ = konstant gilt: $R = \dfrac{\rho \cdot l}{A}$	ϑ Temperatur ρ spezifischer elektrischer Widerstand (S. 17) l Länge des Leiters A Flächeninhalt der Querschnittsfläche
Elektrische Leitfähigkeit γ (κ)	$\gamma = \dfrac{1}{\rho}$	R_ϑ Widerstand bei der Temperatur ϑ R_{20} Widerstand bei 20 °C
Temperaturabhängigkeit des elektrischen Widerstands	$\Delta R = \alpha \cdot R_{20} \cdot \Delta\vartheta$ mit $\Delta\vartheta = \vartheta - 20\ ^\circ C$ $R_\vartheta = R_{20}(1 + \alpha \cdot \Delta\vartheta)$	α Temperaturkoeffizient (Temperaturbeiwert) (S. 17)

Unverzweigter und verzweigter Gleichstromkreis

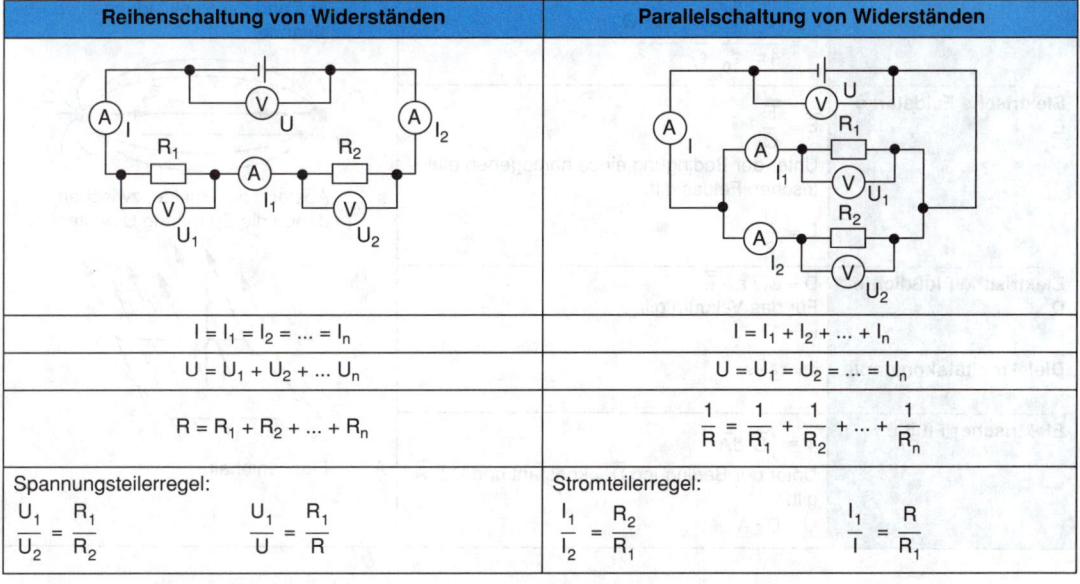

Reihenschaltung von Widerständen	Parallelschaltung von Widerständen
$I = I_1 = I_2 = \ldots = I_n$	$I = I_1 + I_2 + \ldots + I_n$
$U = U_1 + U_2 + \ldots U_n$	$U = U_1 = U_2 = \ldots = U_n$
$R = R_1 + R_2 + \ldots + R_n$	$\dfrac{1}{R} = \dfrac{1}{R_1} + \dfrac{1}{R_2} + \ldots + \dfrac{1}{R_n}$
Spannungsteilerregel: $\dfrac{U_1}{U_2} = \dfrac{R_1}{R_2}$ $\dfrac{U_1}{U} = \dfrac{R_1}{R}$	Stromteilerregel: $\dfrac{I_1}{I_2} = \dfrac{R_2}{R_1}$ $\dfrac{I_1}{I} = \dfrac{R}{R_1}$

Physik

Reihenschaltung von Spannungsquellen	Parallelschaltung von Spannungsquellen
$U = U_1 + U_2 + ... + U_n$	Unter der Bedingung gleicher Spannungsquellen gilt: $U = U_1 = U_2 = ... = U_n$
1. KIRCHHOFFsches Gesetz (Knotenpunktsatz)	**2. KIRCHHOFFsches Gesetz (Maschensatz)**
$\sum I_{zu} = \sum I_{ab} \qquad \sum_{k=1}^{n} I_k = 0$	$\sum_{i=1}^{n} U_i = \sum_{i=1}^{n} R_i \cdot I_i = \sum_{k=1}^{m} U_{0,k}$

Elektrisches Feld

Elektrische Ladung Q	$Q = N \cdot e$ $Q = \int_{t_1}^{t} I(t)\,dt$	N — Anzahl der Elektronen e — Elementarladung (S. 11) I — Stromstärke t — Zeit F — Kraft
COULOMBsches Gesetz	Unter der Bedingung, daß Punktladungen vorliegen, gilt: $F = \dfrac{1}{4\pi \cdot \varepsilon_0 \cdot \varepsilon_r} \dfrac{Q_1 \cdot Q_2}{r^2}$	ε_0 — elektrische Feldkonstante (S. 11) ε_r — Dielektrizitätszahl (S. 18) r — Abstand der Punktladungen voneinander
Elektrische Feldstärke E	$\vec{E} = \dfrac{\vec{F}}{Q}$ Unter der Bedingung eines homogenen elektrischen Feldes gilt: $E = \dfrac{U}{s}$	 s — Abstand der Punkte, zwischen denen die Spannung U besteht
Elektrische Flußdichte D	$\vec{D} = \varepsilon_0 \cdot \varepsilon_r \cdot \vec{E}$ Für das Vakuum gilt: $\varepsilon_r = 1$	
Dielektrizitätskonstante ε	$\varepsilon = \varepsilon_0 \cdot \varepsilon_r$	
Elektrischer Fluß ψ	$\psi = \int \vec{D}\,d\vec{A}$ Unter der Bedingung $\vec{D}$ = konstant und $\vec{D} \parallel \vec{A}$ gilt: $\psi = D \cdot A$	A — Flächeninhalt

Physik

Elektrisches Potential φ	$\varphi = \dfrac{W}{Q}$ $\qquad \varphi = \displaystyle\int_{P_0}^{P_1} \vec{E}(s)\,d\vec{s}$	
Elektrische Spannung U	$U = \varphi_1 - \varphi_2 \qquad U = \displaystyle\int_{P_2}^{P_1} \vec{E}(s)\,d\vec{s}$ In einem homogenen Feld gilt: $U = \vec{E} \cdot \vec{s}$	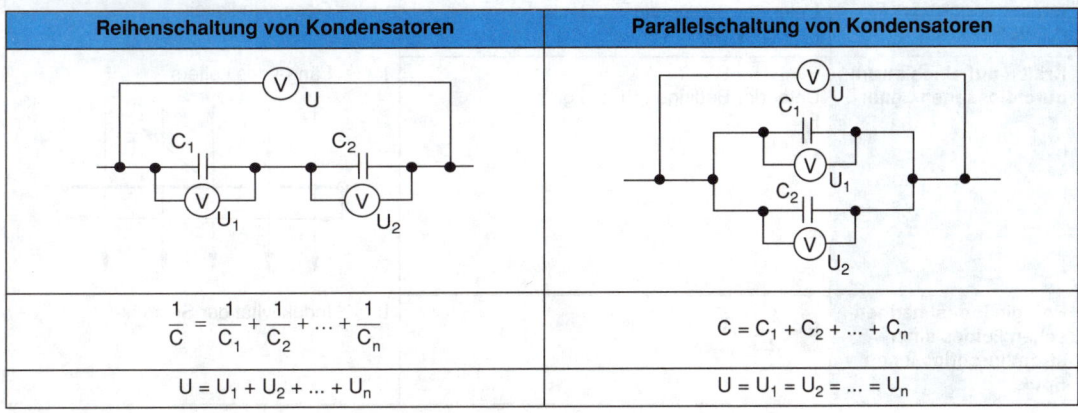

W	Verschiebungsarbeit an einer Ladung Q im elektrischen Feld
φ_1	elektrisches Potential im Punkt P_1
φ_2	elektrisches Potential im Punkt P_2
s	Weg

Kondensatoren

Kapazität C eines Kondensators	$C = \dfrac{Q}{U}$
Durchschlagsfestigkeit E_d	$E_d = \dfrac{U}{d}$
Elektrische Feldstärke E eines Plattenkondensators	$E = \dfrac{U}{d}$
Kapazität C eines Plattenkondensators	$C = \varepsilon_0 \cdot \varepsilon_r \cdot \dfrac{A}{d}$
Energie E des elektrischen Feldes eines Kondensators	$E = \dfrac{1}{2} C \cdot U^2$
Aufladen eines Kondensators	$U_C = U \cdot \left(1 - e^{\left(-\frac{t}{R \cdot C}\right)}\right)$ $I = I_0 \cdot e^{\left(-\frac{t}{R \cdot C}\right)}$
Entladen eines Kondensators	$U_C = U \cdot e^{\left(-\frac{t}{R \cdot C}\right)}$ $I = I_0 \cdot e^{\left(-\frac{t}{R \cdot C}\right)}$
Zeitkonstante τ	$\tau = R \cdot C$

Q	Ladung
U	Spannung
d	Abstand der Platten
ε_0	elektrische Feldkonstante (S. 11)
ε_r	Dielektrizitätszahl (S. 18)
A	Flächeninhalt

U_C	Spannung am Kondensator
U	Ladespannung
R	OHMscher Widerstand
C	Kapazität
t	Zeit
I	Stromstärke
I_0	Anfangsstromstärke
e	EULERsche Zahl (S. 11)

Ph3

Reihenschaltung von Kondensatoren	Parallelschaltung von Kondensatoren
$\dfrac{1}{C} = \dfrac{1}{C_1} + \dfrac{1}{C_2} + \ldots + \dfrac{1}{C_n}$	$C = C_1 + C_2 + \ldots + C_n$
$U = U_1 + U_2 + \ldots + U_n$	$U = U_1 = U_2 = \ldots = U_n$

Magnetisches Feld

Magnetische Feld-stärke H	Für das Feld außerhalb eines geraden stromdurchflossenen Leiters gilt: $$H = \frac{I}{2\pi r}$$ Für das Feld im Inneren einer langen stromdurchflossenen Spule gilt: $$H = \frac{N \cdot I}{l}$$ Für ein homogenes magnetisches Feld gilt: $$H = \frac{\Theta}{s}$$	I r	Stromstärke Abstand vom Leiter
		N l	Windungszahl der Spule Länge der Spule
Magnetische Flußdichte B (magnetische Induktion)	$$\vec{B} = \mu_0 \cdot \mu_r \cdot \vec{H}$$		
Permeabilität μ	$\mu = \mu_0 \cdot \mu_r$ Für das Vakuum gilt: $\mu_r = 1$		
Magnetischer Fluß Φ	$$\Phi = \int \vec{B}\ d\vec{A}$$ Unter der Bedingung $\vec{B}$ = konstant und $\vec{B} \parallel \vec{A}$ gilt: $$\Phi = B \cdot A$$	Θ s μ_0 μ_r A	elektrische Durchflutung Umfang einer Fläche magnetische Feldkonstante (S. 11) Permeabilitätszahl (S. 18) Flächeninhalt
Magnetische Spannung V	$$V = \int_{P_1}^{P_2} \vec{H}(s)\ d\vec{s}$$ In einem homogenen Feld gilt: $$V = \vec{H} \cdot \vec{s}$$	s	Weg
Magnetischer Widerstand R_m	$$R_m = \frac{V}{\Phi} \qquad R_m = \frac{l}{\mu_0 \cdot \mu_r \cdot A}$$	l A	Länge Flächeninhalt
Kraft auf einen bewegten Ladungsträger F_L **(LORENTZkraft)**	$\vec{F}_L = Q \cdot \vec{v} \times \vec{B}$ Unter der Bedingung $\vec{v} \perp \vec{B}$ gilt: $F_L = Q \cdot v \cdot B$	Q v	Ladung Geschwindigkeit
Kraft F auf einen strom-durchflossenen Leiter	$\vec{F} = l \cdot \vec{I} \times \vec{B}$ Unter der Bedingung $\vec{I} \perp \vec{B}$ gilt: $F = l \cdot I \cdot B$	l	Länge des Leiters
Energie E des magnetischen Feldes einer stromdurchflossenen Spule	$$E = \frac{1}{2} L \cdot I^2$$	L	Induktivität der Spule

Physik

Elektromagnetisches Feld

Induktionsgesetz	$U_i = -\dfrac{d\Phi}{dt}$ Unter den Bedingungen einer gleichmäßigen Änderung des magnetischen Feldes und $\vec{B} \perp \vec{A}$ gilt für eine Spule: $U_i = -N \dfrac{\Delta(B \cdot A)}{\Delta t}$ Für einen bewegten Leiter mit $\vec{v} \perp \vec{B}$ gilt: $U_i = -B \cdot l \cdot v$	U_i induzierte Spannung Φ magnetischer Fluß N Windungszahl t Zeit B magnetische Flußdichte A Flächeninhalt
Selbstinduktionsspan-nung U_i in einer Spule	$U_i = -L \cdot \dfrac{dI}{dt}$ Unter der Bedingung einer gleichmäßigen Änderung der Stromstärke gilt: $U_i = -L \cdot \dfrac{\Delta I}{\Delta t}$	v Geschwindigkeit des Leiters l Länge des Leiters bzw. der Spule
Induktivität L einer Spule	Für eine lange Spule gilt: $L = \dfrac{\mu_0 \cdot \mu_r \cdot N^2 \cdot A}{l}$	I Stromstärke μ_0 magnetische Feldkonstante (S. 11) μ_r Permeabilitätszahl (S. 18) A Flächeninhalt der Querschnittsfläche

Wechselstromkreis

Stromstärke i im Wech-selstromkreis	Momentanwert: $i = \hat{i} \cdot \sin(\omega \cdot t + \varphi_0)$ Effektivwert: $\quad I = \dfrac{1}{\sqrt{2}} \hat{i} \approx 0{,}7\,\hat{i}$	ω Kreisfrequenz i Momentanwert t Zeit $\hat{i}$ Scheitelwert I Effektivwert φ_0 Phasenwinkel u Momentanwert $\hat{u}$ Scheitelwert U Effektivwert
Spannung u im Wech-selstromkreis	Momentanwert: $u = \hat{u} \cdot \sin(\omega \cdot t + \varphi_0)$ Effektivwert: $\quad U = \dfrac{1}{\sqrt{2}} \hat{u} \approx 0{,}7\,\hat{u}$	
Scheinleistung S	$S = U \cdot I$	
Wirkleistung P	$P = U \cdot I \cdot \cos\varphi$	$\cos\varphi$ Leistungsfaktor φ Phasenverschiebungswinkel
Blindleistung Q	$Q = U \cdot I \cdot \sin\varphi$	

Ph 3

Widerstände im Wechselstromkreis

OHMscher Widerstand R	Induktiver Widerstand X_L	Kapazitiver Widerstand X_C
$R = \dfrac{U}{I}$	$X_L = \dfrac{U}{I}$	$X_C = \dfrac{U}{I}$
Für einen metallischen Leiter gilt unter der Bedingung $\vartheta = $ konstant $R = \dfrac{\rho \cdot l}{A}$	Für eine Spule gilt: $X_L = \omega \cdot L$	Für einen Kondensator gilt: $X_C = \dfrac{1}{\omega \cdot C}$

Physik

	Reihenschaltung von R, X_L und X_C	Parallelschaltung von R, X_L und X_C
Schaltplan		
Zeigerdiagramm		
Blindwiderstand X	$X = \omega \cdot L - \dfrac{1}{\omega \cdot C}$	$\dfrac{1}{X} = \omega \cdot C - \dfrac{1}{\omega \cdot L}$
Scheinwiderstand Z	$Z = \sqrt{R^2 + X^2}$	$\dfrac{1}{Z} = \sqrt{\dfrac{1}{R^2} + \dfrac{1}{X^2}}$
Phasenverschiebung tan φ	$\tan \varphi = \dfrac{X_L - X_C}{R}$	$\tan \varphi = R\left(\dfrac{1}{X_C} - \dfrac{1}{X_L}\right)$

Transformator

Spannungsübersetzung für einen verlustlosen Transformator	Unter der Bedingung $I_2 \to 0$ (Leerlauf) gilt: $\dfrac{U_1}{U_2} = \dfrac{N_1}{N_2}$	
Stromstärkeübersetzung für einen verlustlosen Transformator	Unter der Bedingung $I_2 \to \infty$ (Kurzschluß) gilt: $\dfrac{I_1}{I_2} = \dfrac{N_2}{N_1}$	
Übersetzungsverhältnis ü	$\ddot{u} = \dfrac{N_1}{N_2}$	
Leistungsübersetzung	$P_1 = P_2 + P_v$ $U_1 \cdot I_1 \cdot \cos \varphi_1 = U_2 \cdot I_2 \cdot \cos \varphi_2 + P_v$ Unter der Bedingung der Vernachlässigung aller Verluste, einer starken Belastung und $\varphi_1 = \varphi_2$ gilt: $U_1 \cdot I_1 = U_2 \cdot I_2$	U Spannung I Stromstärke N Windungszahl P Leistung P_v Verlustleistung φ Phasenverschiebungswinkel zwischen Stromstärke und Spannung
Wirkungsgrad η eines Transformators	$\eta = \dfrac{P_{ab}}{P_{zu}}$	P_{ab} abgegebene Leistung P_{zu} zugeführte Leistung

Elektromagnetische Schwingungen

THOMSONsche Schwingungsgleichung	$T = 2\pi \cdot \sqrt{L \cdot C}$	T L C R	Periodendauer Induktivität Kapazität OHMscher Widerstand
Eigenfrequenz f eines elektrischen Schwingkreises (ungedämpft)	Unter der Bedingung einer freien und ungedämpften Schwingung (R = 0) gilt: $f = \dfrac{1}{2\pi\sqrt{L \cdot C}}$		
Eigenfrequenz f eines elektrischen Schwingkreises (gedämpft)	Unter der Bedingung einer freien Schwingung gilt: $f = \dfrac{1}{2\pi}\sqrt{\dfrac{1}{L \cdot C} - \dfrac{R^2}{4L^2}}$	R L C	OHMscher Widerstand Induktivität Kapazität
Abklingkoeffizient δ	$\delta = \dfrac{R}{2L}$		
Resonanzbedingung	$f = f_e$	f f_e	Eigenfrequenz Erregerfrequenz

Elektromagnetische Wellen

Ausbreitungsgeschwindigkeit c elektromagnetischer Wellen	$c = \lambda \cdot f$ $c = \sqrt{\dfrac{1}{\varepsilon_r \cdot \varepsilon_0 \cdot \mu_r \cdot \mu_0}}$	λ f ε_0 ε_r μ_0 μ_r	Wellenlänge (S. 19) Frequenz (S. 19) elektrische Feldkonstante (S. 11) Dielektrizitätszahl (S. 18) magnetische Feldkonstante (S. 11) Permeabilitätszahl (S. 18)
Eigenfrequenz f eines Dipols	Für die Grundschwingung eines Dipols gilt: $f = \dfrac{c}{2l}$		
Länge l eines Dipols	Für den optimalen Empfang eines Senders gilt: $l = k \cdot \dfrac{\lambda}{2}$ (k = 1, 2, 3, ...)		

Ph 3

Leitungsvorgänge in festen und flüssigen Körpern

HALL-Spannung U_H für feste Körper	$U_H = R_H \cdot \dfrac{I \cdot B}{s}$	I B s	Stromstärke magnetische Flußdichte Dicke des Leiters
HALL-Konstante R_H	Für Stoffe mit Elektronenleitung gilt: $R_H = \dfrac{V}{N \cdot e}$	V N e	Volumen Anzahl der Ladungsträger Elementarladung (S. 11)
1. FARADAYsches Gesetz der Elektrolyse	Für elektrisch leitende Flüssigkeiten (Elektrolyte) gilt: $m = c \cdot Q$	m c	Masse des abgeschiedenen Stoffes elektrochemisches Äquivalent (S. 18)
2. FARADAYsches Gesetz der Elektrolyse	Für elektrisch leitende Flüssigkeiten (Elektrolyte) gilt: $Q = n \cdot z \cdot F$	Q n z	Ladung Stoffmenge Wertigkeit des Stoffes
FARADAY-Konstante F (S. 11)	$F = N_A \cdot e$	N_A e	AVOGADRO-Konstante (S. 11) Elementarladung (S. 11)

Schwingungen und Wellen

Grundbegriffe und Grundgesetze

Periodendauer T (Schwingungsdauer)	$T = \dfrac{t}{n}$	t	Zeit
		n	Anzahl der Schwingungen
Frequenz f	$f = \dfrac{1}{T}$		
Kreisfrequenz ω	$\omega = 2\pi \cdot f$		
Auslenkung y bei einer harmonischen Schwingung	$y = \hat{y} \cdot \sin(\omega \cdot t + \varphi_0)$ Unter der Bedingung $\varphi_0 = 0$ bei $t = 0$ gilt: $y = \hat{y} \cdot \sin(\omega \cdot t)$	y $\hat{y}$ φ_0 λ	Auslenkung (Elongation) Amplitude Phasenwinkel Wellenlänge
Ausbreitungsgeschwindigkeit c von Wellen	$c = \lambda \cdot f$		

Schwingungen

Schwingungsgleichung für eine ungedämpfte harmonische Schwingung	$\dfrac{d^2y}{dt^2} + \omega^2 \cdot y = 0$ Lösung der Differentialgleichung: $y = \hat{y} \cdot \sin(\omega \cdot t + \varphi_0)$	y t ω $\hat{y}$ φ_0 δ ω_0 e	Auslenkung Zeit Kreisfrequenz Amplitude Phasenwinkel Abklingkoeffizient (Dämpfungsfaktor) Kreisfrequenz der ungedämpften (anfänglichen) Schwingung EULERsche Zahl (S. 11)
Schwingungsgleichung für eine gedämpfte harmonische Schwingung	$\dfrac{d^2y}{dt^2} + 2\delta \cdot \dfrac{dy}{dt} + \omega_0 \cdot y = 0$ Lösung der Differentialgleichung: $y = \hat{y} \cdot e^{-\delta \cdot t} \cdot \sin(\omega \cdot t + \varphi_0)$		

Wellen

Wellengleichungen	$y = \hat{y} \cdot \sin 2\pi \left(\dfrac{t}{T} - \dfrac{x}{\lambda}\right)$ $y = \hat{y} \cdot \sin \omega \left(t - \dfrac{x}{c}\right)$	y $\hat{y}$ t T x λ c	Auslenkung Amplitude Zeit Periodendauer Ort Wellenlänge Ausbreitungsgeschwindigkeit
Reflexionsgesetz	$\alpha = \alpha'$	α α'	Einfallswinkel Reflexionswinkel
Brechungsgesetz	$\dfrac{\sin\alpha}{\sin\beta} = \dfrac{c_1}{c_2}$	α β c_1 c_2	Einfallswinkel Brechungswinkel Ausbreitungsgeschwindigkeit im Medium 1 Ausbreitungsgeschwindigkeit im Medium 2

| DOPPLER-Effekt | Für einen ruhenden Empfänger und einen bewegten Sender gilt:

$$f_E = \dfrac{f_S}{1 \mp \dfrac{v_S}{c}}$$

Für einen bewegten Empfänger und einen ruhenden Sender gilt:

$$f_E = f_S\left(1 \pm \dfrac{v_E}{c}\right)$$

Für Licht gilt: $\quad f_E = f_S \cdot \sqrt{\dfrac{1 \pm \dfrac{v}{c}}{1 \mp \dfrac{v}{c}}}$ | f_E vom Empfänger gemessene Frequenz
f_S vom Sender abgestrahlte Frequenz
v_E Geschwindigkeit des Empfängers
v_S Geschwindigkeit des Senders
c Ausbreitungsgeschwindigkeit der Wellen (S. 7)
v Relativgeschwindigkeit zwischen Sender und Empfänger

Bei allen Gleichungen gilt das obere Vorzeichen beim Annähern, das untere Vorzeichen beim Entfernen von Empfänger und Sender voneinander. |

Optik

Reflexionsgesetz	$\alpha = \alpha'$	α Einfallswinkel α' Reflexionswinkel
Brechungsgesetz	$\dfrac{\sin\alpha}{\sin\beta} = \dfrac{c_1}{c_2}$ $\dfrac{\sin\alpha}{\sin\beta} = \dfrac{n_2}{n_1}$ Bezogen auf Vakuum mit $n_1 = 1$ und $n_2 = n$ gilt: $\dfrac{\sin\alpha}{\sin\beta} = n$	α Einfallswinkel β Brechungswinkel c_1, c_2 Lichtgeschwindigkeiten n_1, n_2 absolute Brechzahlen n Brechzahl (S. 19) Medium 1 Medium 2
Abbildungsgleichung für dünne Linsen und für Spiegel	$\dfrac{1}{f} = \dfrac{1}{g} + \dfrac{1}{b}$	f Brennweite g Gegenstandsweite b Bildweite
Abbildungsmaßstab A für dünne Linsen und für Spiegel	$A = \dfrac{B}{G} = \dfrac{b}{g}$	B Bildgröße G Gegenstandsgröße
Brechwert D von Linsen	$D = \dfrac{1}{f} \quad$ (f in m)	
Vergrößerung V optischer Geräte	$V = \dfrac{\tan\alpha_2}{\tan\alpha_1}$	
Vergrößerung V einer Lupe	$V = \dfrac{s_0}{f}$	α_2 Sehwinkel mit optischem Gerät α_1 Sehwinkel ohne optisches Gerät s_0 deutliche Sehweite (25 cm)
Vergrößerung V eines Mikroskops	$V = V_1 \cdot V_2 \qquad V = \dfrac{b}{g} \cdot \dfrac{s_0}{f_2}$	V_1 Vergrößerung des Objektivs V_2 Vergrößerung des Okulars
Vergrößerung V eines Fernrohres	$V = \dfrac{f_1}{f_2}$	f_1 Brennweite des Objektivs f_2 Brennweite des Okulars

Ph 4

Interferenz am Spalt	Unter der Bedingung $s_k \ll e_k$ gilt für Maxima: $$\frac{(2k+1) \cdot \lambda}{2d} = \sin \alpha_k$$ $$\frac{(2k+1) \cdot \lambda}{2d} = \frac{s_k}{e_k} \quad (k = 1, 2, 3, ...)$$ Unter der Bedingung $s_k \ll e_k$ gilt für Minima: $$\frac{k \cdot \lambda}{d} = \sin \alpha_k \qquad \frac{k \cdot \lambda}{d} = \frac{s_k}{e_k} \quad (k = 1, 2, 3, ...)$$	 λ Wellenlänge d Spaltbreite
Interferenz am Doppel-spalt und am Gitter	Unter der Bedingung $s_k \ll e_k$ gilt für Maxima: $$\frac{k \cdot \lambda}{b} = \sin \alpha_k \qquad \frac{k \cdot \lambda}{b} = \frac{s_k}{e_k} \quad (k = 0, 1, 2, ...)$$ Unter der Bedingung $s_k \ll e_k$ gilt für Minima: $$\frac{(2k+1) \cdot \lambda}{2b} = \sin \alpha$$ $$\frac{(2k+1) \cdot \lambda}{2b} = \frac{s_k}{e_k} \quad (k = 0, 1, 2, ...)$$	 b Gitterkonstante
Interferenz an dünnen Schichten (reflektiertes Licht)	Für Maxima gilt: $$d = \frac{2k+1}{n} \cdot \frac{\lambda}{4} \qquad (k = 0, 1, 2, ...)$$ Für Minima gilt: $$d = \frac{2k}{n} \cdot \frac{\lambda}{4} \qquad (k = 0, 1, 2, ...)$$ Im durchgehenden Licht gilt die erste Bedingung für Minima, die zweite für Maxima.	 n Brechzahl der dünnen Schicht d Schichtdicke
BREWSTERsches Gesetz	$\tan \alpha_p = n$	
Lichtstrom Φ_V	$\Phi_V = \omega \cdot I_V \qquad \Phi_V = E \cdot A$	
Beleuchtungsstärke E	$E = \dfrac{\Phi_V}{A} \qquad E = \dfrac{I_V}{r^2}$	α_p Einfallswinkel n Brechzahl (S. 19) ω Raumwinkel
Lichtstärke I_V	$I_V = \dfrac{\Phi_V}{\omega}$	A Flächeninhalt r Abstand Lichtquelle – beleuchtete Fläche
Leuchtdichte L_V	$L_V = \dfrac{I_V}{A}$	

Quantenphysik

Austrittsarbeit W_A von Elektronen aus Oberflächen	$W_A = h \cdot f_G$	h PLANCK-Konstante (S. 11) f_G Grenzfrequenz
Energie E eines Lichtquants (Photons)	$E = h \cdot f \qquad E = h \cdot \dfrac{c}{\lambda}$	f Frequenz c Lichtgeschwindigkeit (S. 11) λ Wellenlänge
EINSTEINsche Gleichung für den Foto-effekt	$h \cdot f = \dfrac{1}{2} m_e \cdot v^2 + W_A$	m_e Masse eines Elektrons (S. 11) v Geschwindigkeit eines Elektrons p Impuls
de-BROGLIE-Gleichung für Materiewellen	$\lambda = \dfrac{h}{p} = \dfrac{h}{m \cdot v}$	Δx Ortsunschärfe Δp Impulsunschärfe $\Delta \lambda$ Wellenlängenzunahme
HEISENBERGsche Unbestimmtheitsrelation	$\Delta x \cdot \Delta p \geq \dfrac{\hbar}{2} \qquad \hbar = \dfrac{h}{2\pi}$	λ_C COMPTON-Wellenlänge ($\lambda_C = 2{,}42 \cdot 10^{-12}$m)
COMPTON-Effekt	$\Delta \lambda = \lambda_C (1 - \cos \vartheta)$	ϑ Streuwinkel

Spezielle Relativitätstheorie

Relativistische Kinematik

LORENTZ-Transformation	$x = \dfrac{x' + v \cdot t'}{\sqrt{1 - \dfrac{v^2}{c^2}}}$ $\qquad$ $t = \dfrac{t' + x' \cdot \dfrac{v}{c^2}}{\sqrt{1 - \dfrac{v^2}{c^2}}}$ $\\[2mm]$ $y = y'$ $\\$ $z = z'$	x, y, z — Koordinaten eines Inertialsystems S $\\$ x', y', z' — Koordinaten eines zweiten Inertialsystems S' $\\$ v, v', u — Geschwindigkeiten $\\$ c — Lichtgeschwindigkeit (S. 11) $\\$ t — Zeit im Inertialsystem S $\\$ t' — Zeit im Inertialsystem S' $\\$ l — Länge im Inertialsystem S $\\$ l' — Länge im Inertialsystem S'
Zeitdilatation	$t = \dfrac{t'}{\sqrt{1 - \dfrac{v^2}{c^2}}}$ $\qquad t > t'$	
Längenkontraktion	$l = l' \cdot \sqrt{1 - \dfrac{v^2}{c^2}}$ $\qquad l < l'$	
Addition von Geschwindigkeiten	$v = \dfrac{v' + u}{1 + \dfrac{v' \cdot u}{c^2}}$ $\\[2mm]$ Unter der Bedingung $v \ll c$ gilt $\\$ $v = v' + u$	

Relativistische Dynamik

Masse m eines bewegten Körpers	$m = \dfrac{m_0}{\sqrt{1 - \dfrac{v^2}{c^2}}}$	m_0 — Ruhemasse $\\$ v — Geschwindigkeit des Körpers $\\$ c — Lichtgeschwindigkeit (S. 11) $\\$ m — Masse
Masse-Energie-Beziehung	$E = m \cdot c^2$ $\\$ $E_0 = m_0 \cdot c^2$	
Relativistische kinetische Energie E_{kin}	$E_{kin} = (m - m_0)c^2$	
Gesamtenergie E eines Körpers	Unter der Bedingung $v \ll c$ gilt: $\\$ $E = m_0 \cdot c^2 + \dfrac{1}{2} m_0 \cdot v^2$	

Atom- und Kernphysik

Aufbau von Atomen

Energiebilanz für emittiertes oder absorbiertes Licht	$\Delta E = E_n - E_m$ $\\$ $\Delta E = h \cdot f$	E_n, E_m — Energieniveaus des Atoms $\\$ f — Frequenz des Lichtes $\\$ h — PLANCK-Konstante (S. 11)
Spektralserien des Wasserstoffatoms	$\dfrac{1}{\lambda} = R_H \cdot \left(\dfrac{1}{n^2} - \dfrac{1}{m^2} \right)$ $\quad$ $(n = 1, 2, 3, \ldots)$ $\\$ $\qquad\qquad\qquad\qquad\quad (m = 2, 3, 4, \ldots)$ $\\[2mm]$ $f = R_y \cdot \left(\dfrac{1}{n^2} - \dfrac{1}{m^2} \right)$ $\qquad n < m$	λ — Wellenlänge $\\$ R_H — RYDBERG-Konstante (S. 11) $\\$ R_y — RYDBERG-Frequenz $\\$ $\quad$ ($3{,}289\,841\,95 \cdot 10^{15}\,\text{s}^{-1}$) $\\$ c — Lichtgeschwindigkeit (S. 11)
Relative Atommasse A_r	$A_r = \dfrac{m_A}{u}$	m_A — Masse des Atoms $\\$ u — atomare Masseeinheit (S. 11)

Nukleonenzahl A (Massenzahl)	$A = Z + N$	Z	Protonenzahl (Kernladungszahl, Ordnungszahl im Periodensystem)
Symbolschreibweise	$\begin{array}{l} A \\ Z \end{array}$ Symbol des Elements	A N	Massenzahl Neutronenzahl
Kernmasse m_k und Massendefekt Δm	$m_k < Z \cdot m_p + N \cdot m_n$ $\Delta m = (Z \cdot m_p + N \cdot m_n) - m_k$	m_p m_n	Masse eines Protons (S. 11) Masse eines Neutrons (S. 11)
Kernbindungsenergie E_B	$E_B = \Delta m \cdot c^2$	c	Lichtgeschwindigkeit (S. 11)

Radioaktive Strahlung

Aktivität A einer radioaktiven Substanz	$A = \dfrac{\Delta N}{\Delta t}$	ΔN Δt	Anzahl der zerfallenen Atome Zeitspanne
Energiedosis D	$D = \dfrac{E}{m}$	E m	von einem Körper aufgenommene Strahlungsenergie Masse des Körpers
Äquivalentdosis H	$H = D \cdot q$	q	Qualitätsfaktor
Zerfallsgesetz	$N = N_0 \cdot e^{-\lambda \cdot t}$ $N = N_0 \cdot \left(\dfrac{1}{2} \right)^{\frac{t}{T_{1/2}}}$	N_0 N λ t $T_{1/2}$ e	Anzahl der zum Zeitpunkt t = 0 vorhandenen, nicht zerfallenen Atomkerne Anzahl der nicht zerfallenen Atomkerne Zerfallskonstante Zeit Halbwertszeit (S. 19) EULERsche Zahl (S. 11)

Astronomie

Astronomische Daten

Größe	Sonne	Erde	Mond
Mittlerer Radius	696 000 km	6 371 km	1 738 km
Masse	$1,99 \cdot 10^{30}$ kg	$5,97 \cdot 10^{24}$ kg	$7,35 \cdot 10^{22}$ kg
Mittlere Dichte	$1,41 \text{ g} \cdot \text{cm}^{-3}$	$5,52 \text{ g} \cdot \text{cm}^{-3}$	$3,35 \text{ g} \cdot \text{cm}^{-3}$
Fallbeschleunigung an der Oberfläche	$274 \text{ m} \cdot \text{s}^{-2}$	$9,81 \text{ m} \cdot \text{s}^{-2}$	$1,62 \text{ m} \cdot \text{s}^{-2}$
Temperatur an der Oberfläche	$\approx 6\,000$ K	$-88\,°C \dots 60\,°C$	$-160\,°C \dots 130\,°C$

Planeten unseres Sonnensystems

Planet	Mittlere Entfernung von der Sonne in 10^6 km	Umlaufzeit um die Sonne in Jahren	Mittlere Bahngeschwindigkeit in $km \cdot s^{-1}$	Radius in km	Masse in 10^{24} kg	Mittlere Dichte in $g \cdot cm^{-3}$
Merkur	58	0,24	47,9	2 440	0,34	5,4
Venus	108	0,62	35,0	6 050	4,87	5,24
Erde	150	1,00	29,8	6 371	5,97	5,52
Mars	227	1,88	24,1	3 400	0,64	3,93
Jupiter	778	11,86	13,1	71 400	1 900	1,33
Saturn	1 424	29,46	9,6	60 300	569	0,69
Uranus	2 874	84,02	6,8	25 600	87	1,24
Neptun	4 497	164,79	5,4	24 800	103	1,60
Pluto	5 894	247,7	4,7	1 150	0,013	2,0

Astronomie

Einheiten für Länge und Zeit

Größe	Einheit		Beziehungen zwischen Einheiten
Länge	Astronomische Einheit	AE	$1\ \text{AE} = 1{,}496 \cdot 10^{11}\ \text{m}$
	Lichtjahr	ly	$1\ \text{ly} = 6{,}323 \cdot 10^4\ \text{AE}$
			$= 9{,}461 \cdot 10^{15}\ \text{m}$
	Parsec	pc	$1\ \text{pc} = 3{,}262\ \text{ly}$
			$= 3{,}086 \cdot 10^{16}\ \text{m}$
Zeit	Siderisches Jahr		$1\ \text{Sid. Jahr} = 365{,}256\ \text{d}$
			$= 3{,}1558 \cdot 10^7\ \text{s}$
	Sterntag		$1\ \text{Sterntag} = 0{,}99727\ \text{d}$
			$= 8{,}6164 \cdot 10^4\ \text{s}$
	Sonnentag		$1\ \text{Sonnentag} = 1\ \text{d} = 8{,}6400 \cdot 10^4\ \text{s}$

Einige Daten der Galaxis (des Milchstraßensystems)

Gesamtmasse	$\approx 2{,}2 \cdot 10^{11}$ Sonnenmassen	
Anzahl der Sterne	$\approx 2 \cdot 10^{11}$	
Durchmesser	$\approx 30\,000\ \text{pc}$	
	$\approx 98\,000\ \text{ly}$	
Dicke	$\approx 5\,000\ \text{pc}$	
	$\approx 16\,000\ \text{ly}$	
Abstand der Sonne vom Kern des Systems	$\approx 10\,000\ \text{pc}$	
	$\approx 33\,000\ \text{ly}$	
Mit bloßem Auge sichtbare Sterne	$\approx 5\,000$	
Mittlere Dichte $\bar{\rho}$ der Galaxis	$10^{-23}\ \text{g} \cdot \text{cm}^{-3}$	

Der Sonne benachbarte Sterne, Nebel und Extragalaxien

Name	Entfernung von der Sonne	Einordnung
Alpha Centauri	4,3 Lichtjahre	Sichtbare Sterne des Milchstraßensystems
Sirius	8,9 Lichtjahre	
Procyon	11,6 Lichtjahre	
Atair	16,5 Lichtjahre	
Wega	26,7 Lichtjahre	
Capella	46,2 Lichtjahre	
Polarstern	650 Lichtjahre	
Orion-Nebel	1 630 Lichtjahre	Galaktischer Nebel (leuchtende interstellare Materie)
Krebsnebel	3 260 Lichtjahre	
Große Magellansche Wolke	$1{,}6 \cdot 10^5$ Lichtjahre	Extragalaxien
Andromeda-Nebel	$2{,}2 \cdot 10^6$ Lichtjahre	

Ph5

Astrophysikalische Größen und Zusammenhänge

Gesetz von HUBBLE	$v = H \cdot r$	v	Fluchtgeschwindigkeit
		H	HUBBLE-Konstante (S. 11)
Rotverschiebung		r	Entfernung des Sterns
	$\lambda_E = \lambda \cdot \sqrt{\dfrac{1 + \dfrac{v}{c}}{1 - \dfrac{v}{c}}}$	λ	Wellenlänge (S. 19)
		c	Lichtgeschwindigkeit (S. 11)
Leuchtkraft L eines Sterns	$L = \dfrac{E}{t}$	E	ausgestrahlte Energie
		t	Zeit
Scheinbare Helligkeit m eines Sterns	$m_1 - m_2 = -2{,}5 \cdot \lg \dfrac{\Phi_{V,1}}{\Phi_{V,2}}$	Φ_V	Lichtstrom
Absolute Helligkeit M	$m - M = 5 \cdot \lg r - 5$	r	Entfernung des Sterns

Eigenschaften von Stoffen

Elemente

Name	Symbol	Ordnungszahl	Atommasse in u	Dichte ♦ in $g \cdot cm^{-3}$ bei 25 °C	Schmelztemperatur in ϑ_s in °C	Siedetemperatur ϑ_v in °C	Elektronenkonfiguration der Atome im Grundzustand
Actinium	Ac	89	[227]		1050	3200	Rn $7s^2$ $6d^1$
Aluminium	Al	13	26,98	2,7	660	2450	Ne $3s^2$ $3p^1$
Americium	Am	95	[243]	11,7	> 850	2600	*Rn $7s^2$ $5f^7$
Antimon	Sb	51	121,75	6,68	631	1380	Kr $5s^2$ $4d^{10}$ $5p^3$
Argon ♦	Ar	18	39,95	1,784 $g \cdot l^{-1}$	−189	−186	Ne $3s^2$ $3p^6$
Arsen (grau)	As	33	74,92	5,72	817p	613 subl.	Ar $4s^2$ $3d^{10}$ $4p^3$
Astat	At	85	[210]		302	335	Xe $6s^2$ $4f^{14}$ $5d^{10}$ $6p^5$
Barium	Ba	56	137,33	3,50	714	1640	Xe $6s^2$
Berkelium	Bk	97	[247]				*Rn $7s^2$ $5f^8$ $6d^1$
Beryllium	Be	4	9,01	1,85	1280	2480	He $2s^2$
Bismut	Bi	83	208,98	9,8	271	1560	Xe $6s^2$ $4f^{14}$ $5d^{10}$ $6p^3$
Blei	Pb	82	207,2	11,4	327	1740	Xe $6s^2$ $4f^{14}$ $5d^{10}$ $6p^2$
Bor	B	5	10,81	2,34	(2030)	3900	He $2s^2$ $2p^1$
Brom	Br	35	79,90	3,12	−7	58	Ar $4s^2$ $3d^{10}$ $4p^5$
Cadmium	Cd	48	112,41	8,65	321	765	Kr $5s^2$ $4d^{10}$
Caesium	Cs	55	132,91	1,87	29	690	Xe $6s^1$
Calcium	Ca	20	40,08	1,55	838	1490	Ar $4s^2$
Californium	Cf	98	[251]				*Rn $7s^2$ $5f^{10}$
Cerium	Ce	58	140,12	6,78	795	3470	*Xe $6s^2$ $4f^1$ $5d^1$
Chlor ♦	Cl	17	35,45	3,214 $g \cdot l^{-1}$	−101	−35	Ne $3s^2$ $3p^5$
Chromium	Cr	24	51,996	7,19	1900	2642	Ar $4s^1$ $3d^5$
Cobalt	Co	27	58,93	8,90	1490	2900	Ar $4s^2$ $3d^7$
Curium	Cm	96	[247]	7,0			*Rn $7s^2$ $5f^7$ $6d^1$
Dysprosium	Dy	66	162,50	8,54	1410	2600	Xe $6s^2$ $4f^{10}$
Einsteinium	Es	99	[254]				*Rn $7s^2$ $5f^{11}$
Eisen	Fe	26	55,85	7,86	1540	3000	Ar $4s^2$ $3d^6$
Erbium	Er	68	167,26	9,05	1500	2900	Xe $6s^2$ $4f^{12}$
Europium	Eu	63	151,96	5,26	826	1440	Xe $6s^2$ $4f^7$
Fermium	Fm	100	[257]				*Rn $7s^2$ $5f^{12}$
Fluor ♦	F	9	18,998	1,695 $g \cdot l^{-1}$	−220	−188	He $2s^2$ $2p^5$
Francium	Fr	87	[223]		(27)	(680)	Rn $7s^1$
Gadolinium	Gd	64	157,25	7,89	1310	3000	Xe $6s^2$ $4f^7$ $5d^1$
Gallium	Ga	31	69,72	5,91	30	2400	Ar $4s^2$ $3d^{10}$ $4p^1$
Germanium	Ge	32	72,59	5,32	937	2830	Ar $4s^2$ $3d^{10}$ $4p^2$
Gold	Au	79	196,97	19,3	1063	2970	Xe $6s^1$ $4f^{14}$ $5d^{10}$
Hafnium	Hf	72	178,49	13,1	2000	5400	Xe $6s^2$ $4f^{14}$ $5d^2$
Helium ♦	He	2	4,00	0,178 $g \cdot l^{-1}$	−270	−269	$1s^2$
Holmium	Ho	67	164,93	8,80	1460	2600	Xe $6s^2$ $4f^{11}$
Indium	In	49	114,82	7,31	156	2000	Kr $5s^2$ $4d^{10}$ $5p^1$
Iod	I	53	126,90	4,94	114	183	Kr $5s^2$ $4d^{10}$ $5p^5$
Iridium	Ir	77	192,22	22,5	2450	4500	Xe $6s^2$ $4f^{14}$ $5d^7$
Kalium	K	19	39,10	0,86	64	760	Ar $4s^1$
Kohlenstoff	C	6	12,01				
(Graphit)				2,26	3730	4830	He $2s^2$ $2p^2$
(Diamant)				3,51	> 3550		He $2s^2$ $2p^2$
Krypton ♦	Kr	36	83,80	3,74 $g \cdot l^{-1}$	−157	−152	Ar $4s^2$ $3d^{10}$ $4p^6$
Kupfer	Cu	29	63,55	8,96	1083	2600	Ar $4s^1$ $3d^{10}$
Kurtschatovium (Rutherfordium)	Ku (Rf)	104	[261]				*Rn $7s^2$ $5f^{14}$ $6d^2$
Lanthan	La	57	138,91	6,17	920	3470	Xe $6s^2$ $5d^1$
Lawrencium	Lr	103	[260]				*Rn $7s^2$ $5f^{14}$ $6d^1$
Lithium	Li	3	6,94	0,53	180	1330	He $2s^1$
Lutetium	Lu	71	174,97	9,84	1650	3330	Xe $6s^2$ $4f^{14}$ $5d^1$
Magnesium	Mg	12	24,31	1,4	650	1110	Ne $3s^2$
Mangan	Mn	25	54,94	7,43	1250	2100	Ar $4s^2$ $3d^5$
Mendelevium	Md	101	[258]				*Rn $7s^2$ $5f^{13}$

Chemie

Name	Symbol	Ordnungszahl	Atommasse in u	Dichte ◆ in g · cm⁻³ bei 25 °C	Schmelztemperatur in ϑ_s in °C	Siedetemperatur ϑ_v in °C	Elektronenkonfiguration der Atome im Grundzustand
Molybdän	Mo	42	95,94	10,2	2610	5560	$Kr\ 5s^1\ 4d^5$
Natrium	Na	11	22,99	0,97	98	892	$Ne\ 3s^1$
Neodymium	Nd	60	144,24	7,00	1020	3030	$Xe\ 6s^2\ 4f^4$
Neon ◆	Ne	10	20,18	0,899 g·l⁻¹	−249	−246	$He\ 2s^2\ 2p^6$
Neptunium	Np	93	237,05	20,4	640		*$Rn\ 7s^2\ 5f^4\ 6d^1$
Nickel	Ni	28	58,70	8,90	1450	2730	$Ar\ 4s^2\ 3d^8$
Nielsbohrium (Hahnium)	Ns (Ha)	105	[262]				*$Rn\ 7s^2\ 5f^{14}\ 6d^3$
Niobium	Nb	41	92,91	8,55	2420	4900	$Kr\ 5s^1\ 4d^4$
Nobelium	No	102	[259]				*$Rn\ 5f^{14}\ 7s^2$
Osmium	Os	76	190,2	22,4	3000	5500	$Xe\ 6s^2\ 4f^{14}\ 5d^6$
Palladium	Pd	46	106,4	12,0	1550	3125	$Kr\ 4d^{10}$
Phosphor (weiß)	P	15	30,97	1,82	44	280	$Ne\ 3s^2\ 3p^3$
Platin	Pt	78	195,09	21,4	1770	3825	*$Xe\ 6s^1\ 4f^{14}\ 5d^9$
Plutonium	Pu	94	[224]	19,8	640	3230	*$Rn\ 5f^6\ 7s^2$
Polonium	Po	84	[209]	9,4	254	962	$Xe\ 6s^2\ 4f^{14}\ 5d^{10}\ 6p^4$
Praseodymium	Pr	59	140,91	6,77	935	3130	$Xe\ 6s^2\ 4f^3$
Promethium	Pm	61	[145]		(1030)	(2730)	*$Xe\ 6s^2\ 4f^5$
Protactinium	Pa	91	231,04	15,4	(1230)		*$Rn\ 7s^2\ 5f^2\ 6d^1$
Quecksilber	Hg	80	200,59	13,53	−39	357	$Xe\ 6s^2\ 4f^{14}\ 5d^{10}$
Radium	Ra	88	[226]	5,0	700	1530	$Rn\ 7s^2$
Radon ◆	Rn	86	[222]	9,37 g·l⁻¹	−71	−62	$Xe\ 6s^2\ 4f^{14}\ 5d^{10}\ 6p^6$
Rhenium	Re	75	186,21	21,0	3180	5630	$Xe\ 6s^2\ 4f^{14}\ 5d^5$
Rhodium	Rh	45	102,91	12,4	1970	3730	$Kr\ 5s^1\ 4d^8$
Rubidium	Rb	37	85,47	1,53	39	688	$Kr\ 5s^1$
Ruthenium	Ru	44	101,07	12,2	2300	3900	$Kr\ 5s^1\ 4d^7$
Samarium	Sm	62	150,35	7,54	1070	1900	$Xe\ 6s^2\ 4f^6$
Sauerstoff ◆	O	8	15,999	1,429 g·l⁻¹	−219	−183	$He\ 2s^2\ 2p^4$
Scandium	Sc	21	44,96	3,0	1540	2730	$Ar\ 4s^2\ 3d^1$
Schwefel	S	16	32,06				
rhombisch				2,07	113		$Ne\ 3s^2\ 3p^4$
monoklin				1,96	119	445	$Ne\ 3s^2\ 3p^4$
Selen (grau)	Se	34	78,96	4,80	217	685	$Ar\ 4s^2\ 3d^{10}\ 4p^4$
Silber	Ag	47	107,87	10,5	961	2210	$Kr\ 5s^1\ 4d^{10}$
Silicium	Si	14	28,09	2,33	1410	2680	$Ne\ 3s^2\ 3p^2$
Stickstoff ◆	N	7	14,007	1,251 g·l⁻¹	−210	−196	$He\ 2s^2\ 2p^3$
Strontium	Sr	38	87,62	2,6	770	1380	$Kr\ 5s^2$
Tantal	Ta	73	180,95	16,6	3000	5430	$Xe\ 6s^2\ 4f^{14}\ 5d^3$
Technetium	Tc	43	[97]	11,5	2140	(4600)	*$Kr\ 5s^1\ 4d^6$
Tellur	Te	52	127,60	6,24	450	1390	$Kr\ 5s^2\ 4d^{10}\ 5p^4$
Terbium	Tb	65	158,92	8,27	1360	2800	$Xe\ 6s^2\ 4f^9$
Thallium	Tl	81	204,37	11,85	303	1460	$Xe\ 6s^2\ 4f^{14}\ 5d^{10}\ 6p^1$
Thorium	Th	90	232,04	11,7	1700	4200	*$Rn\ 7s^2\ 6d^2$
Thulium	Tm	69	168,93	9,33	1550	1730	$Xe\ 6s^2\ 4f^{13}$
Titanium	Ti	22	47,90	4,5	1670	3260	$Ar\ 4s^2\ 3d^2$
Uran	U	92	238,03	18,90	1130	3820	*$Rn\ 7s^2\ 5f^3\ 6d^1$
Vanadium	V	23	50,94	5,8	1900	3450	$Ar\ 4s^2\ 3d^3$
Wasserstoff ◆	H	1	1,008	0,089 g·l⁻¹	−259	−253	$1s^1$
Wolfram	W	74	183,85	19,3	3410	5930	$Xe\ 6s^2\ 4f^{14}\ 5d^4$
Xenon ◆	Xe	54	131,30	5,89 g·l⁻¹	−112	−108	$Kr\ 5s^2\ 4d^{10}\ 5p^6$
Ytterbium	Yb	70	173,04	6,98	824	1430	$Xe\ 6s^2\ 4f^{14}$
Yttrium	Y	39	88,91	4,5	1500	2930	$Kr\ 5s^2\ 4d^1$
Zink	Zn	30	65,38	7,14	419	906	$Ar\ 4s^2\ 3d^{10}$
Zinn	Sn	50	118,69	7,30	232	2270	$Kr\ 5s^2\ 4d^{10}\ 5p^2$
Zirconium	Zr	40	91,22	6,49	1850	3580	$Kr\ 5s^2\ 4d^2$

Ch1

*   Die Elektronenkonfiguration der Atome ist nicht gesichert.

[]   Die umklammerten Werte für die Atommasse geben die Massenzahl mit der höchsten Halbwertszeit an.

◆   Dichte gasförmiger Stoffe bei 0 °C

Anorganische Verbindungen

Name	Formel	Aggre-gatzu-stand bei 25 °C	Dichte ◆ ρ in $g \cdot cm^{-3}$ bei 25 °C	Molare Masse in $g \cdot mol^{-1}$	Schmelz-tempera-tur ϑ_s in °C	Siede-temperatur ϑ_v in °C	Standard-Bildungs-enthalpie ΔH_f° in $kJ \cdot mol^{-1}$	Standard-Entropie S^0 in $J \cdot mol^{-1} \cdot K^{-1}$
Aluminiumbromid	$AlBr_3$	s	2,6	266,7	97,4	257	−516	163
Aluminiumchlorid	$AlCl_3$	s	2,4	133,3	192,5 p	180 subl.	−704	111
Aluminiumoxid	Al_2O_3	s	4,0	101,9	2045	≈ 3000	−1676	50,9
Aluminiumsulfat	$Al_2(SO_4)_3$	s	2,7	342,1	605 z	−	−3442	239
Ammoniak ◆	NH_3	g	0,77g · l^{-1}	17,0	−78	−33,5	−46,1	192,2
Ammoniumchlorid	NH_4Cl	s	1,5	53,5		335 subl.	−314,6	94,6
Ammoniumnitrat	NH_4NO_3	s	1,7	80,0	169	200 z	−366	151
Ammoniumsulfat	$(NH_4)_2SO_4$	s	1,8	132,1	280 z	−	−1180	220
Bariumchlorid	$BaCl_2$	s	3,9	208,2	963	1562	−859,8	124
Bariumhydroxid	$Ba(OH)_2$	s	4,5	171,4	408		−945	
Blei(II)-nitrat	$Pb(NO_3)_2$	s	4,5	331,2	470 z	−	−456	
Blei(II)-oxid	PbO	s	9,5	223,2	890	1470	−217	69
Borsäure	H_3BO_3	s	1,4	61,8	185 z	−	−1094	88,7
Bromwasserstoff ◆	HBr	g	3,644g · l^{-1}	80,9	−87	−67	−36	199
Calciumcarbid	CaC_2	s	2,2	64,1	2300	−	−60	70
Calciumcarbonat	$CaCO_3$	s	2,7	100,1	900 z	−	−1207	93
Calciumchlorid	$CaCl_2$	s	2,1	111,0	772	>1600	−796	105
Calciumhydroxid	$Ca(OH)_2$	s	2,3	74,1	580 z	−	−986	83
Calciumoxid	CaO	s	3,3	56,1	2570	2850	−635	40
Calciumsulfat	$CaSO_4$	s	3,0	136,1	1450	−	−1434	107
Chlorwasserstoff ◆	HCl	g	1,639g · l^{-1}	36,5	−114	−85	−92	187
Eisen(III)-chlorid	$FeCl_3$	s	2,8	162,2	306	315	−399	142
Eisen(III)-oxid	Fe_2O_3	s	5,2	159,7	1560	−	−824	87
Eisen(II)-sulfid	FeS	s	4,8	87,9	1195	−	−100	60
Fluorwasserstoff ◆	HF	g	0,987 (l)	20	−83	19	−271	174,7
Iodwasserstoff ◆	HI	g	5,79 g · l^{-1}	127,9	−51	−35	25,9	206,3
Kaliumbromid	KBr	s	2,7	119	734	1380	−392	97
Kaliumcarbonat	K_2CO_3	s	2,3	138,2	897	z	−1146	156
Kaliumchlorid	KCl	s	2,0	74,6	770	1407	−436	83
Kaliumdichromat	$K_2Cr_2O_7$	s	2,7	294,2	398	500 z	−2033	−
Kaliumhydroxid	KOH	s	2,0	56,1	360	1327	−425	79
Kaliumnitrat	KNO_3	s	2,1	101,1	338	400 z	−493	133
Kaliumpermanganat	$KMnO_4$	s	2,7	158,0	240 z	−	−813	172
Kohlenstoffdioxid ◆	CO_2	g	1,977g · l^{-1}	44	−56,6 p	−78,4 subl.	−393	214
Kohlenstoffdisulfid	CS_2	l	1,3	76,1	−111	46	90	151
Kohlenstoffmonooxid ◆	CO	g	1,250g · l^{-1}	28	−205	−190	−110,5	198
Kupfer(II)-chlorid	$CuCl_2$	s	3,4	134,4	498	993 z	−220	108
Kupfer(II)-oxid	CuO	s	6,4	79,5	1026 z	−	−157	43
Kupfer(II)-sulfat	$CuSO_4$	s	3,6	159,6	650 z	−	−771	109
Magnesiumchlorid	$MgCl_2$	s	2,3	95,2	712	1418	−642	90
Magnesiumoxid	MgO	s	3,6	40,3	2800	3600	−601,2	27
Magnesiumsulfat	$MgSO_4$	s	2,7	120,4	1124 z	−	−1288	92
Natriumcarbonat	Na_2CO_3	s	2,5	106,0	854	z	−1131	136

Name	Formel	Aggre-gatzu-stand bei 25 °C	Dichte ◆ ρ in $g \cdot cm^{-3}$ bei 25 °C	Molare Masse in $g \cdot mol^{-1}$	Schmelz-tempera-tur ϑ_s in °C	Siede-temperatur ϑ_v in °C	Standard-Bildungs-enthalpie ΔH_f° in $kJ \cdot mol^{-1}$	Standard-Entropie S^0 in $J \cdot mol^{-1} \cdot K^{-1}$
Natriumchlorid	NaCl	s	2,2	58,5	801	1465	−411	72
Natriumhydroxid	NaOH	s	2,1	40	322 p	1378	−427	64
Natriumnitrat	$NaNO_3$	s	2,3	85	310	z	−467	116
Phosphorpentoxid	P_2O_5	s	2,4	284	580	300 subl.	−3008	228
Phosphorsäure	H_3PO_4	s	1,8	98,0	42	213 z	−1286	110
Quecksilber(II)-oxid	HgO	s	11,1	216,6	500 z	–	−91	70
Salpetersäure	HNO_3	l	1,5	63	−47	86	−174	156
Schwefeldioxid ◆	SO_2	g	$2{,}926\ g \cdot l^{-1}$	64,1	−73	−10	−297	248
Schwefelsäure	H_2SO_4	l	1,8	98,1	10	338 z	−814	157
Schwefeltrioxid (α)	SO_3	l	2,75	80,1	17	45	−396	257
Schwefelwasserstoff ◆	H_2S	g	$1{,}529\ g \cdot l^{-1}$	34,1	−86	−62	−20,7	205,5
Silberbromid	AgBr	s	6,5	187,8	430	700 z	−100	107
Silberchlorid	AgCl	s	5,6	143,3	455	1564	−127	96
Silberiodid	AgI	s	5,7	234,8	557	1506	−62	115
Silbernitrat	$AgNO_3$	s	4,4	169,9	209	444z	−124	141
Siliziumdioxid	SiO_2	s	2,6	60,1	1700	2230	−911	42
Stickstoffdioxid ◆	NO_2	g	1,49 (l)	46,0	−11	21	9	304
Stickstoffmonooxid ◆	NO	g	$1{,}340\ g \cdot l^{-1}$	30	−164	−152	90	211
Wasser	H_2O	l	1,0	18,0	0	100	−285	70
Wasserstoffperoxid	H_2O_2	l	1,4	34,0	−0,4	158	−188	109
Zinkchlorid	$ZnCl_2$	s	2,9	136,3	283	732	−415	111
Zinkoxid	ZnO	s	5,5	81,4	1970	subl.	−348	44
Zinksulfid	ZnS	s	4,1	97,4	1020 p	subl.	−206	58

s – (solid) – fest   p – unter Druck   l – (liquid) – flüssig
subl. – sublimiert   g – (gaseous) – gasförmig   z – zersetzlich

◆ Dichte gasförmiger Stoffe bei 0 °C

Organische Verbindungen

Name	Formel	Aggre-gatzu-stand bei 25 °C	Dichte ◆ ρ in $g \cdot cm^{-3}$ bei 25 °C	Molare Masse in $g \cdot mol^{-1}$	Schmelz-tempe-ratur ϑ_s in °C	Siede-tempe-ratur ϑ_v in °C	Standard-Bildungs-enthalpie ΔH_f° in $kJ \cdot mol^{-1}$	Standard-Entropie S^0 in $J \cdot mol^{-1} \cdot K^{-1}$
2-Amino-Ethansäure	NH_2CH_2COOH	s	0,828	75,1	262z	–	−528,8	108,78
Aminobenzol	$C_6H_5NH_2$	l	1,02	93,1	−6,3	184,1	35,14	191,62
Benzoesäure	C_6H_5COOH	s	1,266 (15 °C)	122,1	122,4	249	−380,74	170,7
Benzol (Benzen)	C_6H_6	l	0,874	78,1	5,5	80,1	49,0	173,63
Benzaldehyd	C_6H_5CHO	l	1,042 (15 °C)	106,1	−26	178,1	−82,0	
Bromethan	C_2H_5Br	l	1,451	109	−118,6	38,4	−92	288 (g)
Buta-1,3-dien	C_4H_6	g	0,650 (−6 °C)	54,1	−108,9	−4,4	110	279
Butan ◆	C_4H_{10}	g	$2{,}703\ g \cdot l^{-1}$	58,1	−138,4	−0,5	−124,51	310,45
Butansäure	C_3H_7COOH	l	0,952	88,1	−5,2	163,3	−533,8	225,9

Name	Formel	Aggregatzustand bei 25 °C	Dichte ♦ ρ in $g \cdot cm^{-3}$ bei 25 °C	Molare Masse in $g \cdot mol^{-1}$	Schmelztemperatur ϑ_s in °C	Siedetemperatur ϑ_v in °C	Standard-Bildungsenthalpie ΔH_f° in $kJ \cdot mol^{-1}$	Standard-Entropie S^0 in $J \cdot mol^{-1} \cdot K^{-1}$
Butansäureethylester		l	0,879 (20 °C)	116,15	−93,3	120		
Chlorbenzol	C_6H_5Cl	l	1,106	112,6	−45	132	11	196,22
Chlorethan	C_2H_5Cl	g	0,917 (6 °C)	64,5	−136,4	12,3	−112	276
Chlorethansäure	$ClCH_2COOH$	s	1,404 (40 °C)	94,5	63	187,9	−513	
Chlormethan ♦	CH_3Cl	g	2,307 $g \cdot l^{-1}$	50,5	−97,7	−24,2	−86	235
Citronensäure	$C_6H_8O_7$	s	1,542	192,12	153			
Cyclohexan	C_6H_{12}	l	0,774	84,2	6,6	80,7	−157	205
1,2-Dibromethan	$C_2H_4Br_2$	l	2,169	187,9	9,8	131,4	−81	330 (g)
1,2-Dichlorbenzol	$C_6H_4Cl_2$	l	1,305	147,0	−17	179	−18	342 (g)
1,3-Dichlorbenzol	$C_6H_4Cl_2$	l	1,288	147,0	−25	172	−22	343 (g)
1,4-Dichlorbenzol	$C_6H_4Cl_2$	s	1,533	147,0	53	174	−42	337 (g)
1,2-Dichlorethan	$C_2H_4Cl_2$	l	1,246	99,0	−35,7	83,5	−165	308 (g)
Dichlorethansäure	$Cl_2CHCOOH$	l	1,563 (20 °C)	128,9	13,5	194	−501	
Dichlormethan	CH_2Cl_2	l	1,316	84,9	−95,1	39,8	−124	2707 (g)
1,3-Dihydroxybenzol (Resorcin)	$C_6H_4(OH)_2$	s	1,271 (15 °C)	110,1	109,8	276,5	−357,73	146,44
Dimethylether	C_2H_6O	g		46,1	−138,5	−23	−184	267
Ethan ♦	C_2H_6	g	1,356 $g \cdot l^{-1}$	30,1	−183,3	−88,6	−84,47	228,45
Ethanal	CH_3CHO	g	0,788 (13 °C)	44,1	−123	20,1	−166	264,0
1,2-Ethandiol	$C_2H_4(OH)_2$	l	1,109	62,1	−15,6	197,8	−451,87	166,94
Ethandisäure (Oxalsäure)	$(COOH)_2$	s	1,90 (17 °C)	90,0	157 subl.		−821,31	117,15
Ethanol	C_2H_5OH	l	0,785	46,1	−114,1	78,3	−278,31	158,99
Ethansäure	CH_3COOH	l	1,044	60,1	16,7	117,9	−486,18	158,99
Ethansäuremethylester	CH_3COOCH_3	l	0,933	74,1	−98,1	57,0	−442	
Ethen ♦	C_2H_4	g	1,260 $g \cdot l^{-1}$	28,1	−169,2	−103,7	52,55	219,53
Ethin ♦	C_2H_2	g	1,170 $g \cdot l^{-1}$	26,0	−80,8	−84,0	225,51	200,95
Glucose (α-D-Glucose)	$C_6H_{12}O_6$	s	1,54	180,0	146	200z		
Harnstoff	$CO(NH_2)_2$	s	1,32	60,1	132,7	z	−330,95	104,6
Hexadekansäure (Palmitinsäure)	$C_{15}H_{31}COOH$	s	0,85 (62 °C)	256,4	62,2	219p	−917,3	475,72
Hexan	C_6H_{14}	l	0,655	86,2	−95,3	68,7	−211,29	297,9
Methan ♦	CH_4	g	0,717 $g \cdot l^{-1}$	16,0	−182,5	−161,5	−74,67	186,02
Methanal	$HCHO$	g	0,82 (−20 °C)	30,0	−117	−19,2	−118,40	217,56
Methanol	CH_3OH	l	0,787	32,0	−97,7	64,5	−238,48	126,77

Chemie

Name	Formel	Aggre-gatzu-stand bei 25 °C	Dichte ♦ ρ in $g \cdot cm^{-3}$ bei 25 °C	Molare Masse in $g \cdot mol^{-1}$	Schmelz-tempe-ratur ϑ_s in °C	Siede-tempe-ratur ϑ_v in °C	Standard-Bildungs-enthalpie ΔH_f° in $kJ \cdot mol^{-1}$	Standard-Entropie S^0 in $J \cdot mol^{-1} \cdot K^{-1}$
Methansäure	HCOOH	l	1,214	46,0	8,4	101	−416,43	138,07
Methylbenzen (Toluen)	$C_6H_5CH_3$	l	0,862	92,1	−95	110,6	15,1	217,71
Milchsäure	$C_3H_6O_3$	s		90,08	25−26	z		143
Nitrobenzol	$C_6H_5NO_2$	l	1,198	123,1	5,7	210,8	17,99	221,75
Oktadekansäure (Stearinsäure)	$C_{17}H_{35}COOH$	s	0,84 (80 °C)	284,5	69,4	291p	−954,37	
Pentan	C_5H_{12}	l	0,621	72,1	−129,7	36,1	−168,19	259,40
Phenol	C_6H_5OH	s	1,132	94,1	41,0	181,8	−155,22	142,25
Phtalsäure	$C_6H_4(COOH)_2$	s	1,593	166,1	210−211	z	−782	208
Propan ♦	C_3H_8	g	$2,019 \ g \cdot l^{-1}$	44,1	−187,7	−42,1	−103,63	270,70
Propan-1-ol	C_3H_7OH	l	0,799	60,1	−126,2	97,2	−302,5	192,46
Propan-2-ol	C_3H_7OH	l	0,781	60,1	−88,5	82,3		
Propanon (Aceton)	CH_3COCH_3	l	0,785	58,1	−94,7	56,1	−235,14	199,99
1,2,3-Propantriol (Glycerin)	$C_3H_5(OH)_3$	l	1,26	92,1	17,9	290	−659,8	204,59
Tetrachlormethan	CCl_4	l	1,584	153,8	−23,0	76,5	−141,4	217,56
Trichlormethan (Chloroform)	$CHCl_3$	l	1,480	119,4	−63,5	61,7	−132	296 (g)
Trichlorethansäure	Cl_3CCOOH	s	1,62	163,4	58	197,6	−509	

♦ Dichte gasförmiger Stoffe bei 0 °C

Allgemeine Stoff- und Reaktionskonstanten

Dichten von handelsüblichen konzentrierten Lösungen

	HCl, 37 %	H_2SO_4, 96 %	HNO_3, 65 %	NaOH, 33 %	KOH, 40 %	NH_3, 25 %
ρ in $g \cdot ml^{-1}$	1,18	1,84	1,39	1,36	1,40	0,91

Säure-Base-Indikatoren

Name	angezeigte Farben pH_1 < pH_2		pH-Umschlagsbereich
Thymolblau	rot	gelb	1,2 − 2,8
Methylorange	rot	gelb	3,1 − 4,4
Methylrot	rosa	gelb	4,4 − 6,2
Lackmus	rot	blau	5,0 − 8,0
Bromthymolblau	gelb	blau	6,0 − 7,6
Phenolphthalein	farblos	rot	8,3 − 10,0

Ch1

Chemie

Löslichkeitsprodukte einiger Salze und Hydroxide (25 °C)

Name	Formel	K_L-Zahlenwert	Einheit	pK$_L$-Wert
Aluminiumhydroxid	$Al(OH)_3$	$1 \cdot 10^{-33}$	$mol^4 \cdot l^{-4}$	33
Bariumhydroxid	$Ba(OH)_2$	$5 \cdot 10^{-3}$	$mol^3 \cdot l^{-3}$	2,3
Bariumcarbonat	$BaCO_3$	$5 \cdot 10^{-9}$	$mol^2 \cdot l^{-2}$	8,3
Bariumsulfat	$BaSO_4$	$1 \cdot 10^{-10}$	$mol^2 \cdot l^{-2}$	10
Blei(II)-hydroxid	$Pb(OH)_2$	$6 \cdot 10^{-16}$	$mol^3 \cdot l^{-3}$	15,2
Blei(II)-chlorid	$PbCl_2$	$2 \cdot 10^{-5}$	$mol^3 \cdot l^{-3}$	4,7
Blei(II)-sulfid	PbS	$1 \cdot 10^{-28}$	$mol^2 \cdot l^{-2}$	28
Blei(II)-sulfat	$PbSO_4$	$2 \cdot 10^{-8}$	$mol^2 \cdot l^{-2}$	7,7
Calciumhydroxid	$Ca(OH)_2$	$4 \cdot 10^{-6}$	$mol^3 \cdot l^{-3}$	5,4
Calciumcarbonat	$CaCO_3$	$5 \cdot 10^{-9}$	$mol^2 \cdot l^{-2}$	8,3
Calciumsulfat	$CaSO_4$	$2 \cdot 10^{-5}$	$mol^2 \cdot l^{-2}$	4,7
Eisen(III)-hydroxid	$Fe(OH)_3$	$4 \cdot 10^{-40}$	$mol^4 \cdot l^{-4}$	39,4
Eisen(II)-sulfid	FeS	$5 \cdot 10^{-18}$	$mol^2 \cdot l^{-2}$	17,3
Kupfer(II)-sulfid	CuS	$6 \cdot 10^{-36}$	$mol^2 \cdot l^{-2}$	35,2
Magnesiumhydroxid	$Mg(OH)_2$	$1 \cdot 10^{-11}$	$mol^3 \cdot l^{-3}$	11
Quecksilber(II)-sulfid	HgS (rot)	$4 \cdot 10^{-53}$	$mol^2 \cdot l^{-2}$	52,4
Silberbromid	$AgBr$	$5 \cdot 10^{-13}$	$mol^2 \cdot l^{-2}$	12,3
Silberchlorid	$AgCl$	$2 \cdot 10^{-10}$	$mol^2 \cdot l^{-2}$	9,7
Silberiodid	AgI	$8 \cdot 10^{-17}$	$mol^2 \cdot l^{-2}$	16,1
Silberhydroxid	$AgOH$	$2 \cdot 10^{-8}$	$mol^2 \cdot l^{-2}$	7,7
Zinkhydroxid	$Zn(OH)_2$	$3 \cdot 10^{-17}$	$mol^3 \cdot l^{-3}$	16,5
Zinkcarbonat	$ZnCO_3$	$6 \cdot 10^{-11}$	$mol^2 \cdot l^{-2}$	10,2

Säure-Base-Konstanten und pK$_S$- bzw. pK$_B$-Werte für ausgewählte Säure-Base-Paare bei 25 °C (pK$_S$ = −lg {K$_S$})

Säure	K_S in mol $\cdot$ l^{-1}	pK$_S$	korrespondierende Base	K_B in mol $\cdot$ l^{-1}	pK$_B$
$HClO_4$	$\approx 10^9$	≈ -9	ClO_4^-	$\approx 10^{-23}$	≈ 23
HCl	$\approx 10^7$	≈ -7	Cl^-	$\approx 10^{-21}$	≈ 21
H_2SO_4	$\approx 10^3$	≈ -3	HSO_4^-	$\approx 10^{-17}$	≈ 17
H_3O^+	$5,49 \cdot 10^1$	$-1,74$	H_2O	$1,82 \cdot 10^{-16}$	15,74
HNO_3	$2,09 \cdot 10^1$	$-1,32$	NO_3^-	$4,79 \cdot 10^{-16}$	15,32
HSO_4^-	$1,2 \cdot 10^{-2}$	1,92	SO_4^{2-}	$8,32 \cdot 10^{-13}$	12,08
H_3PO_4	$1,09 \cdot 10^{-2}$	1,96	$H_2PO_4^-$	$9,12 \cdot 10^{-13}$	12,04
HF	$7,2 \cdot 10^{-4}$	3,14	F^-	$1,38 \cdot 10^{-11}$	10,86
$HCOOH$	$1,78 \cdot 10^{-4}$	3,75	$HCOO^-$	$5,62 \cdot 10^{-11}$	10,25
CH_3COOH	$1,78 \cdot 10^{-5}$	4,75	CH_3COO^-	$5,62 \cdot 10^{-10}$	9,25
H_2CO_3	$3,02 \cdot 10^{-7}$	6,52	HCO_3^-	$3,31 \cdot 10^{-8}$	7,48
H_2S	$1,20 \cdot 10^{-7}$	6,92	HS^-	$8,32 \cdot 10^{-8}$	7,08

Chemie

Säure	K_S in mol · l^{-1}	pK_S	korrespondie-rende Base	K_B in mol · l^{-1}	pK_B
$H_2PO_4^-$	$7,58 \cdot 10^{-8}$	7,12	HPO_4^{2-}	$1,31 \cdot 10^{-7}$	6,88
NH_4^+	$5,62 \cdot 10^{-10}$	9,25	NH_3	$1,78 \cdot 10^{-5}$	4,75
HCN	$3,98 \cdot 10^{-10}$	9,40	CN^-	$2,51 \cdot 10^{-5}$	4,60
HCO_3^-	$3,98 \cdot 10^{-11}$	10,40	CO_3^{2-}	$2,51 \cdot 10^{-4}$	3,60
HPO_4^{2-}	$4,78 \cdot 10^{-13}$	12,32	PO_4^{3-}	$2,08 \cdot 10^{-2}$	1,68
H_2O	$1,82 \cdot 10^{-16}$	15,74	OH^-	$5,49 \cdot 10^{1}$	−1,74
$[Zn(H_2O_6]^{2+}$	$2,45 \cdot 10^{-10}$	9,61	$[Zn(OH)(H_2O)_5]^+$	$4,07 \cdot 10^{-5}$	4,39
$[Al(H_2O)_6]^{3+}$	$1,41 \cdot 10^{-5}$	4,85	$[Al(OH)(H_2O)_5]^{2+}$	$7,08 \cdot 10^{-10}$	9,15
$[Fe(H_2O)_6]^{3+}$	$6,03 \cdot 10^{-3}$	2,22	$[Fe(OH)(H_2O)_5]^{2+}$	$1,66 \cdot 10^{-12}$	11,78

Elektrochemische Spannungsreihe, Standardpotentiale E^0

Reaktion	E^0 in V	Reaktion	E^0 in V
$Li^+ + e^- \rightleftharpoons Li_{(s)}$	−3,04	$Fe^{3+} + 3\,e^- \rightleftharpoons Fe_{(s)}$	−0,02
$Ca + 2\,OH^- \rightleftharpoons Ca(OH)_2 + 2e^-$	−3,03	$2\,H^+ + 2\,e^- \rightleftharpoons H_{2(g)}$	0,00
$K^+ + e^- \rightleftharpoons K_{(s)}$	−2,92	$Cu^{2+} + 2\,e^- \rightleftharpoons Cu_{(s)}$	0,35
$Ba^{2+} + 2\,e^- \rightleftharpoons Ba_{(s)}$	−2,90	$O_{2(g)} + 2\,H_2O + 4\,e^- \rightleftharpoons 4\,OH^-$	0,40
$Ca^{2+} + 2\,e^- \rightleftharpoons Ca_{(s)}$	−2,87	$Fe^{3+} + e^- \rightleftharpoons Fe^{2+}$	0,77
$Na^+ + e^- \rightleftharpoons Na_{(s)}$	−2,71	$Ag^+ + e^- \rightleftharpoons Ag_{(s)}$	0,80
$Mg + 2\,OH^- \rightleftharpoons Mg(OH)_2 + 2e^-$	−2,63	$Hg^{2+} + 2\,e^- \rightleftharpoons Hg_{(l)}$	0,85
$Mg^{2+} + 2\,e^- \rightleftharpoons Mg_{(s)}$	−2,36	$Br_{2(l)} + 2\,e^- \rightleftharpoons 2\,Br^-$	1,07
$Al^{3+} + 3\,e^- \rightleftharpoons Al_{(s)}$	−1,66	$Pt^{2+} + 2\,e^- \rightleftharpoons Pt_{(s)}$	1,20
$Zn^{2+} + 2\,e^- \rightleftharpoons Zn_{(s)}$	−0,76	$O_{2(g)} + 4\,H^+ + 4\,e^- \rightleftharpoons 2\,H_2O$	1,23
$Cr^{3+} + 3\,e^- \rightleftharpoons Cr_{(s)}$	−0,74	$Cl_{2(g)} + 2\,e^- \rightleftharpoons 2\,Cl^-$	1,36
$Fe^{2+} + 2\,e^- \rightleftharpoons Fe_{(s)}$	−0,41	$Au^{3+} + 2\,e^- \rightleftharpoons Au^+$	1,41
$Cd^{2+} + 2\,e^- \rightleftharpoons Cd_{(s)}$	−0,40	$PbO_{2(s)} + 4\,H^+ + 2\,e^- \rightleftharpoons Pb^{2+} + 2\,H_2O$	1,46
$PbSO_{4(s)} + 2\,e^- \rightleftharpoons Pb_{(s)} + SO_4^{2-}$	−0,36	$Au^+ + e^- \rightleftharpoons Au_{(s)}$	1,68
$Ni^{2+} + 2\,e^- \rightleftharpoons Ni_{(s)}$	−0,23	$PbO_{2(s)} + 4\,H^+ + SO_4^{2-} + 2\,e^- \rightleftharpoons$	1,69
$Cu + 2\,OH^- \rightleftharpoons Cu(OH)_2 + 2e^-$	−0,22	$PbSO_{4(s)} + 2\,H_2O$	
$Sn^{2+} + 2\,e^- \rightleftharpoons Sn_{(s)}$	−0,14	$F_{2(g)} + 2e^- \rightleftharpoons 2F^-$	2,87
$Pb^{2+} + 2\,e^- \rightleftharpoons Pb_{(s)}$	−0,13		

Ebullioskopische und kryoskopische Konstanten

Lösungsmittel	Siedetemperatur in °C	Schmelztempe-ratur in °C	K_e in K · kg · mol^{-1}	K_k in K · kg · mol^{-1}
Wasser	100	0,0	0,515	1,853
Ethanol	78,3	−114,1	1,20	7,30
Methanol	64,5	−97,7	0,84	−
Essigsäure	117,9	16,7	3,07	3,9

Chemie

Stabilitätskonstanten von Komplex-Ionen bei 298 °K *

Z	Li	lgK	Z	Li	lgK
Ag^+	$+ 2\,CN^- \rightleftharpoons [Ag(CN)_2]^-$	20	Fe^{2+}	$+ 6\,CN^- \rightleftharpoons [Fe(CN)_6]^{4-}$	37
Ag^+	$+ 2\,NH_3 \rightleftharpoons [Ag(NH_3)_2]^+$	7	Fe^{3+}	$+ 6\,CN^- \rightleftharpoons [Fe(CN)_6]^{3-}$	44
Ag^+	$+ 2\,S_2O_3^{2-} \rightleftharpoons [Ag(S_2O_3)_2]^{3-}$	13	Hg^{2+}	$+ 4\,CN^- \rightleftharpoons [Hg(CN)_4]^{2-}$	41
Al^{3+}	$+ 6\,F^- \rightleftharpoons [AlF_6]^{3-}$	20	Hg^{2+}	$+ 4\,Cl^- \rightleftharpoons [HgCl_4]^{2-}$	16
Cd^{2+}	$+ 4\,NH_3 \rightleftharpoons [Cd(NH_3)_4]^{2+}$	7	Ni^{2+}	$+ 4\,CN^- \rightleftharpoons [Ni(CN)_4]^{2-}$	31
CO^{2+}	$+ 6\,NH_3 \rightleftharpoons [CO(NH_3)_6]^{2+}$	5	Ni^{2+}	$+ 6\,NH_3 \rightleftharpoons [Ni(NH_3)_6]^{2+}$	8
CO^{3+}	$+ 6\,NH_3 \rightleftharpoons [CO(NH_3)_6]^{3+}$	34	Zn^{2+}	$+ 4\,CN^- \rightleftharpoons [Zn(CN)_4]^{2-}$	20
Cu^+	$+ 2\,NH_3 \rightleftharpoons [Cu(NH_3)_2]^+$	11	Zn^{2+}	$+ 4\,NH_3 \rightleftharpoons [Zn(NH_3)_4]^{2+}$	9
Cu^{2+}	$+ 4\,NH_3 \rightleftharpoons [Cu(NH_3)_4]^{2+}$	13			

* Reaktionsteilnehmer in wäßriger Lösung; c in $mol \cdot l^{-1}$; $Z + n\,Li \rightleftharpoons Z\,Li_n$ $K = \dfrac{C_{Z\,Li_n}}{C_Z \cdot C_{Li}^n}$

Anmerkung: Die Komplex-Ionen werden immer in zwei eckige Klammern gesetzt (z.B. $[Zn(CN)_4]^{2-}$).

Gitterenthalpien von Ionenverbindungen bei 298 K ($\Delta H_{298}/KJ \cdot mol^{-1}$)

	F^-	Cl^-	Br^-	I^-
Li^+	1039	850	802	742
Na^+	920	780	740	692
K^+	816	710	680	639
Cs^+	749	651	630	599
Be^+	3476	2994	2896	2784
Mg^{2+}	2949	2502	2402	2293
Ca^{2+}	2617	2231	2134	2043
Ba^{2+}	2330	2024	1942	1838
Sr^{2+}	2482	2129	2040	1940

Bindungslängen, Bindungsenergien für die Hybridisierungszustände des C-Atoms

Bindungen zwischen zwei C-Atomen im Hybridisierungszustand	Bindungssymbol	Bindungslänge zwischen C-Atomen	Bindungsenergie der entsprechenden Bindung
sp^3	C–C	$1,54 \cdot 10^{-10}$ m	$348\ kJ \cdot mol^{-1}$
sp^2	C=C	$1,34 \cdot 10^{-10}$ m	$614\ kJ \cdot mol^{-1}$
sp	C≡C	$1,20 \cdot 10^{-10}$ m	$839\ kJ \cdot mol^{-1}$
sp^2 (konjugiert)	–C=C–C=C–	C=C $1,35 \cdot 10^{-10}$ m C–C $1,46 \cdot 10^{-10}$ m	
sp^2 (aromatisch)	C⸺C (Benzol)	$1,397 \cdot 10^{-10}$ m	

Kinetik

Reaktionsgeschwindigkeit	$V = \dfrac{\Delta c}{\Delta t}$	Δc Δt	Konzentrationsänderung Zeitspanne
ARRHENIUS-Gleichung	$k = A \cdot e^{\frac{-E_A}{R \cdot T}}$ $E_A = (\ln\{A\} - \ln\{k\}) \cdot R \cdot T$	{A} {k} E_A T R	Zahlenwert der Aktivitätskonstanten Zahlenwert der Reaktionsgeschwindigkeitskonstanten Aktivierungsenergie Temperatur universelle Gaskonstante (S. 11)

Chemie

Gasgesetze
unter „Thermisches Verhalten der idealen Gasen" S. 81, 82

Atombau
siehe auch S. 19, 92, 93, 94

Atom- und Ionenradien ausgewählter Elemente

Element		Atomradius in 10^{-10} m	Ionenradius in 10^{-10} m	Ionen-ladung	Element		Atomradius in 10^{-10} m	Ionenradius in 10^{-10} m	Ionen-ladung
Aluminium	Al	1,43	0,50	+ 3	Lithium	Li	1,52	0,60	+ 1
Beryllium	Be	1,12	0,31	+ 2	Magnesium	Mg	1,60	0,65	+ 2
Bor	B	0,88			Natrium	Na	1,86	0,95	+ 1
Brom	Br	1,14	1,95	− 1	Sauerstoff	O	0,66	1,45	− 2
Caesium	Cs	2,62	1,69	+ 1	Schwefel	S	1,04	1,84	− 2
Calcium	Ca	1,97	0,97	+ 2	Silicium	Si	1,17	0,39	+ 4
Chlor	Cl	0,99	1,81	− 1	Stickstoff	N	0,70		
Eisen	Fe	1,24	0,83	+ 2	Silber	Ag	1,44	1,26	+ 1
Fluor	F	0,64	1,36	− 1	Phoshor	P	1,10		
Gallium	Ga	1,22	0,62	+ 3	Wasserstoff	H	0,30		
Germanium	Ge	1,22	0,53	+ 4	Rubidium	Rb	2,44	1,48	+ 1
Kalium	K	2,02	1,33	+ 1	Selen	Se	1,17	1,98	− 2
Kohlenstoff	C	0,77			Iod	I	1,33	2,16	− 1
Kupfer	Cu	1,28	0,96	+ 1					

Stöchiometrie

Stöchiometrisches Rechnen

Relative Atom-masse A_r	$A_r = \dfrac{A}{u}$	$1u = 1,660\,540 \cdot 10^{-27}$ kg $1u = \dfrac{1}{12}$ der Masse eines Atoms [^{12}C] Kohlenstoff A absolute Atommasse
Stoffmenge n	$n = \dfrac{m}{M} = \dfrac{V}{V_m} = \dfrac{N}{N_A}$	m Masse M molare Masse V Volumen
Molare Masse M	$M = \dfrac{m}{n}$	V_m molares Volumen N Teilchenzahl einer abgeschlossenen Stoff-menge
Molares Volumen V_m	$V_m = \dfrac{V}{n}$	N_A AVOGADRO-Konstante (S. 11)
Stöchiometrische Verhältnisse:		
Masse/Masse	$\dfrac{m_1}{m_2} = \dfrac{M_1 \cdot n_1}{M_2 \cdot n_2}$	m_1, m_2 Massen der Stoffe 1 und 2 n_1, n_2 Stoffmengen der Stoffe 1 und 2 M_1, M_2 molare Massen der Stoffe 1 und 2
Masse/Volumen	$\dfrac{m_1}{V_2} = \dfrac{M_1 \cdot n_1}{V_{n,2} \cdot n_2}$	V_1, V_2 Volumen der gasförmigen Stoffe 1 und 2 bei 0 °C und 101 325 Pa
Volumen/Volumen	$\dfrac{V_1}{V_2} = \dfrac{n_1}{n_2}$	$V_{n,2}$ molares Normvolumen des gasförmigen Stoffes 2
Ausbeute η	$\eta = \dfrac{n_{real}}{n_{max}}$	n_{real} real erhaltene Stoffmenge n_{max} maximal erhaltene Stoffmenge

Ch2

Chemie

Zusammensetzung von Lösungen

Massenanteil ω_i	$\omega_i = \dfrac{m_i}{m}$	m_i	Masse der Komponente i
		m	Gesamtmasse des Stoffgemisches
Volumenanteil φ_i	$\varphi_i = \dfrac{V_i}{V_0}$	V_i	Volumen der Komponente i
		V_0	Gesamtvolumen vor dem Mischvorgang
Stoffmengenanteil κ_i (Molenbruch)	$\kappa_i = \dfrac{n_i}{n}$	n_i	Stoffmenge der Komponente i
		n	Gesamtstoffmenge des Stoffgemisches
Massenkonzentration β_i	$\beta_i = \dfrac{m_i}{V}$	V	Gesamtvolumen der Lösung nach dem Mischvorgang
Volumenkonzentration σ_i	$\sigma_i = \dfrac{V_i}{V}$		
Stoffmengenkonzentration c_i	$c_i = \dfrac{n_i}{V}$		
Mischungsgleichung	$\omega_1 \cdot m_1 + \omega_2 \cdot m_2 = \omega_E \cdot (m_1 + m_2)$	ω_1, ω_2	Massenanteile der Lösungen 1 und 2
		m_1, m_2	Massen der Lösungen 1 und 2
		ω_E	Massenanteil der gewünschten Lösung

Chemisches Gleichgewicht

Massenwirkungsgesetz	$K_C = \dfrac{c^{\vartheta_C}(C) \cdot c^{\vartheta_D}(D)}{c^{\vartheta_A}(A) \cdot c^{\vartheta_B}(B)}$	Reaktion $\vartheta_A\,A + \vartheta_B\,B \rightleftharpoons \vartheta_C\,C + \vartheta_D\,D$	
		K_C	Gleichgewichtskonstante
		c	Stoffmengenkonzentration (S. 8)
		ϑ	stöchiometrischer Faktor
Ionenprodukt des Wassers K_W	$K_W = c(H_3O^+) \cdot c(OH^-)$ $= 10^{-14} \text{ mol}^2 \cdot l^{-2}$	Es gilt für das Gleichgewicht bei 22 °C: $2\,H_2O \rightleftharpoons H_3O^+ + OH^-$	
pH-Wert	Für verdünnte wäßrige Lösungen gilt: $pH = -\lg\{c(H_3O^+)\}$	$\{c(H_3O^+)\}$	Zahlenwert der molaren Hydroniumionenkonzentration (Oxoniumionenkonzentration)
Säure-Base-Reaktion nach BRÖNSTED	$HA + B \rightleftharpoons A^- + HB^+$	HA Säure 1 $\quad$ A^- Base 1 HB$^+$ Säure 2 $\quad$ B Base 2	
Säurekonstante K_S	$K_S = \dfrac{c(H_3O^+) \cdot c(A^-)}{c(HA)}$ $\quad pK_S = -\lg\{K_S\}$	Es gilt für das Gleichgewicht: $HA + H_2O \rightleftharpoons H_3O^+ + A^-$ $\{K_S\}$ Zahlenwert der Säurekonstante	
Basekonstante K_B	$K_B = \dfrac{c(HB^+) \cdot c(OH^-)}{c(B)}$ $\quad pK_B = -\lg\{K_B\}$	Es gilt für das Gleichgewicht: $B + H_2O \rightleftharpoons HB^+ + OH^-$ $\{K_B\}$ Zahlenwert der Basekonstante	
HENDERSON-HASSELBALCH Puffergleichung	$pH = pK_S + \lg\dfrac{c(A^-)}{c(HA)}$	c(HA) Gleichgewichtskonzentration einer schwachen Säure $c(A^-)$ Gleichgewichtskonzentration des Anions einer schwachen Base	
Löslichkeitsprodukt K_L	$K_L(A_xB_y) = c^x(A^{m+}) \cdot c^y(B^{n-})$	x Anzahl der Kationen in der Formeleinheit y Anzahl der Anionen in der Formeleinheit $c(A^{m+})$ Konzentration der Kationen $c(B^{n-})$ Konzentration der Anionen	
Molare Löslichkeit	$C_{A_xB_y} = \sqrt[x+y]{\dfrac{K_L(A_xB_y)}{x^x \cdot y^y}}$	$A_xB_y \rightleftharpoons xA^{m+} + yB^{n-}$	
OSTWALD-Verdünnungsgesetz	$K_p = \dfrac{c(K^+) \cdot c(A^-)}{c(KA)} = \dfrac{\alpha^2}{1-\alpha} \cdot c_o$	K_p Protolysekonstante α Protolysegrad $c(A^-)$ Konzentration der Anionen $c(K^+)$ Konzentration der Kationen c_o Gesamtkonzentration $c(KA)$ Konzentration von nicht protolysiertem Elektrolyt	

Chemie

Elektrochemie

NERNSTsche Gleichung (S. 108)	$E = E^0 + \dfrac{R \cdot T}{z \cdot F} \cdot \ln \dfrac{c(Ox)}{c(Red)}$ Für eine Temperatur von 25 °C gilt: $E = E^0 + \dfrac{0{,}059\,V}{z} \cdot \lg \dfrac{c(Ox)}{c(Red)}$	E E^0 R T z F c	Redoxpotential Standardpotential des entsprechenden Redoxpaares in V universelle Gaskonstante (S. 11) Temperatur Ionenwertigkeit FARADAY-Konstante (S. 11) Konzentration der Halbelemente
Berechnung nach den Faradayschen Gesetzen	$I \cdot t = n \cdot z \cdot F$ $\dfrac{M}{m} = \dfrac{F \cdot z}{I \cdot t}$	M m F z I t n	molare Masse Masse FARADAY-Konstante (S. 11) pro Formelumsatz ausgetauschte Zahl von Elektronen Stromstärke Zeit Stoffmenge

Energetik

Grundbegriffe S. 79, 80

Molare Reaktionsenthalpie $\Delta_R H$	$\Delta_R H = \Delta U + p \cdot \Delta V$	ΔU $p \cdot \Delta V$ $\Delta_R S$ T	Änderung der inneren Energie (S. 80) Volumenarbeit (S. 80) Differenz der Entropien der Edukte und Produkte $\cong$ Molare Reaktionsentropie Reaktionstemperatur in K
Molare freie Reaktionsenthalpie $\Delta_R G$ (GIBBS-HELMHOLTZ-Gleichung)	$\Delta_R G = \Delta_R H - T \cdot \Delta_R S$		
Molare freie Standardenthalpie $\Delta G°$ und Gleichgewichtskonstante k_c	$\Delta G° = -R \cdot T \cdot \ln k_c$	T R	Temperatur universelle Gaskonstante (S. 11)
van't HOFFsche Gleichung	$\ln \dfrac{k_2}{k_1} = -\dfrac{\Delta_R H}{R} \cdot \left(\dfrac{1}{T_2} - \dfrac{1}{T_1} \right)$	k_2, k_1 ΔH T_2, T_1	Gleichgewichtskonstanten zu T_2 und T_1 Änderung der molaren Reaktionsenthalpie Temperaturen graphische Enthalpieermittlung $\Delta_R H = R \cdot \left(-\dfrac{\Delta \ln k}{\Delta \frac{1}{T}} \right)$
Satz von HESS	$\Delta_R H_1 = \Delta_R H_2 + \Delta_R H_3$		
Berechnung der molaren Reaktionsenthalpie $\Delta_R H^0$ nach dem Satz von HESS	$\Delta_R H^0 = (\Delta H_f{}^0_{AC} + \Delta H_f{}^0_{BD}) - (\Delta H_f{}^0_{AB} + \Delta H_f{}^0_{CD})$	Es gilt für die Reaktion bei 25 °C und 101,3 kPa: $AB + CD \rightarrow AC + BD$ $\Delta H_f{}^0$ Molare Standard-Bildungsenthalpien der beteiligten Stoffe	

Biologie

Physiologie/Biochemie

Photosynthese/Atmung

Biomasseproduktion	$S = Pb - (R + m_V)$ $Pn = Pb - R$	S	Langfristiger Stoffgewinn für den betrachteten Organismus
		Pb	Brutto-Primärproduktion
		Pn	Netto-Primärproduktion
		R	Stoffverlust durch Atmung
		m_V	Verlustmasse (z.B. abgeworfene Blätter)
Respiratorischer Quotient RQ	$RQ = \dfrac{n(CO_2)_{aus} - n(CO_2)_{ein}}{n(O_2)_{ein} - n(O_2)_{aus}}$ $= \dfrac{n(CO_2)_{gebildet}}{n(O_2)_{verbraucht}} = \dfrac{V_{CO_2\,gebildet}}{V_{O_2\,verbraucht}}$	$n(CO_2)_{aus/ein}$	Aus- bzw. eingeatmete Stoffmenge an Kohlenstoffdioxid
		$n(O_2)_{ein/aus}$	Ein- bzw. ausgeatmete Stoffmenge an Sauerstoff
		V_{CO_2}	Gebildetes Kohlenstoffdioxidvolumen
		V_{O_2}	Verbrauchtes Sauerstoffvolumen

Enzymreaktionen

MICHAELIS-MENTEN-Konstante K_M LINEWEAVER-BURK-Gleichung	$K_M = \dfrac{V_{max}}{2} \cdot c(S)$ Doppelt reziproke Darstellung: $\dfrac{1}{v_0} = \dfrac{K_M}{V_{max}} \cdot \dfrac{1}{c(S)} + \dfrac{1}{V_{max}}$	
Reaktionsgeschwindigkeit v_0 einer Enzymreaktion	$v_0 = \dfrac{V_{max} \cdot c(S)}{K_M + c(S)}$	V_{max} Maximale Reaktionsgeschwindigkeit $c(S)$ Substratkonzentration

Diffusion

1. FICKsches Diffusionsgesetz	$\dfrac{dn}{dt} = -D \cdot A \cdot \dfrac{dc}{dx}$	n	Stoffmenge (S. 105)
		t	Diffusionszeit
		A	Durchtrittsfläche
2. FICKsches Diffusionsgesetz	$x = D \cdot \sqrt{t}$ $t_{max} = \dfrac{x^2}{2 \cdot D}$	D	Diffusionskonstante
		x	Diffusionsweg
		c	Konzentration
		t_{max}	Maximale Diffusionszeit
Diffusion durch eine Membran	$\dfrac{dn}{dt} = -D \cdot A \cdot \dfrac{(c_i - c_a)}{z}$	c_i; c_a	Konzentration beiderseits der Membran (innen und außen)
		z	Dicke der Membran
Diffusionspotential E_D (NERNSTsche Gleichung) (S. 107)	$E_D = \dfrac{R \cdot T}{z \cdot F} \cdot \ln \dfrac{c(Ion)_I}{c(Ion)_{II}}$	R	universelle Gaskonstante (S. 11)
		T	Absolute Temperatur
		z	Ionenwertigkeit
		F	FARADAY-Konstante (S. 11)
		$c(Ion)_I$	Ionenkonzentration der Lösung I
		$c(Ion)_{II}$	Ionenkonzentration der Lösung II

Osmose

Osmotische Zustandsgleichung der Zelle	$S = O - W$ $O = c \cdot R \cdot T$	T	Absolute Temperatur
		R	universelle Gaskonstante (S. 11)
		c	Konzentration
		O	Osmotischer Druck
		S	Saugkraft der Zelle
		W	Turgordruck (Wanddruck)

Wasserhaushalt

Trockengewicht TG	Unter der Bedingung nach 24 Stunden bei 110 ° C gilt: $TG = FG - WG$	FG m_V W_{max} W_a	Frischgewicht Verlustmasse beim Glühen Maximal möglicher Wassergehalt Zur Zeit vorhandener Wassergehalt (aktueller Wassergehalt)
Wassergehalt WG	$WG = FG - TG$		
Aschegewicht AG	$AG = TG - m_V$	m_{Wab}	Masse der abgegebenen Wassermenge pro Zeiteinheit
Wasserdefizit Wd (Wasserverlust)	$Wd = \dfrac{W_{max} - W_a}{W_{max}} \cdot 100\ \%$	m_{Wauf} V_{Wab}	Masse der aufgenommenen Wassermenge pro Zeiteinheit Abgegebenes Wasservolumen pro Zeiteinheit
Bilanzquotient BQ des Wassers	$BQ = \dfrac{m_{Wab}}{m_{Wauf}} \cong \dfrac{V_{Wab}}{V_{Wauf}}$ Ist BQ > 1, welkt der Organismus	V_{Wauf}	Aufgenommenes Wasservolumen pro Zeiteinheit

Untersuchungsmethoden

Mikroskopische Gesamtvergrößerung V_G	$V_G = V_{Obj} \cdot V_{Ok}$	V_{Obj} V_{Ok}	Objektivvergrößerung Okularvergrößerung
Mikroskopisches Auflösungsvermögen d	$d = \dfrac{\lambda}{A_{Obj}}$	λ A_{Obj}	Wellenlänge des Lichts (S. 9, 19, 90) Numerische Apertur des Objektivs (siehe Objektivaufschrift)
Papier- und Dünnschichtchromatographie Rf-Wert	$Rf = \dfrac{I_{Fleck}}{I_{Lauf}}$	I_{Fleck} I_{Lauf}	Laufstrecke der Substanz (Start bis Fleckenmittelpunkt) Laufstrecke des Lösungsmittels (Start bis Laufmittelfront)

Humanbiologie

Die Formeln in diesem Abschnitt stellen meist Faustregeln dar, die empirisch gefunden wurden und vor allem auf den „durchschnittlichen Organismus" zu beziehen sind.

Sexualbiologie/Entwicklung

PEARL-Index PI (Versagerquote)	$PI = \dfrac{N}{N_{Anwender} \cdot t}$	N t $N_{Anwender}$	Anzahl der ungewollten Schwangerschaften Beobachtungszeitraum in Jahren Anzahl der Anwender/innen
Berechnung des Entbindungstermins ET (NAEGELEsche Regel)	$Et = T_m + 7, M_m - 3, J_m + 1$	$(T, M, J)_m$ *Beispiel*:	Termin des ersten Tages der letzten Menstruation (T Tag, M Monat, J Jahr) T, M, J = 20.06.1992 20 + 7, 6 − 3, 1992 +1 Et = 27.03.1993
Intelligenzquotient IQ	$IQ = \dfrac{\text{Intelligenzalter}}{\text{Lebensalter}} \cdot 100$		Das Intelligenzalter ergibt sich aus Ergebnissen eines Intelligenztests; der IQ wurde für Jugendliche und Kinder unter 15 Jahren abgeleitet.
Voraussichtliche Körpergröße KgrE als Erwachsener	$Kf = \dfrac{Kgr - Dgr}{Uw}$ $KgrE = DgrE + (Kf \cdot UwE)$	Kf Kgr Dgr DgrE Uw UwE	Korrekturfaktor Körpergröße in cm Durchschnittskörpergröße Durchschnittskörpergröße als Erwachsener Umrechnungswert Umrechnungswert als Erwachsener

Ernährung

Normalgewicht NG und Idealgewicht IG (nach BROCA)	$NG = (Kgr - 100) \cdot kg$ $IG = NG \cdot 0,9$ bei Jugendlichen: $IG = NG \cdot 0,85$	Kgr	Körpergröße in cm
Gesamtumsatz GesU	$GesU = GU + LU$	LU t m_K h EV	Leistungsumsatz an Energie Zeit in Stunden Körpermasse in kg Zeit in Stunden für die ausgeführte Tätigkeit Energieumsetzung pro Stunde der Tätigkeit (s. Tabelle unten)
Grundumsatz GU	$GU = 4,2 \text{ kJ} \cdot t \cdot m_K$ bei Jugendlichen: $6,2 \text{ kJ} \cdot t \cdot m_K$		
Leistungsumsatz LU	$LU = (h_1 \cdot EV_1) + (h_2 \cdot EV_2) + \ldots + (h_n \cdot EV_n)$	Bf	Bedarfsfaktor der Nährstoffe (s. Tabelle unten)
Nährstoffbedarf Nb	$Nb = Bf \cdot m_K$	EG	Energiegehalt der Nährstoffe (s. Tabelle unten)
Energiebedarf Eb	$Eb = (Nb_{KH} \cdot EG_{KH}) + (Nb_{Fett} \cdot EG_{Fett}) + (Nb_{Eiw} \cdot EG_{Eiw})$	EG_n	Energiegehalt der Nahrungsmittel
Energiegehalt EG_m einer Mahlzeit	$EG_m = EG_{n_1} + EG_{n_2} + \ldots + EG_{n_n}$		
Blutalkoholgehalt BAG (nach WIDMARK)	$BAG = \dfrac{m_{Alkohol}}{m_K \cdot r} = \dfrac{V_{Alkohol} \cdot D}{m_K \cdot r}$	BAG r D $m_{Alkohol}$ m_K $V_{Alkohol}$	Blutalkoholgehalt in ‰ Reduktionsfaktor männlich 0,7, weiblich 0,6 Dichte von Alkohol (0,79 g $\cdot$ ml^{-1}) Aufgenommene Alkoholmenge in g Körpermasse in g Volumen des Alkohols in ml
Berechnung der menschlichen Körperoberfläche O in m^2	$O = 0,007184 \cdot m_K^{0,425} \cdot Kgr^{0,725}$	m_K Kgr	Körpermasse in kg Körpergröße in cm

Energiegehalt der Nährstoffe (zur Errechnung von Nb und Eb)

Nährstoffe	Energiegehalt in kJ/g	Bedarfsfaktor in g/kg Körpergewicht
Fette	39	0,8
Eiweiße (Eiw)	17	0,9
Kohlenhydrate (KH)	17	6,0

Energieumsetzung bei verschiedenen Tätigkeiten (Durchschnittswerte)

Tätigkeiten	kJ/h	Tätigkeiten	kJ/h
Sitzen	120	Stehen	140
Gehen (2 km/h)	400	Radfahren	700
Staubsaugen	750	Tanzen	820
Spielen/Aufräumen	250	Schulbesuch/Hausaufgaben	220
Gymnastik	1410	Betten machen	800
Fußballspielen	1900	Dauerlauf (10 km/h)	2500
Brustschwimmen (50 m/min)	2850	Skilanglauf (8 km/h)	3250
Wäsche bügeln	570	Fenster putzen	730
Boden schrubben	960	Tischtennis	1140
Teig kneten	660	60 Stufen aufwärts (10 kg Last tragen)	2220
Kochen im Stehen	400	Badewanne scheuern	1800

Ökologie

Qualität des Wassers

Bestimmung des Plankton- und Schwebstoffgehaltes G_{PS}	$G_{PS} = \dfrac{(m_2 - m_1) \cdot 1000}{V}$	m_1 Masse des getrockneten Filterpapiers in g m_2 Masse des getrockneten Filterpapiers mit Plankton- und Schwebstoffen in g V Volumen der Wasserprobe in ml
Quantitative Sauerstoffbestimmung $\beta(O_2)$ (nach WINKLER)	$\beta(O_2) = \dfrac{a \cdot 0,08 \cdot 1000}{V - b}$	a Verbrauch an Natriumthiosulfatlösung in ml $(c = 0,01\ mol \cdot l^{-1})$ b Zugesetzte Reagenzienmenge in ml 1000 Umrechnungsfaktor für einen Liter
Sauerstoffsättigung S	$S = \dfrac{\beta(O_2) \cdot 100\%}{\beta(O_2)S}$	$\beta(O_2)$ Gemessener Sauerstoffgehalt der Frischprobe bei gemessener Temperatur $\beta(O_2)S$ Theoretischer Sauerstoffsättigungswert bei der gemessenen Temperatur (s. Tabelle unten) $\beta(O_{2/II})$ Sauerstoffgehalt der 2 Tage (II) alten Wasserprobe
Sauerstoffdefizit $\beta(O_2)_{Def}$	$\beta(O_2)_{Def} = \beta(O_2) - \beta(O_2)S$	
Biochemischer Sauerstoffbedarf BSB	$BSB_2 = \beta(O_2) - \beta(O_{2/II})$ $BSB_5 = \beta(O_2) - \beta(O_{2/V})$	$\beta(O_{2/V})$ Sauerstoffgehalt der 5 Tage (V) alten Wasserprobe

Theoretische Sauerstoffsättigungswerte des Wassers in Abhängigkeit von der Temperatur bei 1013 hPa in mg $\cdot$ l^{-1}

t in °C	,0	,3	,5	,8	t in °C	,0	,3	,5	,8
0	14,64	14,51	14,43	14,31	13	10,51	10,44	10,39	10,32
1	14,23	14,10	14,03	13,91	14	10,28	10,21	10,17	10,10
2	13,83	13,71	13,64	13,52	15	10,06	9,99	9,95	9,89
3	13,45	13,34	13,27	13,16	16	9,85	9,78	9,74	9,68
4	13,09	12,98	12,92	12,81	17	9,64	9,58	9,54	9,49
5	12,75	12,65	12,58	12,48	18	9,45	9,39	9,35	9,30
6	12,42	12,32	12,26	12,17	19	9,26	9,20	9,17	9,11
7	12,11	12,02	11,96	11,87	20	9,08	9,02	8,99	8,94
8	11,81	11,72	11,67	11,58	21	8,90	8,85	8,82	8,76
9	11,53	11,44	11,39	11,31	22	8,73	8,68	8,65	8,60
10	11,25	11,18	11,12	11,05	23	8,57	8,52	8,49	8,44
11	10,99	10,92	10,87	10,79	24	8,41	8,36	8,33	8,28
12	10,75	10,67	10,63	10,55	25	8,25	8,22	8,18	8,14

Biologische Gütebestimmung eines Gewässers

Saprobienindex S für die untersuchte Biozönose	$S = \dfrac{\sum\limits_{i=1}^{n} h_i \cdot s_i \cdot g_i}{\sum\limits_{i=1}^{n} h_i \cdot g_i}$ oder $S = \dfrac{(h_1 \cdot s_1 \cdot g_1) + (h_2 \cdot s_2 \cdot g_2) + \ldots + (h_n \cdot s_n \cdot g_n)}{(h_1 \cdot g_1) + (h_2 \cdot g_2) + \ldots + (h_n \cdot g_n)}$	n Anzahl der untersuchten Organismenarten h Ausgezählte Häufigkeit der Organismen einer Art s Saprobienindex für die einzelne Art, gibt deren Optimum innerhalb der Saprobienstufen an (Tabelle S. 112) g Indikationsgewicht (1 – 5), gibt Eignung einer Art als Indikator für bestimmte Güteklasse an (Bindung an nur eine Güteklasse $g = 5$; Vorkommen in zwei oder mehr Güteklassen $g = 4, 3, 2, 1$) (Tabelle S. 112)

Bio 2

Biologie

Bioindikatoren eines Gewässers

Organismenarten (Beispiele)	Saprobienindex s	Indikationsgewicht g	Saprobienstufen	Gewässergüteklassen
Hakenkäferlarven	1,5	4	S = 1 bis < 1,75	I
Eintagsfliegenlarven (Baetidae)	2,0	2	S = 1,75 bis 2,5	II
Posthornschnecken	2,0	3	S = 2,5 bis 3,25	III
Flußflohkrebse	2,3	3	S = 3,25 bis 4,0	IV
Alpenstrudelwurm	1,0	5		
Schlammröhrenwurm	3,8	4		
Rollegel	3,0	2		

Bestandsaufnahme von Pflanzen

Stufen	Deckungsgrad (bedeckter Anteil der Untersuchungsfläche) in %	Individuenzahl (Häufigkeit der Art auf der Untersuchungsfläche)	Entwicklungszustand
r ("rar")	sehr wenig Fläche abdeckend	etwa 1 bis 2 Individuen	K Keimpflanze J Jungpflanze st steril (ausgewachsene Pflanze ohne Blüten und Samen)
+ ("Kreuz")	wenig Fläche abdeckend	etwa 2 bis 5 Individuen	
1	weniger als 5 % abdeckend	sehr spärlich vorhanden	ko knospend (Blüten- oder Blattknospen)
2	6 % bis 25 % abdeckend	spärlich vorhanden	b blühend f fruchtend
3	26 % bis 50 % abdeckend	wenig zahlreich vorhanden	v vergilbend t tot (oberirdische Teile abgestorben)
4	51 % bis 75 % abdeckend	zahlreich vorhanden	
5	76 % bis 100 % abdeckend	sehr zahlreich vorhanden	S nur als Samen zu finden g abgemäht

Genetik/Populationsbiologie/Evolution

Genetik

Berechnung des Austauschwertes AW in Koppelungsgruppen (relative Genabstände)	$AW = \dfrac{N_A}{N_{ges}} \cdot 100\ \%$	N_A Anzahl der Nachkommen mit Genaustausch N_{ges} Gesamtzahl der Nachkommen
Mutationsrate Mr (nach NACHTSHEIM)	Direkte Berechnung: $Mr = \dfrac{N_N}{2N_I}$	N_N Anzahl der Neumutanten N_I Gesamtzahl der betrachteten Individuen
Stammbaumsymbole	□ männliches Individuum ⊞ ⊕ ◈ Totgeburt ○ weibliches Individuum ◇ geschlechtlich indifferente Betrachtung eines Individuums □○ □—○ Ehe/Fortpflanzungsgemeinschaft □○ □—○ ohne Nachkommen □○ □—○ Verwandtenehe △○ △□ eineiige Zwillinge ○△○ Geschwister △○△□ zweieiige Zwillinge ■, ● Merkmalsträger, -trägerin ⊙ Überträgerin

Biologie

Populationsbiologie

Wachstumsgesetze

Geburtenrate GR	$GR = \dfrac{+N_G}{dt\,N}$	N_G	Anzahl der Geburten
Sterberate SR	$SR = \dfrac{-N_T}{dt\,N}$	N	Gesamtzahl der betrachteten Individuen
Zuwachsrate r (Vermehrungsrate)	$r = GR + SR$	N_T	Anzahl der Todesfälle
Logistisches (reales) Wachstum	$\dfrac{dN}{dt} = r \cdot N \cdot \dfrac{K-N}{K}$	t	Zeit
Exponentielles Wachstum	$\dfrac{dN}{dt} = r \cdot N$ gültig für $N < K$	K	Faktor, der die Lebensraumkapazität angibt (maximale Populationsgröße)

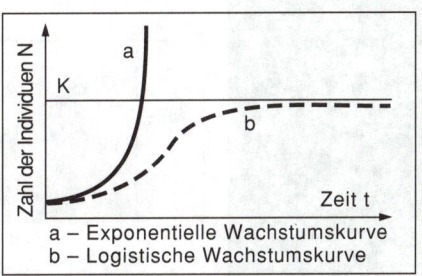

a – Exponentielle Wachstumskurve
b – Logistische Wachstumskurve

Bakterienwachstum

Bakterienvermehrung in statischer Kultur in der log-Phase	$N = N_0 \cdot 2^n$	N	Anzahl der Individuen nach n Teilungen
		N_0	Ausgangszahl der Bakterien
Wachstumsrate R	$R = \dfrac{\text{lb}\,N_1 - \text{lb}\,N_0}{t_1 - t_0}$	lb N_0, N_1 t_0, t_1	$\log_2$ Anzahl der Bakterien zur Zeit t_0, t_1 Zeit
Generationszeit t_{gen}	$t_{gen} = \dfrac{1}{R}$		

HARDY-WEINBERG-Bedingungen und HARDY-WEINBERG-Gesetz

HARDY-WEINBERG-Gesetz	für die Ausgangspopulation gilt: $Q + q = 1$ für die Folgepopulation gilt: $Q^2 + 2\,Qq + q^2 = 1$ und $d + h + r = 1$ $Q = d + 0{,}5\,h$ $q = 0{,}5\,h + r$	Q,q	Häufigkeit dominanter und rezessiver Allele
			Genotyphäufigkeit:
		d	homozygot dominant
		h	heterozygot
		r	homozygot rezessiv

Unter den Annahmen...
– keine Mutationen   – keine Selektion   – vollständige Panmixie
– unendlich große Population   – kein Genfluß
gilt, daß die Allelenfrequenzen und die Genotyphäufigkeit gleich bleiben, d.h. Evolution nicht stattfindet; in der Realität wirken aber Einflüsse auf die Populationen.

Individualfitneß W (Adaptationswert; relative Überlebensrate)	$W = \dfrac{N_I}{N_{max}}$ Für den besten Genotyp gilt: $W = 1$	N_I Genotyphäufigkeit des betrachteten Genotyps N_{max} Nachkommenschaft des besten Genotyps
Selektionskoeffizient S	$S = 1 - W$	
Mittlere Populationsfitneß $\overline{W}$	$\overline{W} = \dfrac{f_1 \cdot W_1 + f_2 \cdot W_2 + \ldots + f_n \cdot W_n}{f_1 + f_2 + \ldots + f_n}$	W_1, W_2 Individualfitneß der Genotypen 1 und 2 f_1, f_2 Häufigkeit der Genotypen 1 und 2

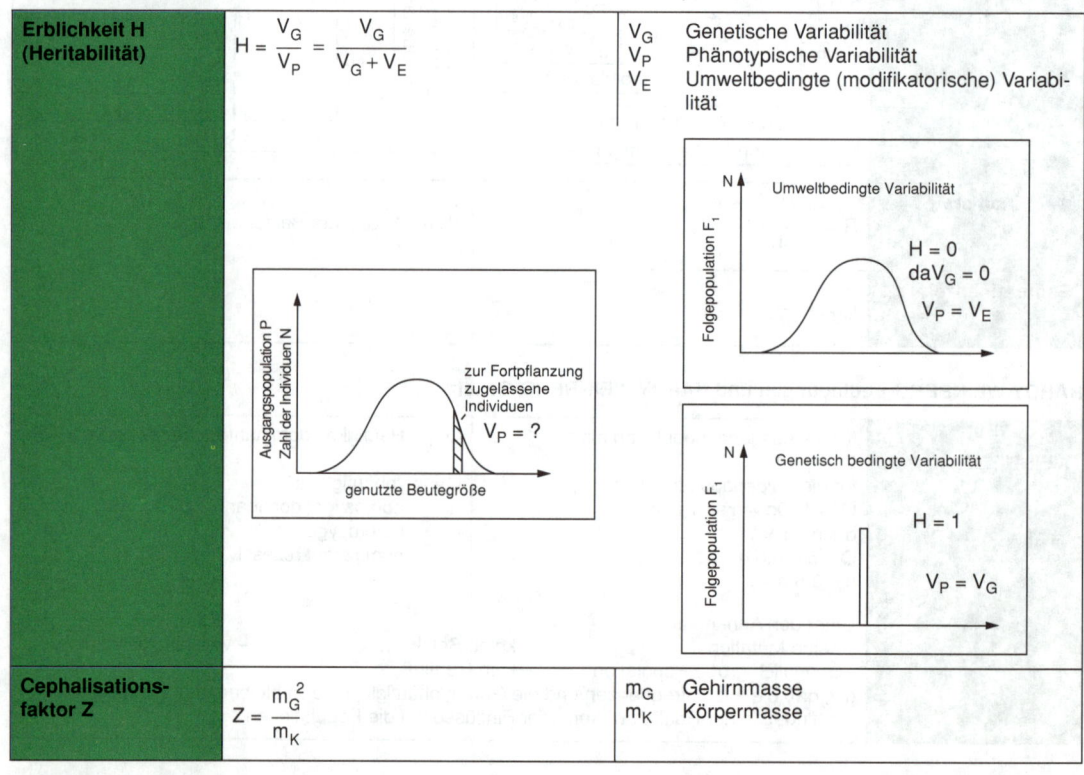

	AA haben die größte Fitneß; aa haben die geringste Fitneß	Heterozygote haben höchste Fitneß (Heterosiseffekt)
Genetische Last L (genetische Bürde)	$L = \dfrac{W_{max} - \overline{W}}{W_{max}}$	W_{max} Fitneß des besten Genotyps In jeder Population ist die durchschnittliche Fitneß geringer als die Fitneß des besten Genotyps

Evolution

Erblichkeit H (Heritabilität)	$H = \dfrac{V_G}{V_P} = \dfrac{V_G}{V_G + V_E}$	V_G Genetische Variabilität V_P Phänotypische Variabilität V_E Umweltbedingte (modifikatorische) Variabilität
Cephalisationsfaktor Z	$Z = \dfrac{m_G^2}{m_K}$	m_G Gehirnmasse m_K Körpermasse

Register

Register

Register